「新常態(ニューノーマル)」を迎える中国経済

中国国家行政学院経済学教研部　編著
岡本信広　監訳
下山リティン　訳

SP TOKYO

目 次

序論　戦略の大局から導く中国経済の新常態 ………………… 5
1　中国経済成長の新段階にある経済新常態 …………………… 6
2　経済の全面的最適化・高度化の新常態 ……………………… 8
3　経済新常態に必要な新しい思考と理念 ……………………… 12
4　改革の全面的深化による経済新常態の促進 ………………… 16

第1章　中国経済発展の新段階―新たな試練とチャンス ……… 21
第1節　深刻な調整局面に差しかかる世界経済 ………………… 22
第2節　中国経済発展の新たなステージ ………………………… 27
第3節　「三期重複」の段階的特徴 ………………………………… 33
第4節　改革の全面的深化と難関攻略の時期 …………………… 38
第5節　経済発展の戦略的チャンス期 …………………………… 44

第2章　経済の全面的最適化・高度化―新たな特徴と趨勢 …… 51
第1節　成長速度、高度成長から中高度成長へ ………………… 52
第2節　発展方式、粗放な成長から集約的成長へ ……………… 57
第3節　産業構造、ミドル・ローエンドからミドル・ハイエンドへ … 64
第4節　成長エンジン、生産要素・投資主導から
　　　　イノベーション主導へ ……………………………………… 71
第5節　資源配分、市場の基礎的役割から決定的役割へ ……… 81
第6節　経済福祉、不均衡から包摂・共有へ …………………… 91

第3章　戦略的冷静さと平常心を保つ—新たな思考と理念 ……… 99
- 第1節　安定の中で前進を求める政策総基調の堅持 ……………… 100
- 第2節　戦略的冷静さと平常心の保持 ……………………………… 106
- 第3節　リスクの高度重視と防御 …………………………………… 115
- 第4節　合理的経済発展速度の維持 ………………………………… 121
- 第5節　名実ともに水増しのない経済成長 ………………………… 130
- 第6節　経済構造の最適化・高度化の推進 ………………………… 134
- 第7節　生態文明の美しい中国の建設 ……………………………… 142
- 第8節　改革の全面的深化に注力 …………………………………… 148

第4章　改革の全面的深化—新たなエンジンと措置 ……………… 155
- 第1節　政府機能転換の新常態を実現 ……………………………… 156
- 第2節　イノベーション主導の新常態を実現 ……………………… 164
- 第3節　産業ミドル・ハイエンド化の新常態を実現 ……………… 170
- 第4節　消費拡大・高度化の新常態を実現 ………………………… 175
- 第5節　新型都市化建設の新常態を実現 …………………………… 183
- 第6節　地域の協調的発展と陸・海統一的計画の新常態を実現 … 191
- 第7節　ハイレベルの開放型経済新常態を実現 …………………… 198
- 第8節　人民による改革ボーナス共有の新常態を実現 …………… 209

監訳者解説 ………………………………………………………………… 216
監訳者・翻訳者略歴 ……………………………………………………… 219

序 論

戦略の大局から導く中国経済の新常態

習近平総書記は2014年5月と7月に、当時の内外マクロ経済情勢の変化に対する分析と判断に基づき、経済成長速度の低下および質・効率の向上への強い関心から、経済の新常態について重要な講話を行った。続いて、同年11月に開かれたアジア太平洋経済協力（APEC）CEOサミットの開幕式で、新常態の主要特徴、発展のチャンス、改革の全面的深化などについて具体的に説明した。さらに12月に開催された中央経済活動会議において、九つの面から中国経済発展の趨勢的変化を挙げ、中国経済が新常態に入っていることを強調した。経済新常態は錯綜した内外の情勢、多重に入り混じった矛盾、様々な厳しいリスクと試練の下で提起された重要な戦略的判断であり、中国経済の潜在成長率に現れた新しい変化を指摘し、経済発展の新たなトレンドを導いたものである。

　経済新常態の提起は、マルクス主義政治経済学の新たな成果であり、発展経済学の新たな突破でもある。これを戦略の大局から科学的に認識し、弁証的にとらえ、積極的に対応する必要がある。また、経済体制改革のけん引役を発揮することによって、改革の全面的深化を図り、経済構造の全面的最適化・高度化を推進し、経済大国から経済強国への邁進を加速しなければならない。

1　中国経済成長の新段階にある経済新常態

　中国経済はこれまで30数年間にわたり年平均10％近くの成長率で拡大し続け、世界経済史における「中国奇跡（チャイナ・ミラクル）」をつくった。だが現在、経済発展を支える内部条件と外部需要環境のいずれにも深刻な変化が起きているため、成長速度の「ギアチェンジ」が求められ、経済成長目標の合理的区間（レンジ）への収束が必要になる。習総書記が提起した経済新常態には、下記いくつかの要因に対する考慮も含まれている。

　第1に、国際経済情勢は大きな調整局面に差しかかり、中国の外部需要が常態的縮小傾向に転じている。30数年間、中国の経済高度成長を支えてきた重要な要因の一つが、輸出を拡大し続けた対外開放型の経済発展路線である。しかし2008年のリーマン・ショック以降、世界経済が「総需要拡大の鈍化、経済構造の深いレベルでの調整」に見舞われ、中国の外部需要が常態的に縮小する傾向を辿っている。欧米などの経済強国は「再工業化」「2020戦略」「リボン戦

略」といった措置を相次いで掲げ、新エネルギー、新素材、新技術の融合を通じて実体経済を発展し、国際経済の重要な分野を先駆けて押さえようとしている。同時に、国際貿易ルールの再構築に向け、環太平洋パートナーシップ協定（Trans-Pacific Partnership Agreement、以下TPP）および大西洋横断貿易投資パートナーシップ（Transatlantic Trade and Investment Partnership、以下TTIP）の交渉を推進し、新たな保護貿易主義を実行する思惑も渦巻いている。一方で、発展途上国は一斉に経済発展モデルの調整に努め、比較優位産業の確立に余念がない。限りある世界市場において競争が一段と熾烈化し、その結果、中国経済の高度成長を支えてきた外部環境に大きな変化をもたらした。

第2に、グローバル規模でイノベーション主導の競争が激しくなる一方で、中国産業構造の転換・高度化が遅れをとっている。現在、第三次産業革命が着々と到来し、主要先進国は戦略的新興産業の発展に本腰を入れ、来たる技術革新と産業発展の重要な分野を先駆けて確立しようとしている。これら新たな試練の下で、中国経済発展モデルがイノベーション主導への転換加速を余儀なくされている。だが長い間、中国の産業発展は粗放的で、資源投入の量的拡大に頼っている、など多くの問題を抱え、技術革新能力が不足し、技術と産業の融合力が低いため、多くの産業は競争力に欠け、コア技術を持てず、外国に頼る一方だ。その結果、政府投入が経済成長を安定させるキーポイントとなってしまい、それにともなう市場への政府関与によって、市場の失敗が生じやすくなっている。この受動的な局面を打破するために、為すべきことと為さざるべきことを取捨し、経済成長速度の手綱を主動的に緩め、イノベーション主導型経済への転換・高度化に時間と空間の余地を残さなくてはならない。

第3に、従来の人口ボーナスが徐々に減小し、資源・環境の制約が高まりつつある。中国の経済成長構造に歴史的変化が起きている。現在、東部の先発地域では、労働力の供給が著しく不足し、「ルイス転換点」を迎えている。そのため、対外開放型経済をけん引してきた従来の人口ボーナス効果が次第に衰微していく。投資と外部需要に過度に依存する経済成長モデルによって、エネルギー・資源・環境による制約が影響を拡大している。これまでエネルギー・資源および生態・環境の許容空間が相対的に大きく、思う存分開発を続けられた

が、現在環境の負荷受容能力がすでに限界に到達するかあるいは近づいており、石油・天然ガスなど重要な鉱産物資源の対外依存度が高まる一方であるため、生産要素の限界供給の増加では従来の経済高度拡張路線が維持できなくなっている。このことも客観的に中国経済が新たな安定成長範囲へ徐々に回帰するように仕向けている。

第4に、中国は「中所得国の罠」を乗り越える試練に直面しており、改革ボーナスをより一層引き出さなくてはならない。2013年、中国一人当たりのGDPは6000米ドル超と、中所得国の仲間入りを果たした。現在、「中所得国の罠」を乗り越える歴史的肝心な時期に差しかかっている。国際経験でみると、この段階の国・地域は、経済構造の最適化・高度化を図る必要がある。そうすることによって、社会構造の変革を起こし、既得権益の垣根を打破し、社会の流動性を増強し、経済社会の活気を引き出すことにつながる。さもなければ、「中所得国の罠」に陥りかねない。経済新常態の下で、中国高度成長の経済発展モデルを少しずつ調整し、新しい成長エンジンを見つけ、民生の保障・改善を図り、改革・発展のボーナス（改革と発展によって生み出される便益）が、国民全体に行き渡るように努めるべきだ。

2　経済の全面的最適化・高度化の新常態

習近平総書記は、「中国経済は新常態を呈しており、主な特徴は次のとおりである。①高度成長から中高度成長へ転換する。②経済構造が絶えず最適化・高度化され、第三次産業・消費需要が次第に中心となり、都市と農村の格差が徐々に縮小し、家計所得のGDP割合が上昇し、発展成果の恩恵がより多くの民衆に行き渡るようになる。③生産要素・投資主導の成長からイノベーション主導の成長へ転換する」と明言した[*1]。習総書記の論説に基づけば、中国経済は形態がより高級な、分業がより細分化し、構造がより合理的な段階に向かって進化している最中である。経済発展の新常態には、成長速度の移行、発展方式の転換、成長エンジンの変化、資源配分方式の転換、産業構造の調整、経済

[*1] 習近平「永続的発展を追求し、アジア太平洋の夢を共に築く―アジア太平洋経済協力（APEC）CEOサミットの開幕式における基調講演」『人民日報』2014年11月10日

福祉の包摂・共有といった豊富な内容が含まれている。新常態を認識し、新常態に適応し、新常態をリードすることは、現在および今後一定の期間における中国経済発展の大きな論理である。

　第1に、成長速度が高速から中高速へ転換する。これは経済新常態の基本的特徴である。ここ10年を振り返ると、中国経済は2003-2007年に、5年連続GDP成長率二桁増の高度成長を維持し、2008年にリーマン・ショックの影響を受け、一桁台に転落したが、2012年と2013年はさらに低下し、7.7%までに落ち込んだ。国家統計局が公表したデータによると、2014年1-9月期のGDPは前年比で7.4%増と、経済成長が安定回復に向かう態勢を取り戻している。今後、消費需要は追随型・集中型*2から個性化・多様化へ移行し、輸出は単純な低コストの高度拡張路線からハイレベルな外資導入および大規模な国内資本の海外進出の同時推進という路線へ転換し、生産要素の相対的優位性は従来の人口ボーナスの優位性から人的資本の質および技術進歩の優位性へシフトしていく。これにともない、経済成長速度は下押し方向に傾く。この変化に対し、中国は理性的に考え、冷静さを失わずに中高度成長の新常態に対応していく必要がある。

　第2に、発展方式が規模・速度重視という粗放型成長から質・効率重視の集約的成長に転換する。これは経済新常態による基本的要求である。改革・開放を実施して30余年間、中国の経済発展は世界が刮目する成果を成し遂げた。同時に、発展にともなう不均衡、不調和、持続不可能などの問題が依然として際立っている、ということも冷静に認識しなければならない。市場競争は主に量的拡張および無秩序な価格競争に依存し、経済成長に対する資源・環境の制約が拡大し、環境の負荷受容能力はすでに限界に達しているかあるいは近づいている。投資と消費の関係が釣り合わず、所得分配の格差がかなり大きい。農業発展の基礎が脆弱で、都市と農村の発展は足並みが揃わず、雇用における総量圧力と構造的矛盾が併存している。これには、経済成長速度の問題を正しくとらえるうえで、幹部評価方法の改善、経済の質・効率の向上、品質差別化の市

＊2　監訳注：他者の消費行動に追随し，一部の商品やサービスに消費が集中すること。

場競争への移行、グリーンで持続可能な発展の推進、民生の一層の保障と改善といった面において注力し、「中国品質（チャイナ・クォリティ）」の高度化を図り、経済発展方式の質・効率重視の集約的成長への転換を実現しなければならない。

　第3に、産業構造がミドル・ローエンド水準からハイエンド水準へ向上する。これは新常態の下で経済構造の最適化・高度化を図るキーポイントになる。改革・開放が実施されて以降、中国の産業構造は基本的にグローバル・バリューチェーンのミドル・ローエンドにあり、比較的利益が薄かった。だが2013年、中国第三次産業の付加価値のGDP割合が46.1％と、初めて第二次産業のそれを上回り、2014年1－6月期には46.6％に上った。新興産業、サービス業、小型・零細企業の役割がより一層突出し、生産の小型化・スマート化・専門化が徐々に産業組織の基本的特徴になっている。これら趨勢的変化はいずれも構造最適化の非常に良い兆候だ。

　経済新常態の下で、市場メカニズムの役割を発揮することによって将来の産業発展方向を模索し、農業発展方式の転換を加速させることや、戦略的新興産業、先進製造業などの産業発展を大いに推進することを通じて、企業向け知識集約型サービス業、家計向けサービス業を優先的に発展し、各種リスクを解消する体制・メカニズムの確立・改善を図るなど、こういった取り組みに注力することは、グローバル・バリューチェーンにおける中国の産業地位の向上、「中国効率」（中国式の生産性向上）の創出につながる。

　第4に、成長エンジンが生産要素・投資主導からイノベーション主導へ転換する。これは経済新常態の中心的な内容である。過去30年余り、中国は生産要素の高投入、エネルギーの高消費、高汚染、低産出という経済発展の道を歩んできたが、現在、生産要素・投資けん引に依存する経済高度成長モデルは継続できなくなっている。安価な労働力コストという生産要素の比較優位に変化が生じ、生産要素の大規模な投入による効果が薄れてきている。技術革新と産業革命がグローバル規模で新たな波を巻き起こし、企業が構造転換・技術革新に自発的に取り組む意欲が高まりつつある機運の中で、中国経済も成長エンジンの転換を遂げつつある。2013年、中国の全要素生産性が1978年の約3倍だっ

た。これは体制改革、技術進歩、構造最適化などの要因による総合作用の結果と言える。

　中国経済は成長エンジンを徐々に転換し、従来の成長分野から次第に新しい成長分野へ移行していき、人的資本の質と技術進歩により一層依存した、イノベーション主導型の経済新常態に変わっていく。また第三次産業革命の到来にしたがって、一部の新技術・新製品・新業態・新ビジネスモデルへの投資チャンスがどっと出現し、経済発展に新たな原動力と成長分野をもたらすに違いない。

　第5に、市場における資源配分の役割が基礎的役割から決定的役割へ転換する。これは経済新常態にとっての制度的保障である。これまで20数年間の実践でみると、中国の経済体制は基本的に政府主導型の不完全な市場経済だ。そのため、資源配分の著しい不合理や深刻な腐敗の出現などの問題を生み出している。中国共産党18期第三回全体会議（以下「党18期三中全会」という。）で採択された「改革の全面的深化における若干の重大な問題に関する中共中央の決定（以下「決定」という。）」では、「市場に資源配分における決定的な役割を担わせ、政府の役割をより一層発揮させる」とされ、党の18期四中全会では、「社会主義市場経済は本質的に法治による経済だ」と提起された。これは市場経済ルールに対する党の認識が新たな段階に到達したことを表している。

　市場が決定的役割を担う新常態の下で、政府は強い刺激策を講じず、機能転換を図る。政府機関による行政手続きの簡素化、地方政府への権限委譲、減税・利益還元、秩序・ルールのある市場環境の早期形成などを通じて、資源配分の決定権限を市場に委ねる。市場のやり方でハイ・レバレッジおよびバブル化を主要特徴とした各種リスクを解決し、経済の自発的原動力を不断に強化する。さらに、総需給関係の新たな変化を全面的に把握することによって、（合理的レンジでの）区間調整、（ターゲットを絞った）限定的な調整などの方法を駆使して「市場の失敗」を補う。

　第6に、経済福祉が不均衡から包摂・共有へ転換する。これは経済新常態の発展の結果である。近年、農村家計所得の伸びが都市のそれを上回っており、都市と農村間の所得格差が縮小傾向に転じている。国民所得に占める家計所得の割合がやや上昇し、所得分配制度改革に新たな進展があった。新しいタイプ

の工業化・情報化・都市化・農業現代化の共同推進にともない、新農村建設の都市・農村関係にも新たな変化がみられる。都市と農村の二元化構造から一元化構造への転換が速いスピードで進んでおり、工業で農業を促進し、都市で農村を引っ張り、工業と農業の互恵関係を構築し、都市と農村発展の一体化した新しいタイプの工業・農業、都市・農村関係が形成されている。このほか、地域成長構造と協調的発展にも大きな変化が現れ、「一帯一路」(シルクロード経済ベルトと21世紀海上シルクロード)、京津冀(北京・天津・河北経済圏))協働発展、長江経済ベルトといった新しい地域発展戦略が着実に制定・推進されている。

　新常態の下で、政府は人民大衆の要求に応え、雇用拡大、低所得者層の生活保護、協働的発展により一層注力し、社会大局が一段と安定するように重視しなければならない。経済福祉が徐々に包摂・共有型へ移行することは長期的トレンドであろう。

3　経済新常態に必要な新しい思考と理念

　習近平総書記は経済新常態について、「新常態の下で、経済成長速度は鈍化するものの、GDPの実際増加分は依然としてかなり大きい。経済成長がさらに安定化し、成長エンジンがより多様になる。経済構造の最適化と高度化が図られ、経済成長はより穏やかになる見通しだ。政府機関による行政手続きの簡素化と地方政府への権限委譲が大いに進み、市場の活力が一段と引き出される」という見解を示した[*3]。中国は新常態のもたらす新たなチャンスを確実に活かし、経済発展をさらに新しい段階へ押し上げなければならない。もちろん、新常態は自然に実現するものではなく、艱難なる努力・奮闘を払ってこそ達成できるものだ。今後一定の期間に、政府は安定の中で前進を求めるという政策の総基調を堅持し、経済構造の戦略的調整を推進し、名実ともに水増しのない成長を成し遂げるよう努力すべきだ。戦略では平常心を保ち、各種の不確実要因による衝撃にしっかり対応する一方、戦術では能動的に行動を起こす必要があ

＊3　習近平「永続的発展を追求し、アジア太平洋の夢を共に築く―アジア太平洋経済協力(APEC)CEOサミット開幕式における基調講演」『人民日報』2014年11月10日

る。

　第1に、安定の中で前進を求めるという政策の総基調を堅持し、戦略的冷静さと平常心を保つ。安定の中で前進を求めることは発展に関する経験の総括であり、内外の情勢変化への対応、改革の全面的深化に求められるもので、党・中央政府が経済活動を導く弁証法を体現している。「安定」は物事が安定した状態をいい、「前進」は物事が変化する状態を指す。安定の中で前進を求めるとは、物事の静と動が弁証的に統一された状態のことを言い、漸進的発展方式を採用することが肝要になる。また「安定」は安定成長、安定したマクロ経済運営のことで、政策の前提と基礎となるが、前進は経済発展方式の転換、より高質な経済成長を探し求めることで、政策の方向と目標になる。

　新常態の下で、成長速度のギアチェンジ、発展方式の転換、構造調整、成長エンジンの転換という経済新常態を客観的に受け止め、冷静さを失わず、平常心を保つことが重要だ。また、「増速へのコンプレックス」と「減速への焦慮」を払拭し、成長速度の調整および質・効率の向上は法則であり大勢だと考える必要がある。さらに、戦略的平常心で、経済の安定的運営を維持する下で、経済を従来の粗放な発展から高効率、低コスト、持続可能な発展へ転換させるように推進しなければならない。

　第2に、各種リスクを高度に重視・防御し、経済発展の合理的速度を維持する。習近平総書記は、「下限マインド（経済成長の合理的区間の最低限を固守する意識）の手法を上手に利用して、あらゆることに対し、最悪の状況を想定して準備を行い、最善の結果を勝ち取るようにベストを尽くす。備えあれば患いなし。大事にも慌てないようにし、主導権をしっかり握る必要がある」と述べた。下限マインドを固守することは、複雑に絡み合う目下の情勢に対応していく科学的な方法であり、経済の新常態に適応するための対策面での理念でもある。

　新常態に適応し、能動的に行動を起こすには、不動産リスク、地方政府の債務リスク、金融リスクを含む新常態段階における経済・社会の抱える様々な潜在的リスクを冷静に認識し、下限マインドに基づいた科学的予見能力を一段と発揮し、憂患意識とリスクマインドを強め、事前に準備を行い、経済・社会に

現れうる多重のリスク・試練に進んで対応していく必要がある。同時に、新常態の下で、GDP優先論はともかく、合理的な経済発展速度を維持することは依然として必要不可欠だ。中国のような経済大国が一旦減速傾向に入ると、正常な水準まで取り戻すのは非常に困難なことで、時には巨大な代償を支払うことになる。発展は中国のあらゆる問題を解決する基礎であるため、これに対していささかの動揺もあってはならない。新常態の下で、合理的な発展速度を維持することがより一層求められる。もちろん、合理的な経済速度を維持するには、一段と改革に依拠して経済構造の最適化・高度化を実現しなければならない。

第3に、経済構造の最適化・高度化を推進し、名実ともに水増しのない成長を実現する。構造調整の陣痛期は中国経済が現在直面している「三期重複（三つの時期が重なること）」の重要な構成内容であり、経済新常態の重要な表れでもある。中国は需要構造、産業構造、都市と農村構造、空間構造、所得分配構造という五つの分野で構造調整・最適化の推進を加速すべきだ。これによって、第三次産業と消費需要が次第に主体となり、都市と農村の格差が徐々に縮小し、経済構造の最適化と高度化が実現されるようになる。これが新常態経済の重要な特徴だ。

実際に、中国は経済の急成長と同時に巨大な代償も支払った。効率の低下、産業構造の不均衡、生産能力の超過供給、環境の汚染などが最たるものだ。外需主導、人口ボーナスといった従来の成長エンジンが急速に衰退していく中で、成長エンジンの転換、中国品質（チャイナ・クォリティ）の創出、成長速度のスピードダウン、経済成長の質のステップアップが余儀なくされている。

名実ともに水増しのない経済成長は、これまでの発展の弊害に対する深い反省であり、今後の経済活動への道標（指標）だ。新常態経済の下で、名実ともに水増しのない成長を実現するには、幹部業績評価方法の改善、経済の質・効率の向上、グリーンで持続可能な発展の推進、民生の保障・改善へのさらなる重視といった面において力を発するべきである。

第4に、生態文明の理念を堅持し、美しい中国を建設するよう努力する。中国共産党第18回全国代表大会（以下「第18回党大会」という。）では、「生態文明建設を最優先問題と位置づけ、それを経済建設、政治建設、文化建設、社

会建設の各方面と全過程に融合させ、美しい中国を建設するよう努力し、中華民族の永続的な発展を実現するべきだ」、とされた。党の18期三中全会では、生態文明制度の確立および体制・メカニズムの革新が強調された。これは中国の経済発展段階に対する冷静な認識および精確な判断であり、新常態の下で生態文明の理念を経済発展に融合させ、経済発展と生態保護が足並みを揃えて前進するための方向性が示されたものだ。

　中国政府は紙に書かれている美しい文字を国家の本物の美しい山河に変えていかなければならない。近年、資源・生態・環境の厳しい現実は中国政府に、生産方式を転換し、経済発展と環境保全の関係をきちんと対処することはすでに待ったなしの問題だ、という警鐘を鳴らしている。新常態の下で、生態文明の理念を経済発展の中に融合させ、金山と銀山（経済発展と豊かな社会）を求めるだけでなく、青い山河（環境保護）も求めなければならない。青い山河こそ最大で、永久な金山と銀山だ。経済の発展は決して資源・環境の受容能力を越えてはならず、生態を犠牲にし環境破壊を代償にしてはならない。生態文明の理念を経済建設・政治建設・文化建設・社会建設の各方面と全過程に融合させることを通じて、資源の基盤が守られるように確保し、経済・社会の持続的かつ健全な発展を確保し、中華民族の永続的発展と長期的社会安定を確保する。

　第5に、改革の全面的深化を確固不動に推進し、経済体制改革のけん引役を発揮する。方向は道路を決め、道路によって運命が決まる。改革・開放は現代中国の運命を決めるカギとなる選択だ。党と人民の事業が時代に追いつく決め手となり、新しい時代における偉大な革命だ。新常態の下で、中国の改革任務はより一層喫緊で、より一層艱難になるため、新たな歴史的スタートラインに立って改革を全面的に深化させ、中国の特色ある社会主義制度の整備・発展を図り、国家統治へ体系と統治能力の現代化を推進していかなければならない。

　中国の改革・開放事業はすでに難関を越える重要な時期に差しかかり、難度の増した領域に入っており、社会各界と内外から高度に注目されている。改革を一層推進するには、自信を固め、コンセンサスを凝集し、統一的に計画・調整を行ったうえ、歩調を合わせて推進する必要がある。また、社会主義市場経済の改革方向を堅持して揺るぎのないものとし、改革の系統性・全体性・協働

性を強化し、重要分野とキーポイントの改革を統一的に計画・推進するべきだ。とりわけ経済体制改革のけん引役を発揮し、各方面の体制改革が整備された社会主義市場経済体制に向かって協働的に進ませるようにしなければならない。同時に、グローバル・ガバナンスの再構築に積極的に参画し、世界経済の再均衡と世界経済秩序の再建においてより大きな役割を果たすことも求められている。現在、国際社会は切っても切れない運命共同体になりつつある。複雑な世界経済情勢とグローバル問題を前に、いかなる国家も独り善がりで、自国だけが良ければいいというわけにはいかない。各国が心を合わせ、協力し合って困難を乗り切ることが求められる。中国は均衡・共栄・発展配慮型の多国間経済貿易体制を構築するように積極的に推進し、開放型世界経済を共同で維持し発展させ、経済発展に好ましくて安定な外部環境を提供する必要がある。

4　改革の全面的深化による経済新常態の促進

習近平総書記は、「我々が推進している改革の全面的深化は、社会生産力に対する解放であり、社会活力への解放でもあり、必ず中国経済・社会の発展を推進する強大な原動力になるに違いない」[*4]と語った。新常態の下で、中国は改革の全面的深化という重要な役割をより一層際立たせ、経済法則・社会法則・自然法則という「三法則」にきちんと準拠して、経済法則に符合した科学的発展、自然法則に符合した持続可能な発展、社会法則に符合した包摂的発展を実現し、改革ボーナス（改革によって生み出される便益）を積極的に引き出して、経済新常態を促進しなければならない。

第1に、行政手続きの簡素化と地方政府への権限委譲を大いに実施し、市場が決定的役割を担う新常態を実現する。市場が資源配分において決定的役割を担うことを実現するには、市場の活力をより一層奮い立たせ、委譲すべき権限を徹底的に委譲し、整えるべき環境をきちんと整え、制定すべきルールをしっかり制定し、企業家が活躍する場があるようにしなければならない。具体的に以下のことに取り組むべきだ。新常態の下で、①行政審査・許認可制度改革を

---

*4　習近平「永続的発展を追求し、アジア太平洋の夢を共に築く―アジア太平洋経済協力（APEC）CEO サミット開幕式における基調講演」『人民日報』2014 年 11 月 10 日

一層推進し、第三者機関による評価という長期的効力のあるメカニズムを積極的に構築し、実質内容が豊富な審査・許認可事項を市場や企業に徹底的に委譲し、市場と企業の活力を奮い立たせるように努力する。②公共サービスの管理機能を強化し、「審査・許認可には夢中だが、管理・監督には五里霧中だ」という状況を抜本的に改革する。事中・事後の管理・監督制度を強化し、管理・監督とサービス方法を不断に改善する。サービス・管理方式を徐々に転換し、サービスの管理効果を高める。③省・市・県政府機関改革の完成を目指し、機関編制構造の最適化を推進する。④政府系法人の改革を引き続き推進し、政府調達サービスメカニズムを段階的に構築し、基本公共サービスの社会化・市場化を推し進める。

第2に、構造改革を推進し、経済安定成長の新常態を保持する。新常態経済の下で、経済成長速度は「失速」するわけでなく、「ギアチェンジ（速度調整）」する状態であるため、経済発展には依然として合理的な成長速度を維持する必要がある。なぜなら、発展は依然として中国の一切の問題を解決するアキレス腱であるからだ。2014年1－6月期の経済データによると、経済運営は大きな減速圧力にあり、大きな経済運営リスクに直面している。これに対し、次の面で取り組む必要がある。①需要構造改革を推進し、特に新たな消費関心点と成長分野を積極的に見つけることによって、消費需要を徐々に経済成長の主要エンジンにする。②都市・農村構造改革を推進し、新型都市化を積極的に推し進め、都市・農村発展一体化の体制・メカニズムを構築する。③地域構造改革を推進し、東部沿海先発地域の経済規模を安定化させ、経済の失速を回避する。④産業構造改革を推進し、先進製造業、戦略的新興産業を優先的に発展させ、現代サービス業を力強く推進することによって、第三次産業を徐々に産業構造の主体にする。⑤所得分配構造改革を推進し、国民所得に占める家計所得の割合を絶えず引き上げ、民生の保障・改善に努める。

第3に、グローバルな視点でイノベーションを画策・推進し、イノベーション主導型の経済新常態を実現する。改革をより一層推進する目的は、イノベーションのために道を広げることだ。新常態経済はイノベーション主導の経済であるため、技術革新力および技術成果の実用化と応用力の向上を新常態経済の

形成における中心的な位置につける必要がある。これには次の方面で取り組むべきだ。①中国の特色ある独創的イノベーションの道を歩むことを堅持し、グローバルな視点でイノベーションを画策・推進し、新製品・新業態の育成に注力し強大化させる。②科学技術と教育体制の改革を深化させ、企業を主体とし、市場を中心に据える、産学官融合の国家イノベーション・システムの構築に注力する。③知識イノベーション・システムを改善し、基礎研究、最先端技術研究、社会公益的技術研究を強化し、研究水準および技術成果の実用化能力を向上する。④経済運営にまつわる各種リスクを積極的に解消し、イノベーション主導および自発的成長の道を歩み、「大衆起業」「全民イノベーション」という新局面を形成することに努める。

　第4に、財政・金融改革を深化させ、産業がミドル・ハイエンド水準の新常態へ邁進するように下支えする。新常態経済は産業構造のミドル・ハイエンド経済のことであるため、健全な財政・税制・金融体制をベースにすることが必要で、財政・金融に基づく問題解決の姿勢が求められる。これに対し、一方では財政・税制の面で以下のことに取り組む必要がある。①サービスに適用される現行の営業税を、財に適用される増値税（付加価値税）に切り替える改革を加速し、適切な時機に家計向けサービス業、建築業などの業界で試行する。②企業向け知識集約型サービス業に対する財政・税制面での支援を一層拡大し、「企業向け知識集約型サービス業の発展加速および産業構造調整の高度化促進に関する国務院の指導的意見」の落とし込みを加速させ、小規模・零細企業の起業を支援する。また一方では、金融体制改革の面で次の措置を取るべきだ。①金融構造改革に一層注力し、金利市場化改革を引き続き推進し、金融機関負債商品の価格変動範囲を徐々に拡大することによって、金融商品が真に実体経済の発展に役立つようにする。②民間資本の投資による中小銀行の設立といった金融機関改革を段階に分けて着実に推進し、産業構造の転換・高度化に金融業界の力を発揮してもらう。

　第5に、民生の保障・改善に努め、都市・農村住民が改革ボーナスを共有する新常態を実現する。改革の全面的深化を図るには、人民の福祉を増進し、社会の公平・正義を促さなくてはならない。改革・開放が実施されて30余年の経

験に基づくと、中国は高度成長の経済発展モデルを徐々に調整し、より多くのエネルギーを民生の保障と改善に注入するべきだ。具体的に、①農村土地所有権制度の確立に注力し、戸籍制度改革を一層推進し、教育制度、衛生・医療制度、年金サービス制度といった改革にさらに力を加える、②新型都市化建設を積極的かつ着実に推進し、地域間の連携と調和に基づく発展戦略を実施し、都市・農村の二元化構造の一元化を加速する、③自然環境の保全に努め、スモッグなどの汚染対策に強力な政策を講じ、大気汚染防止運動を繰り広げる、などが挙げられる。

新常態の下で、経済成長が減速傾向に転じていくので、雇用全体の規模の縮小が避けられない。雇用の構造的矛盾がより一層顕在化するため、「雇用維持」へのさらなる推進が求められる。これには、マクロ・コントロール手法を刷新し、サービス業の発展を加速し、さらなる積極的な雇用・起業政策を打ち出すと同時に、改革を強力に推進し、構造を大いに調整することによって、雇用拡大のペースを緩まず、雇用の質を落とさないように努めなければならない。

第 1 章

中国経済発展の新段階―新たな試練とチャンス

習近平総書記はアジア太平洋経済協力（APEC）CEOサミットで、新常態は中国経済に新たな発展チャンスをもたらすとの見解を示した。それによると、新常態の下で、①成長速度は鈍化するものの、GDPの実際増加分は依然としてかなり大きい。②経済成長がさらに安定し、成長のエンジンがより多様になる。③経済構造の最適化と高度化が図られ、経済成長はより穏やかになる見通しだ。④政府機関による行政手続きの簡素化と地方政府への権限委譲が大いに進み、市場の活力が一段と引き出される。全体的にみると、世界経済は大きな調整局面に差しかかり、国際金融市場は依然として波乱に充ちている。ユーロ圏経済は景気後退と債務負担の苦境を脱却しておらず、新興国経済の行方も予断を許さない。世界市場で競争がより一層激しくなる。中国は経済発展の新段階における新たな試練とチャンスをしっかり認識・判断し、安定かつ健全な発展を維持するように努めなければならない。

第1節　深刻な調整局面に差しかかる世界経済

　習近平総書記は、「リーマン・ショックの副作用はまだ完全に解消されておらず、一部の国では、景気回復の足取りがかなり鈍い」[*1]と指摘した。2014年に開催された中央経済工作会議では、「世界経済は依然としてリーマン・ショック後の深いレベルでの調整期にあるが、全体的に景気回復に向かいつつあり、景気後退も落ち着きを取り戻している。国際金融市場の変動が激しく、大口の国防商品の価格変動や地政学など非経済的な要因によるリスクの拡大が生じている。2008年のリーマン・ショック以降、世界経済情勢は激変した。金融危機の被害を真っ先に受けた先進諸国は経済、社会、政治の面で深刻なダメージを受け、世界経済もそれにともない低成長期に突入した。一方で、発展途上国は世界経済に占める割合を拡大し続け、グローバルガバナンスに参加する要求を強めている」、との見解が発表された。

---

*1　習近平「永続的発展を追求し、アジア太平洋の夢を共に築く―アジア太平洋経済協力（APEC）CEOサミットの開幕式における基調講演」『人民日報』2014年11月10日

1　今後10-15年、世界経済が迎える低成長期

　2008年のリーマン・ショックから今日に至って、世界経済成長は2回底値探しを辿ってきた。世界銀行の統計によると、世界経済の平均成長率は2009年2.1%だったのに対し、翌年2010年に4.1%へと急反発を見せ、その後3年連続で減少基調となり、2013年には2.2%に落ち込んだ。世界銀行の予想では、世界経済は2014年7月から上向きに転じ、年成長率は2.8%になる見込みだ。一方、国際通貨基金（International Monetary Fund［IMF］）は「世界経済見通し」で、2014年1-3月期の各国の景気低迷を受け、同年の経済成長率を0.3ポイント引き下げ、3.4%になると発表した。

　それでも、世界経済は依然として難問山積だ。中国の予測では、景気は次第に回復するが、かなり長い期間にわたり低成長が続く。この期間は、①経済成長率は3%前後で推移し、失業率は高止まりする、②景気は小刻みの好景気を挟みながら小幅に動く、③金融緩和政策はある程度のインフレ圧力を生み、金融市場のアンバランスにつながるが、新たな金融危機を招く可能性は少ない、といった特徴が挙げられる。この期間はおよそ10-15年続くだろう。

　世界経済が長期的に低成長を迎える背景には、足元の世界経済の苦境は周期性、構造性という二重要因によるものだとみられる。周期性とは、主に住民による消費需要の不足、企業による積極的投資意欲の減退、国際市場の需要低迷といった形で現れるが、構造性は高齢化の進展、経済構造の老朽化、新たな適性技術の不在、技術の画期的な成果創出による新たな成長分野の未形成といった面で体現される。周期性要因への対応には、短期間で即効性のある金融緩和策と積極的な財政政策を講じて景気回復を促すことが求められる。一方で、構造的問題は経済のスタグフレーションを誘発しかねないから、サプライサイドから踏み込んだ体制改革の取り組みを要する。したがって、目下の経済政策は需要、供給という両サイドからの同時進行が必要で、ポリシーミックスの難度が高く、より一層柔軟に対応しなければならない。

　先進国は一斉に「日本病」にかかってしまった。その特徴は主に次の面で表れている。①流動性の罠に陥っている。日欧米の金利はいずれも1%前後かそ

れ以下と、非常に低い水準で推移している。アメリカの量的緩和策や、日銀の国債大量購入などにみられるように、異例の金融政策を講じる国が相次いでいる。②深刻な債務危機に陥っている。欧州諸国はユーロ危機を脱却したばかりで、景気回復の道のりはなお遠い。一方の日米では、両国の抱える政府債務残高の総額はユーロ債務国をも上回り、高止まりの政府借金は経済政策の効果を大いになくしている。③人口の高齢化が進んでいる。日本やヨーロッパでは高齢化の厳しさが増していく一方だが、米国では「ベビーブーム」世代はほとんど定年退職しており、今後高齢化のプレッシャーが高まっていくだろう。

　発展途上国の間で経済発展のばらつきが生じている。新興国は全体的に調整期に入っており、一部の国では資本の海外流出、インフレーション、成長速度の落ち込みなどの現象がみられる。新興各国は異なる経済の自主性により、景況感の二分化が進んでいる。ロシア、ブラジルといったエネルギー価格に極端に依存する国々では、成長速度の急ブレーキがかかっている。しかし、国際貿易からの影響が少ないとみられるインドでは、脆弱な自国金融体質により海外資金の逃げ足が速まり、深刻なダメージを受けている。

2　新興5ヵ国BRICSの集団的勃興

　リーマン・ショック以降、新興国は先進国をはるかに上回るスピードで経済成長を続け、景気回復の過程で発生する経済拡大の不均衡により、両者の実力の格差が著しく縮小した。

　IMFの統計によると、為替レート計算では、世界経済総量に占める先進国の割合は、1992年の83.6%から2012年の61.9%に落ち込んだのに対し、非西側諸国は同時期の16.4%から38.1%に上昇した。一方、購買力平均で計算すると、同割合は先進国が同時期の64%から49.8%に低下したのに対し、非西側諸国は35.9%から49.9%へと拡大した。つまり、経済総量で言うと、非西側諸国は西側を凌いで歴史的逆転を巻き起こしたのだ。この点から、経済実力の面では、新興国とりわけ新興5ヵ国BRICSはすでに集団的に勃興している、ということが言える。

　経済成長の増加分でみると、2008-2013年に世界GDP増加量の90%が発展

途上国によるものだった。今後産業化、都市化、情報化を推進していくなかで、新興国経済発展の底力は計り知れない。世界の資源、技術、海外市場、越境投資に対する彼らの巨大な需要は、経済グローバル化を前進させる重要な推進力となる。しかも、国民生活水準の向上と中間層の勃興にともない、新興国は新たな消費地域として注目され、グローバル化に新たな成長の原動力とマーケットチャンスをもたらすことであろう。

米国家情報局が2012年に発表した「2030年の世界情勢展望」によると、日・欧・露の経済は引き続き緩い後退基調を辿っており、世界収入に占める日・欧・米の総割合は現在の56％から2030年には50％以下に減少していくという。またGDP、人口規模、国防支出、技術的投資といった面を総合してみれば、「グローバルパワー」という点において、アジア勢は2030年に北米とヨーロッパの総力を凌ぐことになると指摘した。

3　グローバルガバナンスが直面する新たな試練

現在、グローバル化が進み、世界各国はかつてないほど緊密に関わりあっている。グルーバル化は大きなチャンスをもたらす一方、より深いレベルでのリスクも意味するもので、世界経済は当面様々な新たな試練に直面していく。

第1に、世界各国間で競争が増していく。まずは資源、市場、資金をめぐる競争が激しくなっている。特に2000年以降、中国をはじめとする新興国の勃興は、資源など生産要素分野における各国間の競争に拍車をかけた。資源の大量な囲い込みはより多くの発展チャンスの獲得を意味するもので、各国の間で新興産業における新技術の確立をめぐり、競争が熾烈化している。技術研究開発や新興産業分野へのヒト・モノの投入が増加し、未来の成長産業の育成が熱気を帯びている。先進国はあの手この手を駆使して、国際ルール制定者としての地位を固めようとしている。例えば、米国主導の環太平洋パートナーシップ協定（TPP）がその例だ。そこには、ハイレベルの地域間自由貿易ルールを世界に広めていくアメリカの思惑が見え隠れする。また欧州連合（EU）は通関関連法の改正に着手し、エコデザイン指令や二酸化炭素排出権取引制度などを導入している。一方の新興国と発展途上国では、国際ルールの制定やグローバルガ

バナンスに参加する公平な権利を強く訴え、国際機関や地域グループにおける発言権の一層拡大を求め、自国利益の要求につなげたい機運が高まっている。

第2に、グローバル化のリスクが高まっていく。グルーバル化はその推進プロセスで新たな問題やリスクが浮かび上がってきている。例えば、利益分配の不均衡による貧富の差の拡大および新たな矛盾の発生、保護主義の台頭による国際貿易環境の悪化、グルーバルガバナンスおよびマクロ政策調整の難易度の高まりなどである。一部の国では、政府や民衆の間で反グローバリゼーションの論調が蔓延している。ここ10数年、「国際会議のあるところに必ず（グローバル化への）反対の声が上がる」という理不尽な現象が起きている。一部の発展途上国も、グローバル化によって自分の国は先進国の略奪を受け、経済の疎外化に脅かされている、とグローバル化を公然と批判している。

第3に、貿易一体化の機運が落ち込み、域内経済協力の緊密化が加速していく。（WTOの）ドーハ・ラウンド交渉は難航が続くのに対し、地域間および二国間自由貿易が戦略的経済協力や競争を展開していく重要な手段として浮かび上がってきた。各国は積極的に自由貿易戦略を推進しているため、国際貿易投資の自由化に新たなムーブメントが形成されつつある。

地域一体化の動きが速まっている。EUはユーロ債権の解決に取り組みながら一体化の制度整備を絶えず推進しているし、アメリカはTPPを積極的に推進すると同時に、アジア太平洋エリア諸国の囲い込みを働きかけ続けている。東アジアでは、中日韓FTAおよび16カ国間「東アジア地域包括的経済連携（RCEP）」が交渉のスタートを切っているので、地域一体化は大きく前進した。一方で、先進諸国の間で地域横断のFTA構築も加速化している。その最たる例は欧米二大核心市場の間で進めている大西洋横断貿易投資パートナーシップ協定（TTIP）の交渉だ。こうした地域一体化の取り組みは排他性や自由化の色合いが濃く、異なる陣営の間で繰り広げる連携と駆け引きを体現している。

4　多様化するグローバルガバナンス

リーマン・ショック以降、世界経済のルールを改革・整備し、国際経済秩序をより公正で、より合理的かつ包摂性のある方向に進ませることが国際社会の

コンセンサスとなり、行動にもつながっている。主要20ヵ国・地域（G20）はグローバルガバナンスの最重要プラットフォームとして、各国および国際機関の協議と協力を通じて、危機蔓延の阻止、金融監督管理の強化、国際通貨システムの改革といった面で概ね成果を上げてきた。しかしながら、危機が緩和するにつれ、各国の間とりわけG20内部では、様々な衝突や意見の食い違いが顕在化してきた。その最たる例として、新興国がグローバル問題の解決に無視できない力までに成長してきたにも関わらず、先進国は主導権を握り、一向にバトンタッチしたがらない、ということが挙げられる。グローバル化に対する各国の利益要求と関心点が違うため、今後グローバルガバナンスはさらに難度を増していくに違いない。グローバルガバナンスへの参加意識の高まりにつれ、新興国と発展途上国は自分たちの意見を積極的にアピールしていくであろう。彼らは様々な形式で連携を取っていくが、このことは自国経済の発展や国際競争力の向上につなげるだけでなく、相乗効果によって政治と経済への影響力拡大にも寄与できる。

中国は経済実力の急上昇にともない、グローバル経済との融合が一層深まっていくが、グローバルガバナンスに関連するルールが中国の絶対的利益に与える影響もますます大きくなってくる。世界各国は中国のさらなる役割発揮に期待をかける反面、方途を尽くして押さえようともしている。これに対し、中国は大国としての責任を負う覚悟を持つと同時に、ルールづくりのムーブメントは中国の市場開放および改革の長期的目標と合致するものだという点も認識しなければならない。したがって、グローバルガバナンスおよび関連ルールづくりにより積極的に、よりオープンな態度で関わっていく必要がある。

第2節　中国経済発展の新たなステージ

習近平総書記は、「新常態の下で、経済成長速度は鈍化するものの、GDPの実際増加分は依然としてかなり大きい」[*2]と指摘した。30年間にわたる高度成長

---

*2　習近平「永続的発展を追求し、アジア太平洋の夢を共に築く—アジア太平洋経済協力（APEC）CEOサミットの開幕式における基調講演」『人民日報』2014年11月10日

を経て、中国のGDPは2013年に世界全体の12.3%を占める9.18兆ドルに上った。経済の総量、構造、効果、影響力といういずれの面においても名実ともに経済大国といえるまで成長してきている。今後、経済高度成長から中高度成長への移行にともない、経済構造の最適化と高度化が進み、成長エンジンは生産要素主導から投資・イノベーション主導へ転換していく。こうした変化は中国経済が新たな発展段階に入り、経済発展の「新常態」を迎えていることを示している。

1　高度成長から中高度成長へ移行する経済の新常態

2008年のリーマン・ショック以降、中国経済を取り巻く内外環境に大きな変化が生じた。世界を俯瞰すると、国際経済は金融危機前の急成長期から深刻な構造転換調整期に入っている。一方の国内に目を向けると、経済は高度成長期から成長速度のギアチェンジの時期に移り、「成長段階の転換期」を迎えている。この新たな時期において経済の持続的かつ健全な発展を維持するには、マクロ調整の観点で言うと、潜在的経済成長率の減少幅をしっかり把握し、経済成長の適切な変動区間を設け、経済が安定成長の新常態に向かうように実現することが最重要問題になってくる。

中国経済は2010年4-6月期から2014年1-6月期にかけて、16四半期連続で前期比マイナスとなった。これに対し、新政権は「安定成長、構造調整、改革促進」といった一連のマクロ調整措置を打ち出した。その結果、2014上半期でマクロ経済指標の多くが落ち着きを取り戻し、市場予想も概ね安定した。中国国家統計局によると、2014年1-3月期のGDP成長率は7.4%と、経済のさらなる低下が予想される。中国経済は、これまで30年間にわたり平均二桁の成長率を記録してきた高度成長期から7%前後の中高度成長期に移行しつつある。全体でみると、中国経済は2013-2020年という戦略的節目の時期に、中高度成長の段階に移っていくであろう。

実際、経済成長の適度な反落は中所得国家の普遍的な法則だ。国際的にみると、第二次世界大戦後、先進国に追いつき追い抜こうとして成功を収めた日本、韓国、ドイツなどは、1960-1970年代の高度成長期を経た後、例外なく景気の落

ち込みに見舞われ、平均 30-40％の下落幅を経験した。またその時期において、経済が高度成長から中高度成長へ、さらに中成長ないし低成長段階へと移っていった。

李克強総理は、「我が国は一中所得国家として、経済はすでにこれまでの高度成長期から中高度成長期に入っている」、「我々は必要と可能との間で、また経済構造の転換・高度化と合理的成長速度の維持との間で『黄金の均衡点』を見出して、その合理的幅の中で経済を運営し、十分な雇用を確保すると同時に構造調整を速め、質・効率の向上に力を入れ、中国経済の安定と持続を図っていくべきだ」と述べた。

経済新常態下の中国は、今後10年の経済成長率を7％前後に設定し、経済成長が「下限（最低限に守るべき合理的空間）」を突き破らないようにコントロールしていかなければならない。高度成長から中高度成長への移行は、新しい歴史的発展段階における中国経済の必然的な成り行きだ。それには二つの意味が含まれる。①「中成長」は対内的な言い方にすぎない。30年間にわたる年平均10％近くの高度成長を経て、中国経済の成長速度は徐々に低下し、これまでのようにややもすれば10％台の成長率をたたき出す好景気はもはや再来することなく、中長期的に7％前後に落ち着くと予想される。②「高度成長」はあくまでも対外的な言い方だ。IMFの統計によると、2011年の世界GDP成長率は3.8％と、うちアメリカとユーロ圏はわずか1.8％と1.4％で、日本はなおさらのこと、マイナス成長だった。したがって、中国の7％前後のGDP成長率は他の大国に対して言えば、なお高度成長であり、GDPの実際の増加分も依然相当な規模である。例えば、2013年の中国のGDP増加分は1994年の年間GDP総量に相当し、世界ランキング17位だった。総合的にみれば、現在の中国経済発展新段階の基本的特徴は「中高度成長段階」という言葉で概括できる。

2　経済大国から経済強国へ移行する新段階

中国の実情でみると、新常態経済はある意味で大国経済である。GDP総量、一部の省・市の一人当たりGDP数値、製造業の生産高、貿易輸出入額、外貨準備高といった総合指標を水平比較してわかるように、中国は30余年の改革・

開放を通じて世界経済史で「成長の奇跡」を創り、名実ともに経済大国となった。これは新段階に入る中国経済の重要な特徴だ。新常態の下で、こうした歴史的な戦略的チャンスをしっかり掴み、経済大国から経済強国への邁進を速めなくてはならない。

第1に、GDP総量は世界2位に躍進している。経済強国はまず経済大国であること、そして経済大国になるには世界ランキング上位入りのGDP総量が必要になる。統計によると、中国のGDPは1978年にわずか1482億ドルと、世界10位だった。30数年の高度成長を経て、2011年にはアメリカに次ぐ7.31兆ドルを記録し、一躍世界2位に躍り出て、2013年にGDP総額は9.18兆ドルに上り、引き続き世界第2位となっている。

第2に、一部省・市のGDPあるいは一人当たりGDPは中程度の先進国に近づくかそれを超える水準まで拡大してきている。この傾向は東部沿海地域で特に目立ち、経済大国の仲間入りを表す重要な道標の一つとなっている。統計によると、広東省、江蘇省、山東省のGDP総量は2013年にそれぞれ6兆2163.97億元、5兆9161.80億元、5兆4684.3億元だった。現在の為替レートで換算すると、三つの省のGDP総額は9000億ドル超となり、オランダ、スイスといった中程度の先進国の経済総量に近づくかそれを超えていた。また天津、北京、上海などの省・市の一人当たりGDPは2013年にポーランド、ハンガリーといった欧米中程度の先進国のそれに近づくか抜いていたという。

第3に、製造業生産額は世界首位に君臨している。製造業生産高は一国の経済実力を測る重要な基準である。国際連合の統計によると、2011年の中国製造業生産高は2.05兆ドルと、初めてアメリカを抜き世界首位に躍進した。2013年末までに、中国の鉄鋼、石炭、セメント、繊維など200種類ほどの工業製品の生産高が世界首位の座につき、「製造大国」としての地位をほぼ確立した。

第4に、貿易輸出入額は世界1になっている。経済大国とは自国経済と他国経済とのコネクションの表れであり、一国の貿易輸出入額は世界経済に対するその国の影響力を反映するものだ。統計によると、中国の貨物輸出貿易は2003-2011年に年平均21.7％の伸び率で拡大し続けた。貿易輸出入総額は2013年に4兆ドル超と、アメリカを抜いて世界1位となり、その後5年連続で世界

最大の輸出国と第2位の輸入国の座に君臨し、貿易大国としての地位を固めた。

　第5に、外貨準備高は世界首位を保ち続けている。外貨準備高は一国の経済実力を測る重要な構成部分だ。統計によると、中国の外貨準備の規模は2006年に日本を抜いた後、6年連続で世界1位だった。1978年にわずか1.67億ドルだった中国の外貨準備高は、2013年末には3.84兆ドルに達した。このことは、中国が引き続き外貨準備による国家戦略物資の備蓄への支援、企業の増強・増大および改革・発展全体への支援、中国経済実力のさらなる向上といった面で重要な意味を持っている。

3　「中所得国の罠」に陥るリスクと試練

　習近平総書記は2013年11月に、北京の人民大会堂で21世紀理事会北京会議*3に出席した外国側代表と会見し、中国の発展の道、改革・開放、経済情勢、対外政策について説明を行ったうえ、中国は経済の持続的かつ健全な発展に自信を持っており、いわゆる「中所得国の罠」に陥ることはないと述べた。2013年の中国一人当たりのGDPは6000ドルを超え、世界銀行の基準に照らすと、すでに中所得国の仲間入りを果しているため、経済発展は新たな歴史的段階に入った。この新しいスタートラインを前に、中国は待ち受ける「中所得国の罠」のリスク・試練を冷静に認識し、新常態の下でスムーズに乗り越えるよう努めなければならない。

　第1に、技術革新能力のさらなる向上が必要だ。技術革新能力の不足による投入・産出率の低下は、一部の国が「中所得国の罠」に陥る主な特徴である。トータルでみると、中国の技術革新能力はかなり低く、産業技術水準のさらなる向上をしなくてはならない。近年、中国はイノベーション型国家建設事業で大きな成果を上げ、有人宇宙事業、月探査計画、高速鉄道といった分野で大きな進展がみられるが、独自の発明やコア技術の所有に関しては世界経済強国との格差が歴然としている。産学官連携によるイノベーションシステムの整備が遅々と進まず、独自の知的財産権や自主ブランド製品が少ない。新興産業による

---

*3　監訳者注：アメリカの投資家、ニコラス・バーグルエンによって設立された世界の著名政治家、企業家による世界問題を論じるグループ。

経済けん引力は力強さに欠け、技術成果の生産性につながる能力が弱い。2012年、研究開発に携わる科学者の人数、特許発明の数、技術専門誌での掲載論文数、R&D拠出資金の4項目指標で算出する技術革新水準指数では、中国は世界ランキングでわずか14位だった。

　第2に、経済構造調整が遅々と進まない。過度な外需依存による経済発展の不安定は、一部の国・地域が「中所得国の罠」に陥る基本的特徴の一つである。中国経済運営の実情でみると、長期的に依存してきた外需主導の経済成長モデルは、一連の力強い内需拡大政策の下で大きな舵切りが始まっている。これまでの統計によると、2000年から2013年にかけて、消費のGDP割合は下がる傾向にある一方、投資の割合は一貫として高い水準のままで下がらなかった。この点から、内需拡大とりわけ消費需要拡大における長期的効果のある経済メカニズムが形成されなかったと言わざるをえない。このほか、中国は近年産業構造調整を絶えず進めてきたにも関わらず、第一次産業の基盤が弱く、第二次産業はコアコンピタンス（競合他社に負けない優位な分野）に欠け、第三次産業は経済全体に占める割合が低すぎる、といった問題が依然として際立っている。経済成長の減速にともない、産業構造、需給構造、地域構造といった構造面での不合理な問題がさらに顕在化してくるし、過剰生産能力、都市と農村の格差、地域間の格差といった問題も早期解決を要する。

　第3に、資源による制約が増していく。世界的にみると、世界大多数の国・地域は自国の持つ地域資源の比較優位に依拠し、短期間に生産要素の大量投入によって初期の経済成長を果たしたものだ。だが、いかなる国や地域でも労働力、土地などの資源を際限なく供給できるわけがなく、一定の段階になると、必ずボトルネックが生じて経済活動を制約することになる。中国は長年、生産要素の高投入、エネルギーの高消費、高汚染、低産出という経済発展の道を突き進んできたため、原油・石炭・天然ガス・鉄鉱石といった重要資源の供給面での制約要因が拡大している。中国の生産額一単位当たりに必要なエネルギー消費量（エネルギー消費のGDP原単位）、廃水排出量といった指標は他の経済強国と比較すると、いずれも大きく差が開いている。加えて環境による圧力が増大し、スモッグなどの異常天気が頻出している。これはいずれも従来型経済

発展に対する天罰だ。経済発展方式の転換、経済成長の質・効率の向上はもはや時代の流れであり、待ったなしの問題だ。

第4に、科学的な発展を制約する体制やメカニズムでの阻害要因が多い。人的資本の不足、国民所得分配の不平等などは、多くの国が「中所得国の罠」に陥る重要な要因だ。その背景には立ち遅れた体制やメカニズムが経済前進の足止めになっていることがわかる。中国の現状でみると、経済関係における「政企不分離（政府行政機関と国有企業管理の職能の混在）」、「政資不分離（政府の行政管理機能と資産管理機能の混在）」、「政社不分離（政府行政機関と社会団体の混在）」、「政事不分離（政府行政機関と事業単位の混在）」の現象が依然として突出している。財政・税制面での弊害が目立ち、税制の不合理であるがゆえに中央と地方の間で資金力と職権が釣り合わず、現代金融システムの整備が行き届かない。所有制構造と所得分配構造に新たな矛盾が次々浮かび上がってくる。例えば、改革を推進するプロセスで、土地を失った農民や農村からの移入人口をはじめとする一部の民衆の間で、改革によって生み出される便益（改革のメリット）を共有できなかったことから社会と人民への不満が募り、土地収用や家屋立ち退きなどの利益衝突を理由に集団抗議活動が頻発している。このほか、社会主義法治建設にも改善すべき点が多く、社会体制の改革や生態文明制度のさらなる整備を要する。これら一連の問題は「中所得国の罠」を乗り越えようとする中国の前に立ちはだかる壁である。

第3節「三期重複」の段階的特徴

習近平総書記をはじめとする党中央は中国の経済情勢について、成長速度のギアチェンジの時期、構造調整の陣痛期、過去の景気刺激策（リーマン・ショック後に実施された刺激策）の消化期という三つの時期が重なる「三期重複」の段階にあるという重要な判断を示した。新常態に適応し、新常態に対する戦略的平常心を維持するには、まず中国経済発展の段階的特徴を見極める必要がある。新たな周期を迎える中国経済は三期重複を最大の特徴としている。この特徴を科学的に理解し、正確に判断することは新常態を理解し適応していく第一

歩である。

1　成長速度のギアチェンジ期

「成長速度のギアチェンジ期」とは、中国経済はこれまでの年平均成長率10%前後の高度成長期から7%前後の中高度成長期へ移行し、しかもこの状態が今後10-20数年にわたり経済成長の常態になる可能性があるということを指す。これについて、三つの「不」から理解を深めよう。

第1は「不可能」だ。経済成長の減速は必然な成り行きで、従来の高度成長を永久に保つことはありえないことである。中国経済は1979-2011年の32年間にわたり年平均9.87%の高度成長を続け、日本を凌ぐ世界第2の経済大国となり、高中所得国の仲間入りを果たした。このような長いスパンかつスピードの速い経済成長は世界的にも稀で、唯一無二の「中国奇跡」をつくったと言える。現在、中国の経済総量は計算上の分母が大きくなるので、数パーセントの伸び率はわずかにみえるが、経済の増加分に換算すれば、かなりの規模になる。2014年初の予想成長速度で計算すると、同年のGDP増加分は1994年のGDP総量に相当する5兆元超となる見込みだ。経済総量がここまで膨らむと、高度成長を求め続けるのはもはや現実ではない。このほか、国際政治や経済環境の深刻な変化および国内の資源・環境による制約の増大によって、中国経済は内外から資源、エネルギー、環境といった様々な圧力と試練を受け、これ以上10%前後の成長率を維持するのは無理で、成長速度の調整やスピードダウンは必至の情勢である。

第2は「不必要」だ。経済発展の目標を達成するには、高すぎる成長速度を求める必要がないということである。第18回党大会（中国共産党第18回全国代表大会）では、「経済発展方式の転換において大きな進展を遂げると同時に、均衡で調和のとれた、持続可能な発展が著しく増強されるうえで、国内総生産（GDP）と都市・農村住民一人当たりの収入が2010年より倍増することを達成する」という戦略的目標が提起された。現在の経済状況に基づけば、今後数年間に年平均7%の成長率を維持しさえすれば、「倍増」計画は予定どおりに達成できる試算になる。この状況の下で、経済発展方式のファンダメンタルズ転換

により一層注力し、均衡で調和のとれた、持続可能な発展を進めていく面で新たな道を切り開き、中長期にわたる中国経済の健全な発展に堅固なる土台を築くべきだ。現段階で高い成長率をひたすら求めるのは必要がないうえに、非科学的で非理性的でもある。

　第3は「不容易」だ。経済の中高度成長はオートマティックに達成できるものではなく、弛まぬ努力を要するものだということである。高度成長から中高度成長への成長速度のギアチェンジは時が来れば自然に成就できるプロセスではない。ラテンアメリカやアジアの一部の国が経験した、経済の高度成長から一気にどん底に突き落とされた教訓は次のことを告げている。つまり、すでに達成した経済実績に対して自信を持つべきだが自慢をしてはいけない、自己満足はもってのほかだ。焦らずにおごらずようにして、謙虚で慎重に行動を進むべきだ。経済成長速度には大きな慣性がある。スピードが速ければ、上向く慣性が働くので、経済が過熱気味になり、インフレも生じやすい。一方で、スピードが一旦鈍ると、下向きの慣性が働くため、成長速度が大幅に減速し、インフレーションまたはスタグフレーションにつながりかねない。したがって、成長速度のギアチェンジの時期になお冷静さを保ち、安定の中で前進を求め、能動的に適応することを堅持しなければならない。

2　構造調整の陣痛期

　経済構造調整の最たる目的は数量と速度を質と効率に転換し、短期的な痛みで長期的な発展を獲得することだ。経済構造には産業構造の高度化、地域構造の均衡化、成長エンジンの転換、富の分配の調節、生産要素投入構造の調整、（汚染等の）排出構造の最適化といった様々な面があり、内容は多岐多様にわたる。構造調整の陣痛について、三つの「重なり」から認識を深めよう。

　第1、多様な構造調整の同時進行により、幾重もの陣痛が重なってしまうことである。今回の構造調整はこれまでと大きく異なり、いくつかの構造調整を一気に進めるので、生みの痛みが絡み合って相互に影響し合うことになる。例えば、産業構造面では、過剰産業を削減し、ローエンド産業のグレードアップを図る必要がある。地域構造面では、立地条件に恵まれず、将来性の少ない地

区は空洞化・疎遠化の危機に晒されている。成長エンジンに関しては、輸出・投資関連業界が産業の最適化と組織再編に直面している。富の分配構造でみると、独占産業、高所得階層に対する所得の大幅調整が必要だが、生産要素投入でみると、従来の人口ボーナス効果が減少し、従業員に対する職能強化が課題となる。さらに排出構造面では、「三高（生産要素の高投入、エネルギーの高消費、高汚染）」業界と企業に対する規制がより一層厳しくなり、資源・エネルギー供給面における抜本的なモデル転換が要される。これらのマルチ構造調整はミックスされた形で同時進行し、相互に影響し合うので、時間で測ると「陣痛」になるが、程度で測ると「激痛」をともなう可能性がある。これに対して、常に冷静さを保ち明晰に判断していく必要がある。

　第2、構造調整の陣痛期と過剰経済の調整期が重なってしまうことである。範囲が狭く難度の低い経済増加分（フロー）の調整に対し、在庫量（ストック）の調整は明らかに範囲が広くて難度も高い。これまでの構造調整は「経済の相対的不足[*4]」という背景の下で行われたもので、成長スピードをやや速めて、重要産業分野で生産性を上げさえすれば予想目標は一応達成できる、いわゆる「増加分の調整」であった。だが、現段階の構造調整は中国が世界の製造センターになったうえに、経済危機対策は過剰生産の拡大になりかねないという背景の下で進められたもので、しかも経済成長が著しく減速したため、増加分の調整を行う余地がなく、在庫量の調整を避けて通れない道となった。増加分の調整は主に経済成長に頼るが、在庫量の調整はより一層改革に依拠する。改革とは従来の発展方式が頼りにしてきた体制的調整や利益構造を打破することを意味し、その抵抗力の大きさは言わずもがなである。構造調整は「腕を絶つ」痛みを経験して初めて経済の新常態に適応していける。

　第3、構造調整の陣痛期と「中所得国の罠」が重なってしまうことである。中国は現在すでに中所得国の仲間入りを果たし、「中所得国の罠」に陥るという厳しい試練が待っている。「中所得国の罠」は景気変動や発展の停滞という経済的

---

*4　訳注：「不足の経済学」とはハンガリーの経済学者コルナイ・ヤーノシュが提起した概念。社会主義経済では、企業は国が決定する生産計画を遂行、実現するためにいつも過剰な労働力と原材料資材を抱えている。そのため、政府の資金が必要以上に経済活動につぎ込まれ、それが原因でモノの不足が恒常化する。

罠の形で現れるほか、社会矛盾の顕在化や階層分断という社会的罠の形でも現れるので、それをしっかり分析し、論理的に対応していく必要がある。中高所得国という発展段階は社会の敏感期であって、国や社会のいかなる行動に現れうる些細な不注意でも深刻な社会問題を招きかねない。この段階で構造調整を行う際に、従来の制度的調整や利益構図に切り込むと同時に、経済社会のシステミック・リスクの発生も回避せねばならないため、技術的要求が高くて難度も高い。改革の力加減、経済発展の速度、社会の受け入れ度合いといった要因を総合的に考え、着実に進めなければならない。

3　過去の景気刺激策の消化期

「過去の景気刺激策」とは、主として2008年のリーマン・ショックによるマイナス影響への対応策として、中国が打ち出した総額4兆元に上る内需けん引、産業振興を含む包括的景気刺激策のことを言う。この景気刺激策は中国経済のV字回復に良い効果を与えただけでなく、世界経済の安定化にも「重石」としての役割を果たした。だが、いかなる政策も諸刃の剣だ。過去の景気刺激策の副作用について、二つの「あった」から考察してみよう。

第1、この景気刺激策には後遺症が「あった」。4兆元の景気刺激策は中国が特別な時期に採用した特別な政策で、中国経済の難関突破には功を奏したが、様々な問題ももたらされたため、後期マクロ調整の難易度を増した。①インフレ圧力の増大である。4兆元プロジェクトはほとんど銀行融資の形で市場に流れたので、流動性の急増はインフレ圧力に転じた。特に成長速度が明らかに低下するなかで、成長維持とインフレ抑制の同時推進はマクロ調整のハードルを上げた。②産業構造の逆行である。4兆元プロジェクトを実施した後、第二次産業の割合が明らかに上昇したのに対し、第三次産業のそれが下降に転じた。一部の重化学工業業界では、過剰生産の問題が深刻化し、産業構造調整の圧力が一段と高まった。③地方政府債務問題の急浮上である。中央政府の刺激政策にただ乗りした地方政府は多額の地方債務を抱えたため、システミック・リスクの誘発および民間投資の「締め出し」要因となり、景気刺激策の実際効果を弱めた。

第2、マクロ経済情勢に新たな変化が「あった」。これまでの経済刺激策やマクロ調整は、「不足の経済」ゆえに長いスパンで高度成長が続き、景気低迷はあくまでも周期性変動の一環だという経済背景の下で行われたものだ。景気が下向くと、需要サイドから調整を加え、大幅な融資拡大で投資を刺激し、生産高不足分を埋めれば、調整目標は概ね達成できた。しかし現在、産業過剰生産能力の深刻化、高度成長から中高度成長への移行、経済構造転換・高度化の圧力の急増、深いレベルにおける世界経済構造の調整といった様々な問題を前に、包括的景気刺激策の限界効果は明らかに逓減していっている。これ以上盲目的に高い成長率を追い求めると、構造調整や経済発展のチャンスを見逃してしまうので、戦略的平常心を保ち、時機を判断し、情勢を推し量り、地に足をつけながら先を見据え、改革促進と構造調整を通じて過去の景気刺激策の副作用の解消に注力し、長期的経済成長の潜在力を掘り起こすように努めなければならない。

　「三期重複」という表現は、現在および今後一定の期間における中国経済発展の段階的特徴に対する的確かつ具体的な説明である。「成長速度のギアチェンジ期」は経済発展の総量と数量に着目し、「構造調整の陣痛期」は経済発展の質と効率に照準を合わせ、一方の「過去の景気刺激策の消化期」はマクロ調整の方向や手段という視点から切り込んでいる。これら三者は相まって中国経済発展の主な特徴と試練を浮き彫りにし、新常態を論理的に認識し、新常態に積極的に適応していく必要な背景的根拠を提供してくれたといえる。

第4節　改革の全面的深化と難関攻略の時期

　習近平総書記は「我々は改革・開放という正しい方向を堅持し、敢えて難題に取り組み、敢えて早瀬を渡り、敢えて長年累積した治療の難しい癆気・持病にメスを入れ、改革を停滞させず、開放の歩みを止めることがないように確実にしなければならない」と述べた[*5]。改革の全面的深化によって中国経済の新

＊5　党・中央文献研究室編纂『第18回党大会以降の重要文献選集』中央文献出版社 2014年版、439ページ

常態への転換を図る、これは新常態下の戦略的選択と方向である。中国共産党第18期中央委員会第三回全体会議（以下「党18期三中全会」と言う。）では、改革の全面的深化について大局的戦略が打ち出され、その重大改革措置は15分野にわたる330項目に及ぶものだった。新常態の下で、改革の全面的深化の任務はより厳しくなり、難度もこれまでにないほど高いものになる。中国の改革事業はすでに難関を越える重要な時期に差しかかり、難度の増した領域に入っている。

1 改革ボーナスは制度ボーナス

中国共産党第11期中央委員会第三回全体会議（以下「党11期三中全会」と言う。）が開催されるまで、中国は文化大革命が終息したばかりで、経済社会の発展が著しく立ち遅れた。経済実力、社会発展、科学技術力、民主主義法治、人民の生活水準などいずれの面においても、先進国との間で明らかな格差があった。鄧小平氏はかつて、「我々は時代に追いつかなくてはならない。これは改革の果たすべき目標だ」と述べた[*6]。これは中国改革の目的に対する極めて深い認識である。

ボーナスは富の源泉であり、発展の成長点でもある。改革ボーナスとは、体制やメカニズムの変革を通じて生産要素の再構成と最適分配を図り、そこから得られる経済増加分のことを言い、潜在的価値形態の一種である。この発展の優位性は廉価な労働コストのほかに、公平な競争環境、安価な取引コストなども含まれるので、改革ボーナスは本質的に一種の制度ボーナスまたは体制ボーナスである。安徽省鳳陽県小崗村で始まった「生産責任制[*7]」は中国の改革の幕を開け、農村地域の生産力が大幅に向上し、農民の最大関心である衣食問題も効果的に解決した。これはまさしく制度・メカニズムの改革が生み出したボーナスの証だ。

その後、改革事業は中華民族の偉大な復興を実現する「新長征[*8]」の道のり

[*6] 『鄧小平文選』第3巻 人民出版社 1993年版、242ページ
[*7] 訳注：1980年代前半に中国の農村で推進された重要な経済改革の一つ。これにより中国農村の土地改革は重大な転換点を迎え、そして生産責任制は現在の中国農村の経済基盤の一つとなっている制度である。
[*8] 訳注：長征とは国民党軍に敗れた中国共産党が、中華ソビエト共和国の中心地であった江

を歩み始めた。所有制改革、価格改革、国営企業の改革、財政・税制改革、金融体制改革、雇用体制改革、所得分配制度の改革、対外貿易体制改革といった中国の運命・前途にかかわる一連の重要な改革措置が矢継ぎ早に打ち出された。と同時に、社会主義政治体制、文化体制、社会制度、生態文明制度に関する改革も着々と進み、中国改革事業の重要な構成部分となっている。改革・開放して30余年、中国の経済体制に根本的な変化が生じた。社会主義民主・法治は整いつつあり、人民の積極性・能動性・創造性が一段と発揮されている。文化というソフトパワーが著しく増大し、社会主義核心的価値観が人々の意識に植えつけられ、社会主義文化体制にも大きな改善がみられた。

2　改革は最大のボーナス

　習近平総書記は2013年10月7月に開催されたAPEC CEOサミットで、「中国を前進させるには、改革・開放を全面的に深化させなければならない」*9と述べた。李克強総理は2012年に国務院に招集された全国総合一体化改革試験事業座談会で、中国にとって、改革はこれまで最大のボーナスであったが、今後も最大のボーナスであるに違いない、と強調した。

　中国の改革事業は党11期三中全会をターニングポイントに滑べり出し、その後30年間の輝かしい道のりを突き進んできた。その間、改革は科学的な発展を阻んだ体制・メカニズムを強力に打ち破り、民衆のイノベーション・創造力を充分に引き出し、資源や労働力など生産要素の活性化にもつながった。改革によって比較的公平な競争環境が形成され、市場主体の取引コストも大幅に低下した。そのため、類似の他国より比較優位的競争力を持つことができ、経済社会の発展に巨大な改革ボーナスをもたらした。例えば、過去30数年間、所有制改革、農村総合改革、雇用体制改革を含む改革事業が力強く推進されたことで、大量の農村余剰労働力が東部沿海地域の産業・サービス部門に流れ込み、安価な労働力コストの比較優位性を形成し、巨大な「人口ボーナス」を生み出

　　　西省瑞金を放棄し、1934年から1936年にかけて国民党軍と交戦しながら、1万2500
　　　kmを徒歩で移動したことを言う。
＊9　党・中央文献研究室編纂『第18回党大会以降の重要文献選集』中央文献出版社 2014年
　　　版、437ページ

し、東部沿海地域の急速な経済発展を後押しした、という例が挙げられる。

　この偉大な改革はトップダウン方式で、段階的かつ漸進的な制度移行の方法で秩序立てて進められてきたので、改革ボーナスが徐々に生み出され、多くの民衆が改革の事業に加わり、改革の成果が絶えず収穫できたプロセスだと言える。漸進的な改革は30数年にわたる中国改革事業の基本特徴であり、東欧やソビエトなどの国々の改革手法と一線を画すものだ。この違いこそが中国が安定した経済社会の下で巨大な改革ボーナスを生み出した根本的な前提であり、30数年におよぶ改革の基本的経験である。もちろん中国はそこから、改革には先見性と予見力が必要で、事前にリスクを想定しなければならず、問題山積になりリスクが危機になってからようやく重い腰を上げるのでは高いコストを払う羽目になる、ということを学んだ。鄧小平氏はかつて国民に、「我々の方針は、大きな胆力で、着実な歩みで、石を叩いて渡る」、「肝心なのは経験をよく総括し、間違えをすぐ直すことだ」と戒めた[*10]。鄧氏の言葉は新常態における改革の全面的深化を指導するうえでなお強い現実的意味を持っている。

　新常態の下で、一部の同志から改革の難関を越える重要な時期に現れた問題点を非難する声が上がった。彼らは非公有制経済の発展、社会主義市場経済体制を疑い否定し、ひいては改革という大きな方向性を疑い否定しようとしていた。確かにこれまで、重大な改革を行うたびに騒音雑音があった。改革の大きな足かせだったが、どうしても避けられないものだ。このような改革にともなう様々な問題点を唯物弁証法で捉えなければならない。局所問題なのか全体問題なのかをじっくり見極め、改革がもたらした特定問題なのか改革という大きな方向性の問題なのかを弁証的に考え分ける必要がある。所得格差の拡大や幹部の腐敗といった特定問題には早急に対処し、社会主義市場改革の方向性が揺ぎのないようにしっかり舵を取っていくべきだ。

3　改革の全面的深化が新たな段階に

　李克強総理は第12期全国人民代表大会（全人代）第1回会議後の記者会見

＊10『鄧小平文選』第3巻　人民出版社 1993年版、113ページ

で、「改革は難度の増した領域に入っており、難関を越える重要な時期とも言える」、「現在、既得権益に触れることは、ともすれば魂に触れることよりも難しい」と語った。経済新常態の下で、中国が直面する改革はその深さにしても、広さにしても、これまでいかなる時期、いかなる段階とも比べものにならないものだ。改革の事業は「進まざれば則ち退く」という肝心な段階に差しかかっている。そのために、地に足をつけ、一気呵成の勢いで改革の全面的深化を図る強大なパワーをかき集め、改革ボーナスをより一層引き出し、改革を停滞させず、開放の歩みを止めることがないようにしなければならない。

改革のプロセスで言うと、今はすでに難関を越える重要な時期に入っている。改革を一層推進するには、従来の利益構図にメスを入れることは避けて通れない道だ。しかし、既得権益に触れることはともすれば魂に触れることよりも難しい。改革の初期段階、「普遍的受益」、つまり改革のメリットが大勢の人に行き渡るという構造が効き、社会の深層問題が浮上せずにすんでおり、改革の抵抗力も比較的に弱かったため、コンセンサスを達成しやすかった。だが、新しい改革は「パレート改善*11」の段階を越えており、これまで避けてきた対立および棚上げにしてきた矛盾・問題は消えることなく、それどころか、改革の推進にともない「行き手を阻む虎」となっている。言い換えれば、改革はすでに難度の増した領域に入り、難関を越える重要な段階に来ており、改革の難しさ、複雑さ、奥行きの深さが増している。

改革の分野でみると、重要分野の改革は依然として立ち遅れている。30余年の改革・開放を経て、一部の分野で改革は飛躍的な進展を遂げているが、市場志向の改革に関しては、なお改善する余地がある。新型都市化を中心とする土地制度、戸籍制度、社会保障制度、投融資体制などの分野では、一体化改革がスタートを切ったばかりで、さらなる推進が必要だ。このほか、ミクロ経済活動に対する政府の関与は依然多く、資源配分に占める行政的許認可方式の割合がなお高い。本物の法治型・奉仕型政府が確立できておらず、国有資産管理体制の改革、財政・税制・金融の改革、所得分配システムの改革といった重点部

---

*11 訳注:ある集団においてある資源の分配を変更する際に、誰の効用も減少させることなく、少なくとも一人の効用を高めることができるように資源配分を改善すること。

分の改革成果は予想改革目標とかなりかけ離れている。

　改革の原動力でみると、各主体間の協力の難度が増している。改革の一層の推進につれ、各種利益主体間の矛盾が際立ち、一部は積年の問題で容易に解決できるものでなく、既得権益の「チーズ」に触れなければならない。改革の推進には、代価が付きものだ。改革の組織者、推進者としての各部門や地域は、ひょっとして自分自身が改革の対象になり、自分で自分を改革し、時には改革の過程で自らが持っている権力と利益の多くを放棄することも余儀なくされる。壮士が腕を断つような政治的勇気がなければ、改革の一層の推進はただ空論に終わる。例えば、現在進めている経済構造調整や財政・税制改革、「三網（通信・放送・インターネットのネットワーク）の融合」などは杓子定規な各方面の利益に及んでいるため、関連改革はなかなか有効に進まない。したがって、より強い決心と勇気を持って、難関を攻略する気持ちで一戦に臨まなければならない。

　改革の主体でみると、利益主体間の矛盾が交錯している。全体でみると、改革がもたらした社会利益の差が広がり、社会の利益主体は多様化しつつある。改革事業の推進は最終的に個々人の発展につながり、幅広い人民が改革ボーナスを共有するというスタンスに回帰させなければならない。改革は社会に効率をもたらすだけでなく、社会の公平・公正も図るべきだ。しかし改革推進の過程で、土地を失った農民や農村からの移入人口をはじめとする一部の民衆は、改革によってもたらされるボーナスを共有できなかった。そのため、社会や人民への不満を募らせている。ここ20年間、集団抗議活動の発生件数は10倍も増え、うち土地収用や家屋立ち退き、環境汚染などの利益衝突による集団抗議が80％以上占めている。一方で、政府幹部の腐敗やレントシーキングなどで社会利益が一部に集中し、民主法治の立ち遅れで人民の潜在期待が弱まっている。浙江省温州市で起きた資本流出の現象は、ある程度今の世相を反映している。中国の改革はすでに「進まざれば則ち退く」という背水の陣で臨むべく正念場を迎えているのである。

第5節　経済発展の戦略的チャンス期

　習近平総書記は、「新常態は中国に新たな発展チャンスをもたらす」と述べた*12。全体でみると、新常態の下で、中国は依然として経済発展の戦略的チャンスの時期にある。戦略的チャンス期とは、一般的に大局に重大かつ深遠な影響をおよぼす一定の時期を指し、戦略の実施に有利な歴史的段階および大きな背景・環境・条件のことを言う。それは往々にして内外環境の総合的な要因によって形成される。世界に目を向けると、世界の多極化および経済グローバル化の持続的発展により、国際政治・経済情勢に新たな変化が生じ、中国の経済成長に新たな発展のチャンスをもたらしている。一方の国内でみると、経済は新常態に移し、新常態に適応していく様々な環境も整いつつある。

1　世界的にみる中国の戦略的チャンス期

　総合的に観察すると、現在世界各国および重要な国際機関で、グローバル経済の持続的かつ均衡な成長に向けた発展を促進する機運が高まっており、新たな産業構造調整と技術進歩のテンポも速まりつつある。新常態の下で、中国経済発展を取り巻く国際経済環境は「総体的に良好に向かい、危機にチャンスを秘めつつ、リスクも潜んでおり、複雑かつ変化に富んでいる」という特徴を呈している。

　第1に、国際環境は全体的に中国の発展に有利な方向に向いている。2000年代に入ってから2008年に勃発したリーマン・ショックまで、世界経済とりわけ発展途上国は高度成長期を迎え、個人消費、対外貿易、固定資産の伸び率はいずれも先進国のそれを上回る勢いで拡大し続け、リーマン・ショックによってその勢いに一層拍車がかかった。リーマン・ショックの勃発は中国が推進してきた、政府調整と市場調整を結びつける経済モデルの有効性が事実上示される形になった。現在の国際政治情勢でみると、一部の地域で紛争は時に起こる

＊12　習近平「永続的発展を追求し、アジア太平洋の夢を共に築く―アジア太平洋経済協力（APEC）CEOサミットの開幕式における基調講演」『人民日報』2014年11月10日

が、平和と発展が時代の大きな流れだということに変わりがなく、平和を守り戦争を制止するのは全世界の願いだ。短期間に新たな世界大戦が勃発する確率が小さいため、長期にわたる平和な国際環境は整いつつある。一方、IMFや世界銀行などの国際経済機関はガバナンスや構造改革に着手し始めている。

　第2に、中国と欧米先進国の間で力関係の変化が生じている。リーマン・ショックと債務危機による大きな衝撃を受け、欧米先進国の経済実力が相対的に下がり、景気回復も力強さを欠いた。それに対し、中国をはじめとする新興国は先立って景気回復を果たし、世界経済のけん引役となった。特に中国は世界経済成長のメインエンジンとなっただけでなく、潤沢な外貨準備をバックに国際金融システムを安定させる重要な力ともなった。このことは中国に時間の余裕を持たせ、経済のさらなる発展に選択肢を増やした。リーマン・ショック以降、世界各国とりわけ新興国はドル通貨が主導してきた国際金融システムに疑問を呈し、世界通貨システムに対して改革を求める声を出し始めている。このことは中国の金融改革の推進を速め、世界経済強国へ邁進するテンポを速めることに得難い歴史的好機を与えた。

　第3に、中国の技術革新に画期的成果創出の兆しが現れている。リーマン・ショックにより、従来の発展方式は持続できなくなったため、各国は経済成長をけん引すべく新たな成長分野の模索に努め、新しい産業の発展に力を注ぎ、世界規模でニュー・イノベーションブーム到来の機運が高まっている。この新たな技術革命において、他者に先駆けて新技術を確立し、新産業の重要な分野を押さえた者が未来の世界経済発展の主導力を握ることになる。現在、情報技術を主導に、新エネルギー・新材料・バイオテクノロジー・海洋技術といった技術革新が盛り上がり、近い将来に新たな技術のうねりが形成されるに違いない。現にITと新エネルギー技術が融合した「第三次産業革命」の波がすでに押し寄せてきている。グローバル経済のさらなる推進にともない、中国は技術の導入やリ・イノベーションなどを通じて先進国のコア技術の一部を吸収・消化し、それを独創的イノベーション能力の大幅な向上につなげることはもはや大勢の赴くところである。これを機に、中国は後発国のメリットを生かし、世界的経済技術発展のムーブメントに乗って、イノベーション型国家建設、人的

資源強国建設、海洋強国建設といった強国戦略を実施し、技術革新能力の向上および人的資本蓄積の強化に注力し、さらなる飛躍にチャンスを創出することが可能になる。

第4に、新興国の影響力が高まりつつある。現在、資本・商品・技術・情報・労働力の国際移動の歩みが速まり、各国は産業構造調整を進めている。世界経済強国は労働力水準が高くてコストの安い発展途上国へ自国の伝統産業と現代サービス業を移行させる動きを加速しているため、世界規模における資源配分の最適化が進んでいる。結果、外部からより多くの生産要素を獲得して産業構造の最適化と技術進歩を図るという有利なチャンスが中国に巡ってきた。一方、新興国の台頭につれ、国際政治情勢にも変化が生じている。現在、世界経済発展の音頭をとってきた先進国の力が弱まり、グローバル経済問題や政策制定における新興国と発展途上国の参加が必要になってきている。中国にとっては、これは国際問題のフォロワーからリーダーへ、国際ルールの受容者から制定者へ変身する転機だ。またAPEC、ボアオ会議など世界と対話する場を通じて、世界経済ガバナンスに参加し、グローバル・ガバナンス・メカニズム変革のプロセスを推進することができる。

2　国内からみる戦略的チャンス期

国内に目を向けると、これまでの実績により、新常態経済社会のさらなる飛躍に土台ができており、経済社会に現れた新しい特徴も経済の一層の発展に有利な要素を生み出している。

第1に、経済のさらなる成長に必要な底力が備わっている。経済総量でみると、中国のGDPは2011年に7.3兆ドルと、アメリカに次ぐ世界第2位だったが、2013年には引き続き世界2位で、9.18兆ドルを超えた。一人当たりの所得でみると、天津、北京、上海などの省・市では、2013年にすでにポーランド、ハンガリーなど一部の欧米中程度の先進国の水準に近づくかそれを超えていた。外貨準備でみると、中国の外貨準備高は7年連続で世界トップの座を守っている。したがってトータルでみると、中国の総合実力は絶えず増大しているので、内外市場の経済リスクを防御することができ、経済規模の拡大および一

人当たりの所得水準の持続的上昇も可能である。

　第2に、経済発展に必要な物的・技術的基礎がより強固になっている。世界の著名経済学者アンガス・マディソン氏によると、物的資本の蓄積は一国の一人当たりGDPの持続的向上を決める四大要因の一つだという。中国の経済発展史を顧みると、新中国が成立して60余年間、特に改革・開放してから30余年間の建設と発展を経て、経済の実力と総合国力は大いに向上し、持続可能な発展の土台となる物的・技術的基礎および自発的原動力が増大し続けている。現在、産業システムは比較的に整備されており、新興産業の育成と発展に好ましい成果がみられる。インフラが整いつつあり、エネルギー保障や交通輸送面でのレベルアップも著しい。財政金融システムは穏健に運営されており、社会資本も相対的に潤沢で、人的資本蓄積の水準が急速に上がっている。

　第3に、都市化建設は経済発展に自発的原動力を提供している。都市化という「切り札」は、うまく利用すれば、技術革新の向上、人的資本蓄積の強化といったプラス要因になるが、下手に使うと、「スラム地域」の形成、社会問題の激化を招き、「中所得国の罠」に陥るマイナス要因となりかねない。中国の都市化はすでに新たな発展段階に入っている。都市化は中国経済の持続的発展を維持する強大な土台だけでなく、内需拡大という巨大な潜在力の拠り所でもある。都市化プロセスの持続的発展は国内消費・投資のけん引、産業構造の転換・高度化に有利なだけでなく、資源の統合と最適配分、人的資源の結集を通じてイノベーションの原動力を見い出し、技術革新力を強化し、技術進歩を促進することにも寄与できる。

　第4に、政治的優位性の大いなる働きで経済発展の可能性が広がった。社会主義中国の政治的優位性および制度意思決定の優位性は、戦略的チャンス期を掴まえる強固な後ろ盾であり、有利な要因でもある。果断な意思決定力は中国政府の政策決定メカニズムの最大の特徴だ。これは中国の政治体制の優位性と切っては切れない関係にある。長きにわたる試行錯誤を経て、中国共産党の指導の下で、中国の特色ある社会主義理論体系が形成され、中国的社会主義の道が切り開かれ、中国的社会主義制度が確立された。このことは中国人民の強い自信となり、改革の困難を乗り切って奇跡を創る原動力となっている。

3 新常態下の戦略的チャンス期

　言うまでもなく、チャンスは現実ではない。チャンス期も保険期ではない。新常態の下で、チャンスを掴まえるには、常に冷静さを保ち、困難とリスクを充分に予測し、正確な措置を講じて、早期に新常態に適応しなければならない。

　第1に、基礎ができている。経済総量、発展速度、外貨準備、財政実力などでみると、中国は総力を結集して大事業に取り組み、経済を新たな段階に押し上げる力が備わってきた。経済総量では、アメリカに次ぐ世界第2の経済大国となっている。発展速度では、30余年間にわたり世界稀有の年平均9.8％のGDP成長率を達成しているし、同時期の世界GDP成長率3.0％を大きく上回っている。外貨準備においても世界一の大国である。新常態の下で、中国の財政実力は絶えず増加するから、経済発展の促進、経済・社会の弱小分野に対する補強、民生の確実な改善、各種リスクや自然災害への効果的な対応に力強い資金的保障を提供している。さらに発展の現状でみると、党・中央が定めた全面的小康社会（ややゆとりのある社会）の実現という戦略的目標は達成できるものだ。これは21世紀中頃までに現代化の概ね達成という中長期目標を実現するための強固な土台となるであろう。

　第2に、チャンスを秘めている。中国は世界第2の経済大国となっており、新興国は急速な発展を遂げ、国際経済と政治秩序は深刻な調整・変化期を迎えている。これらのことからみられるように、国際環境は総じて中国の平和的発展および先進国への追いつき追い抜きに有利な方向に向いている。中国はグローバル経済分業における新たな位置づけをしっかり把握し、国際経済協力に参加し、新たな競争優位を積極的につくっていく必要がある。国際経験によると、経済成長には段階性があって、異なる経済成長段階と経済規模の下では異なる経済成長速度が生まれる。世界銀行の区分に照らすと、中国の所得水準は現在中下位所得国と中上位所得国の臨界区域にある。広大な土地と経済発展水準のアンバランスに影響され、中国は他の国よりも現在の経済発展水準にとどまる期間が長くなる可能性があり、経済発展のさらなるステップアップを図る歴史的好機に恵まれている。

第3に、発展する余地がある。中国は今、世界最速かつ規模最大の都市化プロセスを経験している最中で、都市化にともなう大規模な人口移動は消費の持続的拡大につながり、経済成長の強大な推進力となる。中国は工業化の中期段階にあり、工業化の目標達成までにまだ長い道のりがある。東部地域の一部の省・市を除き、中部・西部などの省・区では工業化の進展が不十分で、発展する余地が多く残されている。一方で、国内既存技術の存在および新たな成長分野における世界技術の模索は中国の産業転換と技術革新に好機を与え、工業化のさらなる前進へ原動力を提供している。そして情報化、市場化、国際化プロセスが発展している最中で、多くのエネルギーを生み出す余地があり、中国経済の今後40年間の安定成長を支える力が備わっている。

　第4に、可能性を秘めている。将来の発展でみると、中国は潤沢な資金供給ができ、科学技術と教育の底上げが図られており、労働力の水準が改善されつつある。加えてインフラ整備が進み、政府のマクロ調整および複雑な局面への対応力が著しく向上され、社会大局の安定が保たれているので、経済社会の発展と総合国力のさらなる向上に必要な環境が整っている。グローバル化・経済一体化の弛まぬ推進および国内政策の効果的な実施を背景に、中国の海外進出（走出去）戦略にビッグチャンスが巡ってきている。リーマン・ショック以降、多くの国は資金調達に苦しみ、中国との投融資提携に意欲的な態度を示し、一部の分野で中国に対して投資の規制緩和に踏み切った。これにより、中国企業は相対的に有利な投資地位を保ち、国内の経済構造の最適化・高度化にも有利な展開となっている。

第 2 章

経済の全面的最適化・高度化―新たな特徴と趨勢

習近平総書記は、「中国経済は新常態を呈しており、主な特徴は次のとおりである。①高度成長から中高度成長へ転換する。②経済構造が絶えず最適化・高度化され、第三次産業・消費需要が次第に中心となる。都市と農村間の格差が徐々に縮小し、家計所得のGDP割合が上昇し、発展成果の恩恵がより多くの民衆に行き渡るようになる。③生産要素・投資主導の成長からイノベーション主導の成長へ転換する」と明言した[*1]。新常態経済では経済構造の全面的最適化・高度化が顕著に表れる。具体的に言うと、成長速度の移行、発展方式の転換、産業構造の調整、成長エンジンの変化、資源配分方式の転換、経済福祉の包摂・共有といった一連の新しい特徴・趨勢が現れ、経済構造がより一層最適化され、質・効率がさらに高い方向へ向かって発展することである。

第1節　成長速度、高度成長から中高度成長へ

　中国経済は30年余りの高度成長を経て、新たな運営軌道に乗り始めている。新常態の下で、経済成長はギアチェンジを通じてスピードを落とし、高度成長から中高度成長へ変わっていく。この状況を科学的に認識し、先行きを正確に見通し、中国経済発展の段階的特徴を歴史的・弁証的にとらえ、経済発展の新常態を確実に把握する必要がある。

1　成長速度の転換という新常態の基本的特徴

　中国経済は1978-2011年の32年間に年平均9.87%のGDP成長率を維持してきた。この長いスパンで二桁近い高速成長を実現し、世界が刮目する経済の奇跡を手に入れた。だが、2012-2013年は7.7%、2014年1-9月期は7.4%と、中国経済は高度成長から中高度成長へ転換している。この新常態はもはや客観的事実である（図2-1を参照）。

　需要と供給の両サイドでみると、近年の高度成長は主に人口ボーナスとグローバル化ボーナスの恩恵が下支えとなっている。しかし、この二大ボーナス

[*1] 習近平「永続的発展を追求し、アジア太平洋の夢を共に築く——アジア太平洋経済協力（APEC）CEOサミット開幕式における基調講演」『人民日報』2014年11月10日

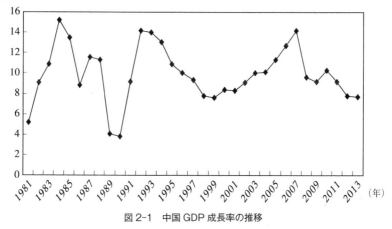

図2-1　中国GDP成長率の推移

の効果は現在、衰微しつつある。

　供給サイドでみると、人口ボーナスが転換点を迎え、労働力資源の人口が減少し、労働コストが上がり、貯蓄率が下がり、潜在成長率が低下するという新常態を呈している。改革・開放が実行されて以降、中国経済の持続的高度成長を下支えした重要な要因の一つが人口ボーナスである。今、グローバル製造業の生産ネットワークはすでに中国に移っている。安価な生産コストと国内労働賃金が功を奏して、製造業サプライチェーンによる中国オフショア・アウトソーシングが相次いできた。だが、15-59歳の生産年齢人口は2012年には9億3727万人と、前年末より345万人減少した。と同時に、高齢者人口のウェイトが上昇を続け、満60歳以上の人口は全人口の14.3%を占める1億9390万人と、前年末より0.59ポイント加速した。労働力資源である16-59歳の生産年齢人口は2013年に244万人減となった。

　中国の人口ボーナスは転換点を迎えている。その結果、①労働力コストが上がり、コスト優位が下がる、②高齢化社会の進展につれ、従属人口指数[*2]が上昇し、貯蓄率が低下するので、資金調達コストもつられて高くなる、という二

＊2　訳注：働き手である生産年齢人口が働き手でない年少者と高齢者を何人支えているかを示す比率のこと、中国語では「人口扶養比」と言う。

大デメリットが生じ、中国経済の下押し圧力を強めた。

需要サイドでみると、グローバル化ボーナスの効果が薄れ、外需が落ち込み、外資ベースでの投資がピークを過ぎ、一部は退いているという新常態を呈している。2008年に勃発したリーマン・ショックは、西側先進国に大きな衝撃を与え、グローバル経済に重傷を負わせた。その結果、世界経済は今なお大きな試練に晒されている。国際通貨基金（IMF）は2014年10月の世界経済展望で、グローバル経済の回復プロセスが「緩慢かつ不均衡」で、景気回復に力強さがみられないと指摘した。世界経済の全面回復および健全な成長を取り戻すには、長き複雑な道のりが残っている。これを背景に、貿易保護主義が台頭し、それによる国際貿易の急激な委縮が中国の輸出業に未曾有の衝撃をもたらした。加えてアメリカが量的緩和を終結し、グローバル資本の先進国への逆流が足取りを速め、中国経済に大きく貢献してきた外資も往年の輝きを取り戻すことができなくなっている。

2　成長減速の要因は潜在成長率の低下

新常態の「新」はこれまでと一線を画す意味で、新常態の「常」は相対的安定を意味する。新常態とは、これまでと一線を画した、相対的に安定した状態のことを言う。これは流れ的に不可逆の発展状態であって、中国経済がこれまで30年余りの高度成長期と全く違う新段階に入ることを意味するものだ。中国経済の発展条件と環境にすでに重大な変化が生じあるいは生じようとしており、経済成長は中高度の「常態的成長」に入っている。過去30数年間の経済成長環境と違って、中国では生産年齢人口が減少し始め、従属人口指数が徐々に上昇し、それにともない貯蓄率・投資率も低下傾向にある。加えて労働力といった生産要素による農業部門から非農業部門への移動テンポが遅く、技術進歩は生産要素の部門間移動によって全要素生産性を向上される部分が大きいので、経済潜在成長率の低下につながっている。

経済運営には周期性を持って循環的に変動する法則があり、景気の拡大、鈍化、後退を経て再び拡大へ向かうプロセスを辿る。経済成長はマラソンを走るのと同じで、一定時間の全力疾走の後にスピードを落とす必要があって、さも

ないと体がもたなくなる。その間コンディションを整え、それからまた走り続ける。中国の経済も長年の高度成長を経て、紛れもなく新たな調整期に入っている。GDP成長率の低下は中国経済発展の内在的論理で決まっている。経済学の原理によると、GDP成長率はしばしば潜在成長率をめぐって合理的に変わっていく。今後一定の期間、潜在成長率の低下はもはや疑う余地のない事実だ。労働力供給の減少、環境対策コストの上昇、消費のサービス系商品への傾斜にともない、経済成長潜在力が低下していき、それと呼応して、GDP成長率も下押し傾向に転じるので、引き続き高度成長を維持するのは不可能になる。一方では、生産要素の高投入、エネルギーの高消費、高汚染という粗放的な成長モデルによって、環境の負荷許容能力がすでに上限に到達あるいは接近し、これ以上高度成長を維持することができなくなっている。中国経済の成長速度のギアチェンジは法則に符合したものだ。無理に逆行すると、ひどい目に遭い、逆効果を招きかねない。

　ある国・地域が高度成長段階を過ぎると、成長速度の低下に直面する傾向がある、ということが国際経験で明らかになっている。世界銀行の統計数字によると、第二次世界大戦後、25年以上7％を超える高度成長を続けた国はわずか13ヵ国だと言う。1950-1972年、日本の年平均GDP成長率は9.7％だったが、1973-1990年は4.26％、1991-2012年は0.86％までに落ち込んだ。韓国は1961-1996年の8.02％から1997-2012年の4.07％に、中国台湾地域は1952-1994年の8.62％から1995-2013年の4.15％に減速した。世界に目を向けると、多くの国・地域は8％以上の高度成長から一気に4％前後の中速度成長まで落ち込んだが、それに対し、中国は7-8％という中高度成長のままでしばらく経済運営ができていた。

　経済減速圧力の拡大を背景に、2014年1-9月期のGDP成長率は7.4％であった。2013年のGDP総量は56.9兆元と、世界2位にランクインした。経済総量がこのように大きくなると、1ポイントの成長にともなう経済規模の増加量は相当なものになる。2013年のGDP増加量は5兆元超と、1994年のGDP総量に相当するものだった。たとえ7％前後の中高度成長でも、速度にしても総量にしても、新常態に移行した中国の中高度成長は世界主要国においても申し分

のない数字である。

3　試練とチャンスが併存する中高度成長

　国内に目を向けると、新常態の下で、中国経済には二重の「保険」がついている。一つは膨大な貯蓄規模である。2014年10月末の人民元預金残高は112.47兆元と、前年同期比9.5％増で、前月末より0.2ポイント加速した。もう一つは膨大な外貨準備である。2013年末までの中国外貨準備は3.82兆ドル超だった。膨大な貯蓄と外貨準備は中国経済成長の有力な保険となっている。

　新常態の下で、中国経済成長はより一層安定し、成長エンジンはさらに多様化する。成長速度はペースダウンしたものの、経済は合理的な幅の中で運営されている。2014年1-9月期の雇用・物価は全体的に安定し、都市部の新規雇用者数は1000万人超と、目標数字を前倒しで達成した。物価指数は2.1％増と、上げ幅は1-6月期より0.2ポイント反落した。都市・農村家計所得は引き続き速いペースで拡大し、全国住民一人当たり可処分所得の伸び率は8.2％と、GDP成長率を0.8ポイント上回っている。これらの基本データから、中国経済という巨大な車輪は平穏にギアチェンジし、着実に前進していることがうかがえる。そのうえ、新しいタイプの工業化・情報化・都市化・農業現代化も協同的に推進されているので、中国経済に強力かつ多様な成長エンジンを生み出し、各種「成長の悩み」の解決に役立っている。中国経済は輸出依存による外部リスクを避けるために、今後はより一層国内消費に依拠して需要をけん引していかなければならない。

　新常態の下で、経済構造の最適化・高度化が進み、経済成長はより穏やかになる見通しだ。2014年1-9月期の最終消費のGDP寄与率は48.5％と、投資を超えており、付加価値に占める第三次産業のウェイトが46.7％と、引き続き第二次産業を上回っている。ハイテク産業と装置・設備製造業の伸び率はそれぞれ12.3％、11.1％と、産業平均伸び率より明らかに高く、エネルギー消費のGDP原単位は4.6％減少した。これらのデータから、中国の経済構造に重大な変化が生じており、質がより高くなり、構造がより最適化になる、ということが示されている。

　新常態の下で、中国が言うこれ以上高い成長率を追い求めることをしないと

いうことは、決して経済成長を必要としないことを意味するものではない。高い成長率を追求しないことが成長率を追求しないことに等しいことにはならない。新常態の下で、依然として合理的な成長速度を維持する必要がある。「成長速度を調整しても成長の勢いを落とさず、量を増やし質をより一層高める」としなければならない。この合理的速度は経済法則や市場ルールに符合するだけでなく、自然法則と社会法則とも合致している。そのため、これはグリーンの成長であり、イノベーションの成長であって、所得と効率の成長でもある。

第2節　発展方式、粗放な成長から集約的成長へ

習近平総書記は「我々はこれ以上短絡的に国内総生産（GDP）の成長率で成功を論じることをせず、質・効率の向上を立脚点とした経済成長に重点を移す」と明言した[*3]。改革・開放から30年余り、中国の経済発展は世界が目を見張るほどの成果を収めた。同時に、発展にともなう不均衡・不調和・持続不可能などの問題が依然際立っている、ということに対しても冷静に認識しなければならない。新常態の下で、経済成長速度の問題を正しく捉えたうえで、経済の質・効率の改善と向上、質・差別化重視の市場競争への移行、グリーンで持続可能な発展の推進といった面で力を発するべきだ。質を重要視し、市場を中心に据え、集約に軸足を置くことを堅持し、「中国品質（チャイナ・クォリティ）」のアップグレード版の構築に努め、質・効率重視の集約的成長という発展方式への転換を目指さなければならない。

1　発展方式の転換は新常態の必然的要求

中央経済工作会議では、「経済発展は新常態に入るが、我が国が依然として大いに力を発揮できる重要な戦略的チャンス期にあるという判断は変わっていない。重要な戦略的チャンス期の内包・条件が変わることになる。経済発展が全体的に良い方向に向かっているというファンダメンタルズの面も変わったわけ

---

*3　党・中央文献研究室編纂『第18回党大会以降の重要文献選集』（上）中央文献出版 2014年版、436ページ

でない。ただ発展方式と経済構造が変わることになる」と明確にされている。新常態の下で、成長速度の「量」の転換はもちろんのこと、発展方式の「質」の転換がより大事になる。

　第1に、発展方式を規模・速度中心の粗放な成長から質・効率重視の集約的成長へ転換させるのは、世界経済環境の新たな変化に適応していく喫緊の要求である。2008年のリーマン・ショックはグローバル経済の成長モデルが持続不可能なモデルであることを明らかにした。先進国の過度な消費によってグローバル経済成長をけん引するという需要エンジン構造に変化が生じているが、かといって新興国の需要拡大が短期間で世界経済発展の主要けん引役に取って代われるわけではない。このようなポスト金融危機時代における世界経済情勢の複雑な変化は、中国の経済発展に重大な影響をもたらすことは間違いない。世界各国はリーマン・ショックの衝撃に積極的に対処する一方、将来のさらなるハイレベルの発展に備え、経済構造調整をしっかり行っている。米国などの先進国は実体経済重視の路線に回帰し、グリーン・ニューディール、再工業化などの戦略を次々と打ち出して、新エネルギー、新材料、生体臨床医学（biological medicine）といった新興産業分野で優位性を拡大することによって、戦略的に重要な技術を先駆けて確立することを狙っている。世界規模で起こる技術革新、産業イノベーション、国家間通商関係の調整にしたがって、中国が直面する産業、技術の国際競争はより一層激しくなる。同時に、気候変動をめぐる駆け引き、エネルギー・資源の獲得、食料供給情勢、金融体制の変化と調整なども中国の経済安全保障に影響を及ぼすことになる。

　第2に、発展方式を規模・速度中心の粗放な成長から質・効率重視の集約的成長へ転換させるのは、中国経済の長期で平穏かつ速い発展を推進する根本的な道筋である。新常態の下で、平穏かつ速い経済発展を保つのに有利な条件がなお多く存在しているが、たくさんの試練も待っている。一方では、都市と農村の格差および沿海部と内陸部の格差の拡大、経済と社会の発展および三次産業間の発展の不調和といった積年の矛盾・問題が未だ根本的に解決されておらず、経済の健全な発展に影響を及ぼす重要な制約要因となっている。また一方では、工業化・情報化・都市化・農業現代化発展の深化にともなって、人々の考

え方と消費行動、社会の利益構図と民衆の要求にも重大な変化が生じ、そのいずれも既存の成長モデルに大きな問いを突きつけている。この重要な時期に長期で平穏かつ速い発展を達成するには、事前に準備を行い、経済発展方式の転換加速を本筋と位置づけたうえで、機会を生かし、不利なものを避け有利なものをとって、矛盾を解消するようにしなければならない。こうしてやっと「二つの100年」*4という目標が達成できる。

　第3に、発展方式を規模・速度中心の粗放な成長から質・効率重視の集約的成長へ転換させることは、経済成長の質・効率を向上させるカギである。現在中国では、次の面で問題を多く抱えている。①産業構造が不合理で、「第一次産業の不安定、第二次産業の脆弱、第三次産業の不足」問題が際立っている。②投資不足、メカニズムの不完全、人材不足によってコア技術が乏しい。③粗放な管理方式で、政策決定メカニズムが働かず、内部統制が緩く、組織管理が散漫である。たとえば、中国のサービス業のウェイトが世界平均水準を10数ポイント下回っていることや、現代サービス業の規模・質が需要をはるかに満たせないため、資源・環境への圧力を拡大させ、就業圧力をも増大させていることなどである。産業発展におけるこのような構造・技術・管理面での問題を根本的に解決するには、経済発展方式の転換を本筋と位置づけ、各項目の改革を深化させると同時に、市場メカニズムを改善する必要がある。また、企業の独創的イノベーションを促し、産業構造の調整・最適化を図り、経済に競争力をつけなければならない。

2　発展方式の転換に堅持すべき原則

　中国は規模・速度中心の粗放な成長から質・効率重視の集約的成長への転換を加速し、経済成長の軸足をより一層内需拡大、構造最適化、技術革新に移す必要がある。そうしてこそ、新たな試練に対応し、経済新常態に能動的に適応し、将来の国際経済競争の枠組みで主導権を握って、経済社会の発展余地を広

---

*4　訳注：中国共産党の成立100年（2021年）までに小康社会を築き上げるという目標を実現し、新中国の成立100年（2049年）までに強く豊かで民主的、文明的な、調和のとれた社会主義現代化国家を築き上げるという目標を実現すること。

げることができる。

　第1に、質を重要視する原則を堅持する。経済成長段階の転換期において、成長速度の低下はどうしても世間に注目されがちだ。しかし、速度の変化はかなり表面的なもので、より重要なのは速度の背後にある発展の構造・質の変化である。改革・開放が実施されて30数年間にわたる経済発展のプロセスで、中国は年平均10％近いGDP成長率を維持し、「量」の飛躍を遂げた。新常態の下で、中国は「質」のサイドにより多くのエネルギーを注ぎ、チャイナ・クオリティのアップグレード版の構築に努めなければならない。仮説的に考えると、仮に今後中国経済の潜在成長率がさらに下がり、GDP成長率がより一層低下し、その代わり経済成長エンジンの転換に成功し、質の成長が達成できたとするならば、成長減速というプロセスの中で成し遂げた成果、経済全体の実質的内容はいずれもこれまで二桁成長で得た成果をはるかに上回ることになり、結果的には経済発展の目標はこれまでと同様に実現できる。

　第2に、市場を中心に据える原則を堅持する。改革して35年間、資源配分における市場メカニズムの役割が重要になりつつあるとは言え、決定的要因には至らず、地域封鎖（地方政府による地元への保護政策）、行政の縦割り、行政権利の濫用による競争の排除・制限などの問題が横行し、市場主体間の競争の不十分を招いている。土地・資本・財産権・企業家などの生産要素市場が不健全で、資源配分における政府の権限が多すぎて大きすぎる。これらの問題が市場活力をより一層発揮させることを大きく阻害し、生産性の発展を妨げ、発展方式の転換を阻んだ。発展方式を規模・速度中心の粗放な成長から質・効率重視の集約的成長へ転換させ、資源配分効率を高め、経済の活力を一層引き出すには、市場を中心に据えるという原則を堅持し、市場が資源配分で決定的役割を発揮するようにさせなければならない。

　第3に、集約に軸足を置く原則を堅持する。世界経済史の研究では、世界大多数の国・地域は自国の持つ地域資源の比較優位に依拠して、短期間で生産要素の大量投入によって初期の経済成長を勝ち取った、と明らかにされている。だが、いかなる国や地域も労働力、土地などの資源を際限なく供給できるわけがなく、一定の段階になると、必ずボトルネックが生じて経済活動を制約する

ことになる。中国は長年、生産要素の高投入、エネルギーの高消費、高汚染、低産出という経済発展の道を突き進んできた。そのため、原油・石炭・天然ガス・鉄鉱石などの重要資源の供給面での制約要因が拡大している。新常態下の発展目標と比較すると、中国のエネルギー消費のGDP原単位、廃水排出量といった指標はいずれも目標値との間で大きな差が開いている。新常態の下で、中国は集約に軸足を置くという原則を堅持し、技術進歩・技術革新などを通じて、エネルギーの投入・産出の効率アップに努め、発展方式を質・効率重視の集約的成長へ円滑に転換させるよう果たすべきである。

3 発展方式の転換、道筋と注力点

新常態下の発展方式の転換は決してすぐ達成できるものでなく、艱難なる努力を払う必要がある。発展方式を転換してこそ、中国経済が真に質・効率を中心とする発展の軌道に乗り、最終的に成長速度の「スピードダウン」、成長の質の「ステップアップ」が具現化できる。全体的にみると、発展方式の転換は主として次の方面に注力すべきである。

第1に、戦略的な経済構造調整を加速する。経済構造の調整は発展方式の転換にとって決定的な意味を持つ。そのため、経済発展の大局に大きく影響する構造的問題から着手し、これまで積み上げてきた矛盾・問題の解決だけでなく、経済のさらなるステップアップ、長期で平穏かつ速い発展を維持するための環境整備も行う必要がある。具体的には、次のことに取り組まなければならない。①内需拡大とりわけ消費需要を拡大する方針を堅持し、内需の拡大に長期効果のあるメカニズムを構築する。国民所得分配の仕組みを調整・改善し、家計の消費能力を高める。消費政策を改善し、消費の成長分野を育てる。消費環境の最適化を図り、消費とりわけ家計消費が経済成長をけん引する役割を強化する。②投資構造のさらなる最適化を図り、投資と消費を結びつけるポイントを能動的に模索し、投資をもって消費をけん引し、消費をもって投資を促進し、投資・消費間の好ましい循環を作って、投資・輸出主導の経済成長から消費・投資・輸出という三者主導の協調的な成長へ転換させることを促す。③産業構造の最適化・高度化を着実に推進する。農業のファンダメンタルズの地位を強化し、製

造業のコア・コンピタンスを高め、戦略的新興産業を育成し発展させる。サービス業の早期拡大を図り、「第一次産業の不安定、第二次産業の脆弱、第三次産業の不足」状況を解消するように力を注ぎ、第二次産業が主役になる経済成長から第一次・二次・三次産業が主役になる協同的な成長へ転換させることを促進する。④都市化建設を着実に進め、中国の特色ある都市化路線を歩むことを堅持する。都市・農村の協調的発展を阻害する体制的障害を早期に取り除き、都市化建設の質・水準を全面的に向上し、地域の好ましい相互交流・連携を促進する。

　第2に、技術進歩・技術革新のテンポを速める。発展方式の転換は、技術力に軸足を置くのが根本で、独創的イノベーション能力の大幅な向上がカギとなる。そのため、全面的イノベーションを進め、新しい産業を生み出すイノベーションに一段と軸足を置く形で新たな成長分野の育成・形成に取り組む必要がある。①独創的イノベーション能力を大いに増強し、国家中長期科学・技術発展計画綱要を包括的に実施し、国家重大科学技術特定事業の早期遂行を図り、知識・技術革新事業の推進速度を上げ、基礎研究・戦略的ハイテク研究に力を入れ、経済・社会の発展を制約する重大な技術問題の解決に全力を注ぐ。②科学技術は経済・社会発展のためにあるという方向性を堅持し、技術と経済の一層の連結を促し、技術成果が現実の生産性につながるようにする。③科学技術体制改革を一層推進し、国家のイノベーション体系づくりを進め、知的財産権の創出・運用・保護・管理を強化する。④イノベーション人材チームの拡大に努め、国家中長期人材発展計画綱要の遂行を確保し、科学的発展に資する人材開発体制とそのメカニズムを構築する。人材競争における比較優位を早急に育成し、人材チームづくりを統一的に計画・推進し、有能な人材が頭角を現す環境を整え、億人単位のハイレベルの労働者、万人単位のプロの人材、大勢のトップ・イノベーション人材が輩出するように努める。

　第3に、経済体制にまつわる重点分野・キーポイントの改革推進を加速する。そのため、公有制を主体とした、多種の所有制経済が共同で発展するという基本的な経済制度を堅持し、国有経済の配置構造の最適化および独占打破を中心に据える必要がある。具体的な取り組みは次のとおりである。①市場を一段と

開放し、競争を引き入れ、各種所有制経済が法に依拠して生産要素の平等な利用、市場競争の公平な参入、法律による同等の保護を受ける体制・環境をつくる。②自然資源の価格改革と環境への収費（費用徴収）改革を着実に推進し、市場の需給状況や資源の稀少度合、環境破壊コストを反映した価格形成メカニズムを確立する。③財政・税制改革を進め、経済発展方式の転換に有利な財政・税制を整備する。④金融改革を深化させ、運営効率の高い、監督・管理の慎重な、リスクコントロールのできる金融システムを構築する。⑤対外開放の基本的な国策を堅持し、互恵・共栄の開放戦略を実施し、経済のグローバル化および世界経済の枠組み調整という新たな変化に順応する。⑥経済新常態の新しい要求に適応し、国内発展と対外開放を統一的に計画・調整し、世界経済との協力や新たな競争分野での優位性を育成する。⑦内需と外需の均衡、輸出と輸入の均衡、外資導入と対外投資の均衡を一段と調整することによって、国際収支の基本的均衡を達成し、オープンな経済新体制を確立する。

第4に、資源の集約的・効率的な利用の実現を加速する。新常態の下で、資源節約・環境保全の基本国策の遂行、持続可能な発展戦略の施行、発展に資する体制・メカニズムの早期確立、グリーン・低炭素・循環型経済という新たな発展方式の早期形成を推進しなければならない。①エネルギー・資源の節約と管理を強化し、省エネ・排出削減の実行を徹底化する。②省エネ・排出削減の目標責任制を厳格に落とし込み、省エネ・排出削減に関する科学的な指標体系、評価基準、モニタリングシステムを確立し、指標による制約機能を強化する。③省エネ・排出削減関連重点事業の建設を一段と推進し、時代遅れの生産能力を法に依拠して淘汰し、クリーン生産・省エネ技術を全面的に推進する。④土地、水、重要な鉱産物資源の有償使用制度を整備し、グリーン経済・循環型経済を発展し、省エネ・資源節約の生産方式と消費モデルの形成を推進する。⑤地球温暖化に自発的に取り組み、気候変動への国家対策案の実施を続け、温室効果ガス排出量に関する2020年までの削減目標を確実に達成するように推進する。⑥新エネルギーおよび再生可能なエネルギーの開発を進め、低炭素技術の普及に努め、二酸化炭素の吸収源を増やし、経済・社会と人口・資源・環境との調和のとれた発展を促進し、集約的・効率的な発展路線に沿って進む。

第3節　産業構造、ミドル・ローエンドから
　　　　　ミドル・ハイエンドへ

　習近平総書記は、「新常態の下で、経済構造の最適化・高度化が進み、経済成長はより穏やかになる見通しだ」と述べた＊5。産業発展は経済発展の主たる担い手の一つだ。産業構造のミドル・ローエンドからミドル・ハイエンドへの転換を推進することは経済の最適化・高度化を達成するカギである。改革・開放を実施して以降、労働力・土地・資本といった安価な生産要素コストに基づいた産業ローエンド化の発展は、30年間余りの中国経済の高度成長を生み出した。と同時に、経済がかなりの程度まで「低水準均衡の罠」＊6に陥り、経済強国へ邁進するテンポを遅らせた。特にリーマン・ショックの影響を受け、東南部沿海地域のローエンド製造業が衰退しているため、産業構造のミドル・ローエンドからミドル・ハイエンドへの転換、中国経済の長期で持続可能な成長の下支えとなる産業エンジンを模索することがたいへん重要かつ喫緊の課題になってくる。喜ばしいことに近年、特に第18回党大会以降、新中央指導層と政府はこの重大な課題を国民に提起し、問題解決に注力している。

1　産業構造のミドル・ローエンド化の主要な特徴

　グローバル・バリューチェーンでみると、中国は長期にわたりバリューチェーンのローエンドに置かれている。トーマス・フリードマンは『フラット化する世界』という著作の中で、グローバル化が引き起こす変革について次のように描いている。製品は世界範囲で販売され、労働と資本はグローバル的に流動し、生産要素の流動を阻害する障壁がますますなくなり、国際分業モデルは産業間の分業から製品内部の分業へ次第に変わり、一つの国がある製品の工程をすべ

＊5　習近平「永続的発展を追求し、アジア太平洋の夢を共に築く―アジア太平洋経済協力（APEC）CEOサミットの開幕式における基調講演」『人民日報』2014年11月10日
＊6　訳注：一人当たり所得がひとたび高い均衡点を超えた水準にまで成長すれば、経済は自立的な成長過程に乗るが、高水準の均衡点以下であれば、低水準の均衡点に収束する力が働く、という考え方である。

て受け持つことではなく、違う国が様々に異なったサプライチェーンのプロセスに立脚して、製品の一部あるいはサービスの一部を担当する。サプライチェーンの工程によって付加価値が違うが、バリューチェーンの分布はほとんど「スマイルカーブ」になっている。

　例えば、米アップル社のiPhoneの生産過程はアメリカ、日本、ドイツ、韓国、中国などによる共同作業になっている。そのうちアップル社自身の利益率は高いが、iPhoneをOEMしている中国の富士康（フォックスコン）は携帯1台当たりの貢献率はわずか3.6％に過ぎない。全体的にみると、中国の貿易総量は大きそうにみえるが、実際に国際分業システムのなかで得た利益はわずかにとどまっている。中国は世界の加工工場として、長きにわたりグローバル・バリューチェーンのローエンドに固定化され、グローバル生産・利益配分構図のなかで劣勢に立たされている。各産業内で産業イノベーションの推進が滞っており、高付加価値とハイテク製品のウェイトが著しく低い。エンジニアリングの部分も低水準にあり、長い間OEMがバリューチェーンの主導的地位を占めるといった問題が目立ち、産業の付加価値率、収益能力、コア技術、製品ランクなどでは世界先進国のレベルと比べ、大きく遅れを取っている。

　中国の産業構造がグローバル・バリューチェーンのローエンドに置かれている重要な要因として、現代産業システムの発展が停滞し、時代遅れの伝統農法が多く、ローエンド工業が幅広く残っている、などのことが挙げられる。低い独創的イノベーション能力の影響で、戦略的新興産業を代表とする狭義の現代産業システムが経済成長のけん引役に取って代わって発展方式転換の主役になることができないでいる。それだけでなく、現代農業、サービス業、文化産業のいずれも早期に飛躍的な発展を遂げなければならない。現在、内外環境に大きな変化が発生し、新しい技術革命が醸成されつつある。経済のグローバル化と地域経済の一体化のさらなる発展につれ、産業の国際間移転の規模がどんどん拡大し、レベルが絶えずハイエンド化に向かうので、サプライチェーン全体が丸ごと移転するという傾向が現れるようになり、グローバル経済成長の低化は必至である。このような新しい情勢や問題を前にして、中国は産業構造転換・高度化の全面的推進、発展方式の転換、現代産業システムの早期確立に努める

のみである。

　このほか、経済発展方式は依然として粗放で、エネルギー・資源の供給と環境保全の圧力が拡大している。長い間、中国の粗放な経済成長モデルは変わっておらず、それどころか全体的に度を増していき、生産要素の高投入、エネルギーの高消費、高汚染などの問題が一段と突出している。産業組織構造が不合理で、企業規模の零細化・分散化が目立ち、規模の不経済がゆえに企業は海外進出（「走出去」）という戦略的要求に対応できていない。産業クラスターの発展が立ち遅れ、専門化・協働化のレベルが低く、就業・人材構造が産業構造の高度化による要求に適応できない。一方では、労働力不足の問題が各分野・各地域で蔓延し、また一方では、先端研究開発に必要な人材、シニア技術者技師などを含む技能熟練工タイプの人材が極めて足りない。このいずれも産業構造のミドル・ローエンドからミドル・ハイエンドへの進化を大きく制約している。

2　産業構造のローエンドからハイエンドへ進化の戦略的意義

　国際経験によると、産業構造のローエンドからハイエンドへの進化を推進することは、一国の経済が長期的かつ、持続可能な、速い成長を達成するための基本的な原動力であり、経済発展の質を高める根本なる保障で、国際競争力を向上する重要なシンボルでもある。

　日本を例にしてみると、1980年代後半のバブル崩壊後、日本は情報産業発展という歴史的チャンスを前に、ローエンドからミドル・ハイエンドへの進化を成し遂げた。それにもかかわらず、様々な要因で最終的に最先端まで上り詰められず、経済が1990年代から今日に至るまで長期的「低成長の罠」に陥ったまま、根本的な逆転を果たせなかった。一方のアメリカは、科学技術という自国の強い優位性を生かし、第三次技術革命の波に乗って情報産業を先駆けて進め、産業構造の大いなる転換に成功し、約10年間の高度成長を成し遂げた。ここから、グローバル経済の中で、熾烈な国際競争は本質的に各国の持つ異なる産業構造の進化能力に表われるものだ、ということがうかがえる。

　世界経済史によると、第1回目の世界の製造センター拠点の移動は封建王朝時代の中国から工業革命後の欧州への移動、2回目はイギリスからドイツ・米

国への移動、3回目はソ連と日本の製造業の勃興である。しかし、ソ連と日本はアメリカのように圧倒的地位を勝ち得られず、せいぜい二分の一の世界製造センターとしか称せないのだ。産業構造の転換・調整におけるこれらの国の経験は中国の参考に値する部分が多いが、残念ながら先行者の経験はフルコピー（完全移植）できず、結局、ある国の製造業転換はその国が持つ特定な状況に依存してしまうのである。

　現状でみると、発展途上国は長きにわたり産業構造のローエンドに置かされている。まず伝統産業において、発展途上国と先進国の間で巨大な「ギャップ」ができているが、また一方では、先進国においてハイテク産業および現代サービス業による産業「断崖」が形成されている。すなわち先進国はハイテク産業と現代サービス業という巨大な躯体と高水準さでもって、発展途上国と巨大なコントラストを形成しており、後者の発展を大きく抑制しているのである。人口、国土面積、産業の大国である中国としては、産業構造のローエンドからミドル・ハイエンドへ、さらにハイエンドへの転換を不断に図らなければならない。そうしてはじめて長期で持続可能な経済成長を成し遂げ、国際競争力を高め、社会の長期安定に堅固なる物的基礎を築くことができる。

　新常態の下で、中国はローエンド産業でしっかり足場を固めながら、ハイエンド製造業へ邁進し、高効率かつ完全な、強い生命力のある製造業体系を構築しなければならない。世界を見渡すと、製造業が栄えれば国が栄え、製造業が強ければ国が強くなる。ピーター・マーズが『メイド・イン・アメリカ』という本で引用しているデータによると、アメリカはR&D資金の三分の二を製造分野に投入している。その完成品の最終需要が発生した際に、1ドルの付加価値増が他の経済部門に同1.4ドル増の波及効果をもたらすが、サービス業はわずか0.71ドル増だという。中国の現状（ファンダメンタルズ）をみると、人口が多いわりに土地が少ないので、農業は決して強い国際競争力を持っているわけではない。そもそもサービス業の大いなる発展は経済が高い段階まで進んでから出現する現象である。

3 産業構造のローエンドからミドル・ハイエンドへ進化の基本的内容

2013年、中国第三次産業の付加価値対GDPウェイトは46.1%と、初めて第二次産業を超えたが、2014年1-6月期は46.6%まで拡大した。2014年1-9月期、ハイテク産業と装置・設備製造業の伸び率はそれぞれ12.3%、11.1%と、工業平均の伸びを明らかに上回っている。これは経済構造の最適化・高度化にとって非常に良い兆候である。新常態の下で、中国は先端製造業を大いに発展させ、戦略的新興産業を優先的に取り組み、サービス業とりわけ企業向け知識集約型サービス業の一層の拡大を図り、産業構造のローエンドからミドル・ハイエンドへの進化を達成するように努め、経済構造の最適化・高度化のために下支えを提供するべきである。

第1に、先端製造業を大いに発展させる。先端製造業とは、電子情報・新材料などのハイテクノロジーおよび現代マネジメント技術を導入することで、従来の製造業がより先進的な製造技術を創出するようにさせ、それを製品の研究開発・設計から生産・製造、オンラインモニタリング、営業・販売サービス、生産管理までの全工程で総合的に応用し、高品質・高効率・低消費・クリーン・フレキシブルな生産を成し遂げることである。すなわち情報化・自動化・インテリジェント化・フレキシブル化・エコロジカルな生産を目指し、より良い経済社会と市場業績を創出して、産業の寿命を引き延ばすなどの目標を実現すること、これが先端製造業の意味である。先端製造業の具体的な業界は、装置・設備製造業、船舶業、自動車業、冶金・建築材料業、石油・化学業、軽工業、梱包業、電子情報業、建築業などを含む。先端製造業は技術革新および産業変革の重要な方向性を代表するので、コア・コンピタンスの向上および産業構造の高度化を図らなければならない。構造の最適化、品種・品質の改良、産業一体化能力の向上、時代遅れの産業能力の淘汰に注力する一方、先端装置・設備製造業を重点的に発展させ、生産財工業の調整・最適化を図り、消費財工業を改造し進化させる必要がある。そのために、これらの業界で企業の技術改造を促し、企業の組織統合・再編成を誘導し、中小企業の発展を促進し、産業配置の最適化を図ることが喫緊の課題となる。

第2に、戦略的新興産業を優先的に発展させる。戦略的新興産業とは、画期的な技術成果の創出と重大な発展需要をベースにした、経済社会全体および長期的発展をけん引する重要な役割を持つ産業のことをいう。そのため、戦略的新興産業のミドル・ローエンドからミドル・ハイエンドへの進化を全面的に推進することは、中国第13次5ヵ年計画ひいてはさらに長期にわたる産業コア・コンピテンスの向上という課題中の課題であり、中国経済・社会の持続可能な発展能力の強化、発展方式の転換につながる戦略的措置である。さらに言うと、国際競争における産業の新たな優位性の創出、国際分業の地位向上、将来の発展に向けた主導権の獲得に必要かつ、必然的な選択である。

　今後長い期間に、中国の戦略的新興産業を次の分野で重点的に整備する必要がある。①次世代情報技術産業。IoT（Internet of things、モノのインターネット）、三網（通信・放送・インターネットのネットワークの）融合、次世代インターネット、集積回路、新型ディスプレイといった重点分野における新技術の確立を目指す。②ハイエンド装置・設備製造業。すなわち装置・設備製造業の中で技術集約型、高付加価値、低資源消費、成長余地が大きく、けん引力の強いスマート製造装置・設備、航空装置・設備、衛星・応用、軌道交通装置・設備、海洋エンジニアリング装置・設備といった重点分野である。③新素材産業。新素材産業（六大重点）では、特殊金属系機能材料、ハイエンド金属系構造材料、先端高分子材料、新型セラミックス材料、高性能複合材料の開発を大いに進め、ナノマテリアル、生体材料、超伝導材料、スマート材料といった最先端新素材の研究を強化する。④省エネ・新エネルギー自動車産業。現段階で、新エネルギー自動車産業の発展は電池・電機・電機制御といった基幹技術の研究開発を中心に置くべきだ。同時に従来の自動車生産技術のレベルアップを重視し、エコカーの開発を進め、技術進歩による従来型自動車のエネルギー消費減に努める必要がある。⑤バイオ産業。生体臨床医学（biological medicine）、バイオ育種、バイオ生産、生体医工学（biomedical engineering）製品を含む四つの主要分野を含む。⑥新エネルギー装置・設備および省エネ・エコ型装置・設備産業である。

　第3に、サービス業とりわけ企業向け知識集約型サービス業の大いなる発展

を推進する。サービス業とりわけ企業向け知識集約型サービス業の発展は、産業構造のミドル・ローエンドからミドル・ハイエンドへの転換にとって重要な意味を持っている。企業向け知識集約型サービス業とは、生産工程に直接的あるいは間接的に中間サービスを提供するサービス産業のことを言い、生産者向けのサービス産業を指すものである。企業向け知識集約型サービス業の今後の発展は、金融サービス業の秩序ある開拓、現代物流業の大いなる発展、ハイテクサービス業の育成・拡大、ビジネス向けサービス業のルール化・高度化などを中心に据えて進める必要がある。

　企業向け知識集約型サービスを優先的に進めるには、以下の面で取り組む必要がある。①サービス分野の改革を推進する。公平でルール化された、透明な市場参入基準を制定し、行政の縦割りや地方封鎖（地方政府による地元への保護政策）、行政権力濫用による競争の排除・制限を打破し、サービス業の開放領域を拡大し、各種（民間）資本をサービス業に引き入れるよう奨励・誘導する。多種の所有制サービス企業を大いに発展し、統一でオープンな、競争・秩序のあるサービス業市場を確立し、ニュー・ビジネス・モデルの発展に適合した市場管理方法を模索する。国家サービス業総合改革モデルケースを進め、サービス業の早期拡大に有利な体制・メカニズムおよび効果的な道筋を探る。②サービス業関連政策を整備する。サービス業の発展に有利な価格、財政・税制・財務、金融、土地、投資政策の実施およびサービス業の発展に資するソフト面での環境改善は、サービス業の飛躍的発展を実現する重要な先行条件となる。

　現段階で、サービス業関連政策を次の分野に重点を置いて、整備する必要がある。奨励型サービス業では光熱・水道・ガスの料金を工業と同価格にすることを実行する。サービス業向けの用地供給を拡大し、工業企業撤退後の土地をサービス業に優先的に回す。増値税改革と結びつけ、生産向けサービス業の税収制度を整備する。サービス系企業向けの融資チャネルを拡大し、条件に符合したサービス系企業の新規上場（IPO）と債権発行を支援する。政府サービスの調達範囲を拡大し、サービス業界の標準システムを確立し健全化を図り、サービス系企業によるブランドづくり・インターネット構築を支援する。サービス業界全体の発展を最適化し、サービスの経済化を主たる産業構造とした特大都

市の形成を推進する。

第4節　成長エンジン、生産要素・投資主導から
　　　　イノベーション主導へ

　習近平総書記は、中国経済の「生産要素・投資主導からイノベーション主導への転換」を経済新常態の主たる特徴の一つにすると明言した。現在、中国経済は高度成長から中高度成長に移行する新常態に入っており、生産要素の規模によるけん引力が低下し、経済成長は人的資本の蓄積および技術進歩により多く依存するようになる。経済の安定かつ持続的な発展を保ち、ミドル・ローエンドからミドル・ハイエンドへの転換を達成するには、成長の主要エンジンを相応に転換し、イノベーションを成長主導の新エンジンにする必要がある。生産要素・投資主導の成長からイノベーション主導の成長へ転換することは、中国経済成長のエンジンが「新常態」に適応する著しい特徴である。

1　従来の生産要素・投資主導の経済成長が限界に

　改革・開放して30年余り、中国の経済成長は主に労働力、資本、資源という三大伝統生産要素の投入に依存した、いわゆる典型的な生産要素主導の成長である。現在の状況でみると、この三大生産要素のいずれにもボトルネックが生じて生産活動を制約し、長期的に持続可能な経済成長を支えることが難しくなってきている。
　労働力の視点でみると、これまで労働力の低コストが最大の優位性で、技術と管理を導入すれば迅速に生産性に変えられた。しかし現在、人口の高齢化が進み、農業の余剰労働力が減少に転じ、生産要素の規模によるけん引力が低下する一方で、経済成長は人的資本の蓄積と技術進歩により多く依存するようになるので、イノベーションを成長主導の新エンジンに転換しなくてはならなくなっている。統計によると、中国全土の労働人口は2012年に9.37億人と、前年末より345万人減少した。同数字は2015年に9.28億、2020年には9.16億に

まで落ち込む見込みだ。中国は経済学で言う「ルイスの転換点」（農村労働力の枯渇）に接近あるいは到達した。と同時に、労働力コストは上昇し続けている。関連部門の調査によると、農村からの移入人口である農民工の1ヵ月平均賃金は2005年まで1000元以下だったが、その後上昇を続け、2011年に同2049元と前年比で21.2％増、2012年には2290元と前年比で11.8％増であった。それだけでなく、社会全体の賃金に底上げがみられ、「バラッサ・サミュエルソン効果*7」が現れつつある。

資本はかつて一国の経済成長を決定する要因であった。長年の対外開放および国内経済発展による積み重ねで、中国の資本総量は充足している。中国の家計貯蓄残高は2012年末まで40兆元を突破し、実行ベース外資導入額の累計残高は1.2兆ドルだった。しかし、貯蓄から投資への転換に多くの障碍が存在し、投資の構造的問題が際立っている。主に政府投資のウェイトが高すぎて、領域が広すぎるため、ある程度企業の投資空間を占拠してしまったということに表れている。それに企業投資、社会投資にもなお多くの障壁と制約がある。ここ数年、数回にわたる積極的な金融政策の刺激により、政府は投資効用の限界的逓減、投資可能な領域の減少、地方債務リスクの顕在化と拡大といったリスクに直面し、政府投資をもって経済成長をけん引する余地がどんどん減ってきている。

資源の視点でみると、中国は人口が多く、各種資源の一人当たりの保有量はいずれも世界平均水準を下回っている。改革・開放を実施して以降、中国経済は目覚ましい発展を遂げてきたが、同時に淡水・土地・森林・鉱産物・動植物などの資源消費も急速に上昇し、資源生産性（GDP/天然資源等）が世界先進国の水準を大きく下回っている。2010年を例にすると、中国の資源生産性（1トン当たり約3770元）が日本の八分の一、イギリスの五分の一、ドイツの三分の一、韓国の二分の一に過ぎなかった。過度な資源消費は経済成長と社会発展の長期的基盤を弱めただけでなく、深刻な環境汚染と生態退化の問題も引き起

---

*7 訳注：バラッサ・サミュエルソン効果は「バラッサ効果」ともいい、国際経済学の概念である。具体的に、経済成長率が高い国ほど賃金の実際上昇率も高く、実際為替レートの上昇も速い傾向がある、という現象を指す。

こし、庶民の生活に密接に関わる水・土地・大気のいずれにも程度の差こそあるが、影響を及ぼしている。

　要するに、これまで高度成長の下支えとなった従来の人口ボーナスと資源ボーナスの効果消失につれ、生産要素・投資主導の発展の道が続かなくなり、早期転換が必要になってくる。新常態の下で、内需の有効拡大を通じて成長速度の低下を食い止められるか、構造調整・技術進歩を通じて質・効率の向上につなげるか、改革の一層推進を通じて制度ボーナスの効果を一段と引き出せるか、包摂的成長の促進を通じて雇用を創出し、所得を増やし、発展に立ちはだかる不均衡・不調和・持続不可能な問題を有効に解決できるかが、中国経済発展の将来を左右することになる。

2　イノベーション主導の発展は新常態の必然的要求

　第1に、イノベーション主導の発展は、経済法則に符合した科学的発展である。改革・開放を実施して以降、中国の経済発展は30余年の高度成長を維持してきた。1979-2013年のGDP年平均成長率は10%弱と、同時期の世界GDP成長率より7ポイント上回り、経済総量は1978年の世界10位から2010年の世界2位に躍進した。しかし、経済規模は大きいが、大きいわりに強くない、成長速度は速いが、速いだけで最適化されていない。このことに対してもはっきり認識しなければならない。

　(規模が) 大きいが強くない、(速度が) 速いが最適化されていない。このことは、長きにわたり中国の経済成長が依存してきたメインエンジンに大きく関係している。世界の先進国と比べ、30余年間、中国は主に生産要素・投資のけん引で高度成長を実現してきた。その結果、経済発展の質が低く、効率が悪く、製品の多くはミドル・ローエンドのレベルでしか競争に参加できず、国際産業分業では力勝負に任せる仕事が多い。経済発展に対する技術革新の寄与率が低く、基幹分野におけるコア・コンピタンスの対外依存度が著しく高いために、外部環境から制約を受けやすい。同時に、長期にわたって生産要素けん引という形で経済成長を押し上げてきたため、成長速度への崇拝および生産要素への依存という慣性力が形成され、要素主導には有利だがイノベーション主導には

不利な体制・メカニズムでの制度的障壁ができている。

現状でみると、市場主体であれ、政府機関であれ、それとも一般民衆であれ、イノベーションに対する意識や考え方、イノベーションを起こす社会的雰囲気や活動、そのいずれにおいても脆弱なため、経済構造の調整・転換・高度化および古い態勢から新常態への移行のハードルを上げた。近代世界経済発展史を振り返ると、30数年にわたって生産要素・投資に依存して高度成長を成し遂げた国はたった中国だけだった。中国経済は成長速度の奇跡を創ったと同時に、経済法則から逸脱し、経済発展の列車が高速だがエンジンが古いというシステミックな問題も露わになっている。

古い状態に決別して、新常態に入る「先手」は他でもなく、イノベーション主導である。中国経済が30年余りの高度成長期に累積してきた、深いレベルでの矛盾・問題を解決し、中高度の成長速度およびミドル・ハイエンドの発展水準の達成という新しい特徴・要求に適応し、成長に対する人々の持つ「成長速度への崇拝意識」および「生産要素投入への依存心」を変え、全社会のイノベーション活力を引き出し、経済発展をより一層客観的法則に符合させる。これらのことを実現するには、生産要素・投資主導の成長からイノベーション主導への転換を加速し、イノベーションという「金のカギ」を上手に駆使して経済新常態に適合させなければならない。

第2に、イノベーション主導の発展は、自然法則により一層符合した持続可能な発展である。30年余りの生産要素・投資主導の発展方式によって、中国の資源・エネルギー・環境による制約が一層厳しくなり、それは主に次の二点に表れている。①生産要素供給による制約。現状と先行きでみると、中国は労働力・資本・土地・資源・エネルギー・環境における低コストの優位性が消えつつあり、生産要素主導の形で安定かつ持続的な経済発展を達成するのは難しくなっている。②資源・エネルギー・環境の悪化による制約。労働力資源の総量が減少する傾向にあり、労働力市場の効率が著しく低い。世界経済フォーラムが発表したグローバル競争力の最新報告によると、中国の労働力市場の効率は世界37位である。それに資源・エネルギーの高消費と低利用率の問題も際立っている。2012年、中国の資源・エネルギー消費は世界の約21.3％を占め、エネ

ルギーと消費のGDP原単位は世界平均水準の約2倍、先進国の約4倍、日本の7倍と、さらにはメキシコやブラジルなどの発展途上国も上回っている。水・土地・大気といった資源の退化が深刻で、環境の負荷許容能力は上限いっぱいまで接近している。国際連合環境計画2013年の報告では、ここ30数年の間に中国は鉱産物、化学石油燃料、その他の原材料に対する消費小国から世界一の消費大国となっており、その代価として資源の急速な枯渇と環境の広範囲な退化が進んだ、と指摘された。

中国における経済発展と資源・エネルギー・環境との際立った矛盾は、主に経済発展のけん引力に表れている。それを解決する根本的な措置は他でもなく、けん引力を換え、成長エンジンを転換し、イノベーション主導の経済を実現することである。習総書記は、「現在、世界先進国の（生活レベルをしている）人口は合わせて約10億人いるが、中国は13億余りの人口を有する。仮に全員現代化の生活水準になれば、世界先進国の人口は今の倍以上になる。今の先進国の資源消費の方式で生産や生活を続けられるとは想像できない。もしそうだとすれば、地球上の資源を使い果たしても足りないものだ。古い道はもはや通じなくなり、新しい道はどこにあろうか。それは技術革新にある。生産要素・投資主導の経済成長からイノベーション主導へ転換することにある」[*8]と指摘した。経済成長の前に立ちはだかる資源・エネルギー・環境の制約を突破し、国土空間開発の地域バランスを図る、資源の節約を全面的に促し、自然生態系と環境保全にさらなる力を入れ、スモッグといった一連の問題解決に全力を注ぐ、青い空、緑の土地、澄んだ水という三拍子そろった美しい中国の建設に努め、より持続可能な、より自然法則に合った経済成長を成し遂げる。こういったことを達成させるには、イノベーション主導の経済成長を着実に推進しなければならない。

第3に、イノベーション主導の発展は、社会法則と合致した調和のとれた発展である。現在、世界先進国はすでにイノベーション主導の経済成長の軌道に乗り始めている。「中国創新（イノベーション）観測報告書（2014年）」による

---

*8　習近平『習近平の国家統治論』外文出版社 2014年版、120ページ

と、アメリカ、ドイツなど20数ヵ国のイノベーション型国家では、経済成長に対する技術革新の寄与率は70％以上に達しており、対外技術依存度は20％以下と、80％の技術が自国で開発されたものだという。これらの国の経験から、イノベーション主導は人間と自然との対立の緩和、グリーン・均衡・持続可能な経済成長の達成に有利なだけでなく、人間同士の衝突の調整、秩序ある競争社会の形成、調和のとれた公正な社会の実現にも有利だ、ということがわかる。国際競争力トップ10の常連国であるオランダは、企業競争力の向上および社会問題の解決に対するイノベーションが持つ二重価値を大変重視している。イノベーション主導をもって社会問題の解決に挑むことは、ヨーロッパ社会の基本理念でもある。

現在、中国が直面する社会問題の多くは、社会領域で累積した経済発展の理念・方式・成長エンジンにまつわる問題であり、それぞれが複雑に絡み合っている。市場育成の不完全、競争の不十分、所得格差の拡大、環境圧力の増大、土地収用など資源争奪による対立の頻発などである。これらの問題を解決するには、社会統治（ガバナンス）を強化するほか、経済のファンダメンタルズに着眼し、経済発展のエンジンの転換から着手しなければならない。

イノベーションは人類社会の発展と進歩にとっての永遠のテーマであり、社会発展の一般的・普遍的法則でもある。現代中国では、イノベーションは主に改革に体現している。30数年間の改革・開放自体がスケールの大きいイノベーション行動といえる。イノベーション主導の経済成長の実現は、改革の趣旨だ。習総書記は、「もし技術革新を我が国の経済発展の新エンジンに譬えるならば、改革はその新エンジンに火をつける着火剤になる」[*9]と指摘した。イノベーション主導の新エンジンは、改革という着火剤がうまく働くシステムの整備を促すようになる。

改革の一層の深化にしたがって、市場を中心に据えるイノベーション態勢が形成されつつあるが、しかし技術と経済の連携を阻み、企業のイノベーション能力およびオリジナル・イノベーション能力の向上を制約する体制・メカニズム

---

*9　習近平『習近平の国家統治論』外文出版社 2014年、125ページ

の問題がなお多く残っている。これらの問題を解決するには、科学技術体制改革を一層推進し、技術革新を制約する、あらゆるイデオロギー的な障碍および制度的障壁を打破し、政府と市場の関係をうまく処理し、科学技術と経済・社会発展の深いレベルでの融合を進め、強い技術力から強い産業力へ、強い経済力へ、強い国家へとつながるチャネルをスムーズに働くようにしなければならない。改革をもってイノベーションの活力を引き出し、国によるイノベーション体制の確立・整備を加速して、あらゆるイノベーションの源流が勢いよく湧き出るようにしなくてはならない。

第4に、中国はイノベーション主導戦略を実行する堅固なる土台と好ましい条件を備えている。イノベーション主導の経済成長の推進は、中国の発展水準に立脚した戦略的選択でもある。30年余りの改革・開放を経て、中国は堅実な物的基礎を積み上げているし、持続的イノベーションによる一連の成果を世に出しており、4200万人ものエンジニアリング技術者、総量で世界一の技術チームを保有している。数世代にわたる科学技術者の艱難なる奮闘を通じて、科学技術力が大幅に底上げされ、一部の重要分野で世界先進国の仲間入りを果たし、ある特定分野で「追随者」から「同行者」、「先導者」へと変わっていっている。中国は新しいタイプの工業化・情報化・都市化・農業現代化の一体化発展の肝心な時期に入っている。これは独創的イノベーションに広い発展の空間をもたらし、かつてない強いパワーを提供している。

3 イノベーション主導の戦略、全要素生産性の向上へ

目下の厳しい国際情勢および中国経済発展の段階的特徴を総合してみると、新常態の下で、経済構造の高度化を図り、長期的持続可能な経済成長を促進するには、生産要素の投入方式を転換し、全要素生産性の向上に努めなくてはならない。

全要素生産性を高めるカギはイノベーションである。経済学者のヨーゼフ・シュンペーターによると、イノベーションは「新しい生産関数を構築する」ことであり、すなわちかつて存在しなかった「新しい組合せ」で生産要素と生産条件を結合し、生産システムに導入して、新たなビジネスを創出することだ。

イノベーションは新しい製品の生産、技術革新、新しい市場（販売先）の開拓といったものでもいいし、新しい資源配分および組織の実現でもいい。ジェレミー・リフキン（アメリカ出身の経済学者）の理論によると、現在、世界は新通信技術（インターネット）と新エネルギー（再生可能なエネルギー）をベースとする第三次産業革命の時期に入ろうとしている。第三次産業革命を迎えるに際し、中国は他の主要国とほぼ同じスタートラインに立っているので、チャンスをしっかり掴み、追いつき追い越しの勢いで、経済発展の先行優位性を育成しなければならない。

第1に、科学技術体制改革を深化させ、国によるイノベーション体制を早期に確立する。企業を主体とし、市場を中心に据える、産学官連携の技術革新の体制づくりに注力し、企業中心の産業技術研究開発の体制・メカニズムを早期に構築することによって、企業が技術革新の意思決定を行い、研究開発への資金投入を決め、技術研究部門および成果活用の主体になるようにさせ、市場志向のイノベーション態勢を整備していく必要がある。

技術系中小企業の発展を積極的に支援する。研究機関（科学研究院と科学研究所）の分野別再構築を進め、研究機関・大学・専門学校のイノベーション・サービス能力を強化する。知識イノベーション体系を整備し、国防イノベーション体系、地域イノベーション体系、技術仲介サービス体系を全面的に構築し、基礎研究・応用研究・技術革新とその応用・普及の有機的結合を強化する。技術資源の共有を促進し、協調・共同イノベーションの統一的計画・推進を強化し、国によるイノベーション体系の全体効果を向上する。

技術管理体制改革を一層進め、科学的な技術管理および資源の効率的な利用を促す。実用主義を重視し、人材の育成と導入を同時に行う。各種イノベーション型人材開発の事業を統一的に計画し、インセンティブ制度を整える。技術者のイノベーション活力を十分に引き出し、イノベーションや起業を起こすハイレベルの人材チームを育成する。人材力をもって技術力を高め、産業力を押し上げ、最終的に経済を強くする。

第2に、基礎研究・先端技術研究・社会公益技術研究に力を入れ、他者に先駆けて戦略的新技術を確立する。目標を定めた研究と自由なテーマ探索を交え

た研究を堅持し、安定支援と優勝劣敗を盛り込んだ資金投入システムを構築・整備し、評価重視の制度を確立し、科学者による持続的知識の蓄積を奨励し、研究水準と研究成果の実用化能力の絶えまぬ向上を図る。学術分野の横断・融合を推進し、新学科の育成と同時に独自による画期的な技術成果の創出につながるチャンスをいち早く見つける。学術における学科・分野配置の最適化を図り、革命的技術成果が現れそうな先端方向、長期的発展に関わる基幹分野、国家の安全保障・利益に関係する戦略的重要分野において重大なイノベーション成果を勝ち取る。国家（重点）ラボなど重大な基礎研究プラットフォームづくりを強化する。国家研究機関の中核的・けん引的役割をきちんと発揮し、大学・専門学校の持つ基礎的・主力的な役割を生かし、オリジナル・イノベーションに対する企業の注目度・投資割合を高めるように誘導する。

　第3に、独創的イノベーション能力の強化を戦略の基礎に据え、経済発展方式の転換と構造調整を進める。産業発展の需要に合わせてイノベーション・バリューチェーンを手配し、技術が有力な下支えとなる技術けん引型の産業発展メカニズムを整備する。国家重大技術特定事業を実施し、状況に合わせ調整を行い充実化を図り、重大な技術的難点（ボトルネック）のブレークスルーに力を注ぐ。国家科学技術プラン、試験的技術応用事業などによるけん引的役割を十分に引き出し、国家独創イノベーション試験区、ハイテク産業開発区などの担い手としての役割を確実に発揮させ、研究開発から技術成果の実用化に至るまで全プロセスの有機的結合を実現し、戦略的新興産業の発展を速める。

　新技術・新製品・新工程の研究開発・応用を加速し、技術集積・商業モデルのイノベーションを強化し、基盤技術において画期的成果の創出とその成果の早期実用化に力を注ぎ、従来型産業の構造転換・高度化を図る。技術サービス業のイノベーションを推進し、現代サービス業への技術的サポートシステムを絶えず整備する。農業の技術イノベーション・起業を一層推進し、新型農村技術サービスシステムの構築・健全化を図る。技術と文化の融合を促し、現代科学技術を生かして社会管理の強化・刷新を行い、民生に関わる科学技術の大いなる発展を図る。

　第4に、技術革新に適した政策的環境を整備し、社会全体の知恵とパワーを

技術革新に結集させる。国家中長期技術発展計画・綱要の付帯措置を遂行に移し、関連する試験的政策を総括し普及させる。科学技術体制改革案の制定を検討し、国によるイノベーション体系づくりに関連する政策・措置の早期制定を推進する。技術革新の評価基準、インセンティブ・メカニズム、技術成果の実用化制度を整備して、イノベーションのインセンティブを高める。国家知的財産権戦略を実施に移し、知的財産権への保護を強化し、イノベーションの法治環境を改善する。

技術と金融の融合を大いに推進し、技術革新に対する投資システムの多様化を図る。科学技術へのマクロ的管理を改善し、イノベーション資源の効率的配分および総合的集結を進め、社会全体の知恵・パワーをより一層イノベーションに結集させるように誘導する。「イノベーションこそが栄光である」ことを大いに提唱し、科学の普及を強化し、科学に関する道徳教育を施す。国民の科学・教育水準の底上げを図り、イノベーションに適する文化的土壌を大いに育てる。

第5に、科学技術の対外開放・国際協力を拡大し、イノベーションのチャンス共有のなかで独創的イノベーションを進める。グローバル視野を備え、国際的眼力を養い、世界における技術資源の急速な流動および再配分の現状に立脚して、対外開放と国際協力を通じて、中国産業の技術力を高める。企業、地方、ハイテク産業開発区の（海外技術の）導入・消化・吸収・改良によるレベルアップを支援し、企業の海外研究開発拠点の設置を奨励する。国際学術機関、国際企業などによる中国研究開発機関の設立を支持し、世界の優秀な技術者が中国でイノベーション・起業を起こすように誘致する。戦略的需要をめぐって（国際）ビッグサイエンスの計画・事業に積極的に参画し、中国人科学者が発起、組織する国際技術協力計画を奨励する。

エネルギー・資源、食料安全、人口・健康、気候変動といったグローバルな問題における各国との国際技術協力を強化し、人類が直面する共通の試練に対応していく。多層で多分野にわたる、多様化した国際技術協力を全面的に強化し、各国とイノベーションのチャンスを共有する。

第6に、国家中長期人材戦略の早期実施を図る。人材は社会発展の過程で社

会文明の進歩、人民生活の豊かさと幸福、国家の繁盛を推進する重要な力であり、中国経済社会発展の最重要な資源でもある。現在および今後一定の期間において、中国人材事業の指導方針は人材サービスを拡充し、人材を優先に考慮し、実用主義に据え、イノベーション体系づくりに励み、ハイレベルの人材を主導力とし、人材力の底上げを図ることなどである。2020年までに、規模が大きくて、構造が最適で、配置が合理的な、優れた素養を持つ人材チームを育成・創出して、人材競争の比較優位を確立し、世界の人材強国の仲間入りを果たす。また、独創的イノベーション能力の向上とイノベーション型国家建設をめぐって、ハイレベルのイノベーション型技術者を中心に、一群の世界レベルの科学者、技術リーダー、エンジニア、ハイレベルのイノベーションチームの育成に努め、一流のイノベーション型人材と青年技術者の養成に注力し、広大なイノベーション型技術者チームを形成する。

第5節　資源配分、市場の基礎的役割から決定的役割へ

　習近平総書記は、「改革を全面的深化させるには、市場の秘めている活力を引き出さなくてはならない」*10 と語った。党の14期三中全会では、「社会主義市場経済体制の確立とは、国家によるマクロ・コントロールの下で、市場に資源配分における基礎的役割を担わせることだ」と提起され、18期三中全会は、「改革の全面的深化を図るには、経済体制改革のけん引的役割を発揮し、資源配分で市場が決定的役割を担うことで進めなくてはならない」とした。「基礎的」から「決定的」にという二文字を換えたことで、市場の役割に全く新しい位置づけを行った。これは中国の経済発展が新段階、新常態の下で認識が深まったことによる必然的な産物であり、実践の発展がもたらした客観的要求でもある。

＊10 習近平「永続的発展を追求し、アジア太平洋の夢を共に築く―アジア太平洋経済協力（APEC）CEOサミットの開幕式における基調講演」『人民日報』2014年11月10日

1 経済体制改革の理論的突破と発展

30年間余り、中国は改革という方法で党・国家事業発展での一連の問題を解決してきた。中国の経済体制改革は一貫して政府と市場の関係を調整することをめぐって行われ、計画経済から計画のある商品経済へ、さらに社会主義市場経済へと進み、その過程で市場の力が少しずつ引き出されるようになった。それにともない、政府と市場の関係に対する党の認識も絶えず高まってきた。

第1に、計画経済から計画のある商品経済への転換は、計画経済と商品経済を対立的に捉える従来のイデオロギーを突破した。1978年、党の11期三中全会は、あくまで経済法則にしたがって事業を進め、価値法則の作用を重視すべきだ、と提起した。鄧小平氏は1979年に、「社会主義も市場経済をやっていい」、「これを方法にする、ということは社会主義全体に影響を与えることがなく、資本主義に引き戻されることもあるまい」[*11]と明言した。市場経済を社会主義と直接に結びつけ、市場経済を生産力向上の方法にすると提起したのは、鄧小平氏が初めてだった。それから、中国は獅子奮迅の勢いで改革・開放という偉大な事業をスタートした。理論界も「思想革命」の幕を開け、計画経済と商品経済をめぐって論争を巻き起こし、学術的舌戦が繰り広げられ、新観点の登場が相次いだ。1982年の第12回党大会は、「計画経済を主とし、市場調節を従とする」経済体制改革の原則を提起した。1984年の党12期三中全会は「社会主義商品経済を発展する」という重要な方針を掲げ、計画経済と商品経済を対立的に捉える伝統的な考え方を突破した。

第2に、市場経済の概念が商品経済の概念に取って代わることで、理論的認識において一歩大きく前進した。1980年代後半に入ると、改革実践の発展と理論研究のさらなる進展につれ、経済体制改革への認識が一層深まり、商品経済の概念・思考が次第に市場経済のそれに取って代わられるようになった。このような理論的認識における重要な進歩は、1987年の第13回党大会の政治報告に集中的に表れていた。「社会主義の計画のある商品経済体制とは、計画と市場

＊11 『鄧小平文選』第2巻 人民出版社1993年版、231ページ、236ページ

が内在的に統一された体制でなければならない」、「新しい経済運営のメカニズムは総体的に言うと、『国が市場を調整し、市場が企業をリードする』メカニズムであるべきだ」。この政治報告は計画と市場はいずれも社会全体をカバーする役割だと強調したので、それ以降計画経済を中心にするということには言及しなかった。党の12期三中全会で提起された、社会主義商品経済が発展するという理論と比較すると、第13回党大会の政治報告で掲げられた社会主義市場経済のメカニズムの確立と育成は、理論的認識においてさらに一歩大きく前進し、改革の実践に必要な眼力・視野・視点を大いに広めた。

　第3に、社会主義市場経済体制の確立という目標の提起は、経済体制改革の重大な理論的突破を果たした。1992年の第14回党大会で、中国経済制度改革の目標は社会主義市場経済体制の確立だと掲げられ、「すなわち社会主義国家によるマクロ・コントロールの下で、市場が資源配分で基礎的役割を担うこと」とされた。これによって、長期にわたり「計画」と「市場」の間で迷ってきた改革が新たな節目を迎え、社会主義市場経済および政府・市場関係に対する認識が新たな次元にまで高まった。市場経済は市場競争メカニズム、需給調整システム、価格メカニズムであるのみならず、資源配分システムでもある。習総書記は1992年の経済制度改革目標に言及した際に、「この重大な理論的突破は、我が国の改革・開放および経済・社会の発展に極めて重要な影響を与えた」と評価した。これは、実践の革新に対して理論の刷新は重要な先駆的役割を持っているので、改革の全面的深化を図るには理論の刷新を先導にしなければならない、ということも物語っている[*12]。

　第4に、「資源配分で市場が決定的役割を担う」という歴史的位置づけは、社会主義市場経済体制整備の道程で踏み出した新たな一歩である。2013年の党18期三中全会で、「資源配分で市場が決定的役割を担う」と提起された。「決定的」が「基礎的」に取って代わったことは、認識の絶えまぬ深化と理論の重大な刷新である。習総書記は『決定』について説明を行った際に、「第14回党大会以降の20数年間、我々は政府と市場の関係について、一貫して実践による開拓

---

*12 党・中央文献研究室『第18回党大会以降の重要文献選集』中央文献出版社 2014年版、498ページ

と認識の深化に基づき、新たな科学的位置づけを模索してきた」、と指摘した。現在、中国では社会主義市場経済体制が概ね確立し、市場経済化が大幅に進み、市場法則に対する認識・制御能力が絶えず高まり、主観的・客観的条件が揃っているので、社会主義市場経済体制整備の道程で新たな一歩を踏み出すタイミングが来ているし、理論に新たな説明を付け加える機が熟しているため、資源配分で市場の役割が「基礎的」から「決定的」に改められるのも当然であろう。これは1992年に社会主義市場経済体制の確立という改革目標が提起されてから、20年余りの実践を経た後に理論において収めた重要な発展である。

2 資源配分で市場が決定的役割を担う意義

習近平総書記は、「政府と市場の関係をより一層きちんと処理するとは、実際は資源配分で市場が決定的役割を担うか政府が担うかの問題を処理することだ」と強調した。中央が行った資源配分で市場が決定的役割を担うという科学的位置づけは、市場経済法則に対する認識と社会主義市場経済体制の概ね確立という現実を結びつけることで得た結論であり、理論と実践の統一によるものである。

第1に、資源配分で市場が決定的役割を担うことは、市場経済の本質的要求である。市場が資源配分を決定することは市場経済の一般法則だ。市場経済の本質は他でもなく、市場が資源配分を決定する経済のことである。あらゆる経済活動の最たる問題は、資源をいかに最大の効率で配分するかに尽きる。資源配分は要するに、各種生産要素をいかに違う商品生産に使い、生産されたその商品をいかに各生産要素の所有者に届けられるかということである。資源配分の方式が違うと、違った資源配分効率が生まれる。経済発展とは、資源とりわけ稀少資源の配分効率を高め、できる限り少ない資源投入でより多くの製品を生産し、効率の最大化を生み出すことである。理論と実践のいずれも、市場による資源の配分は最も効率的な形式だ、ということを証明している。市場が資源配分を決定することとは、経済活動で価値法則を遵守し遂行することであり、すなわち資源配分で価値法則、競争法則、需給法則などの市場経済法則に決定的な役割を担わせることである。

第2に、資源配分で市場が決定的役割を担うことは、決して市場が資源配分の全てを決めるわけではない。資源配分において市場を「基礎的な役割」から「決定的な役割」に改めることは、市場経済活動において市場を除くいかなる他の要因も資源配分の決定権を持たず、政府調整も例外ではないということを意味するものだ。しかし、これは決して市場が資源配分の全てを決めるわけでなく、市場の機能が働かない分野においては政府の役割をより一層果たす必要がある。市場役割と政府役割は互いに否定するものでなく、職能が異なるだけだ。資源配分における市場の決定的役割は、価値法則の優勝劣敗の原則にしたがって資源を配分することであり、絶対に否定できないものだ。政府の役割をよりよく発揮するには、優勝劣敗の原則による資源配分の阻害要因を政府が積極的に排除することを要する。党の18期三中全会も政府役割の一層の発揮を明確に要求している。政府の職責と役割は主にマクロ経済の安定を維持し、公共サービスの強化と最適化を図り、公平な競争を保障すること、また市場監督を強化し、市場秩序を維持し、持続可能な発展を推進すること、さらに共同裕福を促し、市場機能の働かない部分を補うことだ、と強調した。

　第3に、中国の実践は、社会主義と市場経済は結合できるものだ、と証明している。社会主義と市場経済はいずれも硬直で変わらないものだというわけでなく、能動的で常に前へ進むものだ。市場経済は社会主義に溢れる生気と発展の活力を注入し、一方の社会主義は市場経済に斬新な境地と浩々たる未来を切り開いてくれる。習総書記は、「我が国が実行しているのは社会主義市場経済の体制であり、我々は依然として社会主義制度の優越性を発揮することを堅持し、党・政府の役割を積極的に果さなくてはならない」と明示した。社会主義市場経済体制の巨大な優越性と強大な生命力は、社会主義の優位性を市場経済の優位性と結びつけただけでなく、実践と認識の発展にともない、改革の深化を通じて絶えず最適化を図れるようにしたことである。

　第4に、資源配分で市場が決定的役割を担うことの提起は、経済発展の実践的要求である。社会主義市場経済体制の絶えまぬ整備にともない、市場による資源配分の機能・条件が徐々に確立されるようになっている。しかし、市場メカニズムの不備、市場法則の不統一、市場秩序の不規範、市場競争の不十分、

政府権力の膨大化、審査・許認可手続きの煩雑化、政府介入の過多、政府監督・管理の不適切といった問題が依然として存在し、経済発展の活力および資源配分の効率に影響を及ぼしている。習総書記は、資源配分で市場が決定的役割を担うという位置づけは、政府と市場の関係についての正しい観念を党と社会全体で植えつけるのに有利なだけでなく、経済発展方式の転換、政府職能の転換、消極的・腐敗現象の抑制にも有利だ、と強調した。したがって、「資源配分で市場が決定的役割を担う」ことの提起は実践の不断なる発展による要求だということがわかる。

3　資源配分で市場が決定的役割を担う現実的方向性

中国は現在社会主義市場経済体制の整備・発展段階にあり、市場法則の不統一、公正競争の不足、生産要素市場発展の不十分、政府による間違った介入などの問題を抱えている。資源配置で市場が決定的役割を担うという理論的認識は実践から生まれたものであり、現実に照準を合わせて実際問題を解決するうえでの重要な依拠ともなっている。この理論の刷新は既存の問題を解決するためであるので、非常に強い現実的な解決方向である。

第1に、資源配分で市場が決定的役割を担うための強固な基礎ができていない。中国は社会主義市場経済体制を実行して以降、市場メカニズムの確立という点で大きな成果を収めたが、統一でオープンな、秩序立てて競争できる市場メカニズムを期待するという目標の確立との間でなお大きな差がある。異なる市場主体が同じ条件での市場参入を獲得するのは難しい。特に電気・通信・電力・石油・鉄道・金融・保険といった分野では、民間資本の参入に多くの制限が課されている。地方保護主義と市場細分化現象が突出し、一部の地方では、立法の段階で地元企業に有利な様々な基準を制定し、あるいは地方の行政権利を濫用して外地の企業・製品の参入を制限している。農村土地制度改革が不適切で、土地価格にゆがみがあり、土地配分効率が低い。資本市場では、行政的管理・統制の色合いがなお顕著で、技術市場の発展は依然相対的に立ち遅れている。これらの問題は市場による資源配分に悪影響を与え、資源配分の効率を弱めているため、市場が資源配分で決定的役割を担うための土台がしっかりし

ていないことを物語っている。

　第2に、市場法則に開放性・透明性が欠けており、市場競争に公平感が不足している。社会主義市場経済が発展するには、市場メカニズムに十分な役割を発揮させるプラットフォームを造って、企業は自主経営と公正競争ができ、消費者は自由選択と自主消費を可能にし、商品と生産要素は自由に流動し、平等に交換できるようにしなければならない。現在、市場参入ネガティブ・リストが制定されていないため、各種市場主体が法律に依拠して平等に参入できる分野が未定のままでいる。優遇政策を不法で実行する様々な行為はしばしば取り締まられるが改善せず、公正競争を阻害する各種の市場障壁が次々と現れて尽きない。工商登記の敷居が高く、効率が低く、政府権力が不規範だ。流通分野の体制・メカニズム的障碍が顕著で、法治化された営業環境がまだ完全に確立されていない。優勝劣敗の市場化撤退システムが不完全で、一部の過剰生産能力の業界は秩序立てて撤退することができず、政府による企業倒産への救済現象が相次ぐことによって、政府に対する企業の依存が深刻化し、企業は意思決定における判断ミスの責任を社会に押しつけるようになる。市場法則の不完全と不透明さは市場運営の効率を碍げ、市場主体の競争力アップを大きく制約している。

　第3に、価格メカニズム機能が十分に発揮されておらず、生産要素市場の成長が立ち遅れている。価格メカニズムは価値法則の中核だが、現在一部の重点分野で価格形成メカニズムが確立されていない。そのため、水・石油・天然ガス・電力・交通・電気・通信といった分野で価格改革を引き続き深く推進する必要がある。要素市場の育成と成長は市場による資源配分の必要条件だが、現在重要な要素市場の改革が不十分で、都市と農村の統一的な建設用地市場が構築されておらず、市場志向の技術革新メカニズムを改善する必要があり、情報市場や労働力市場などの成長が鈍い。金融は経済活動の血液だが、中国の金融システムはまだ穏健とは言えず、資本市場が発達せず、金融業の対外開放に力強さが見られない。地方債務リスクが高まりつつあり、人民元レート形成メカニズムおよび金利市場化改革のさらなる推進も必要だ。これらの問題は社会主義市場経済を整備する任務の重さを物語っている。

第4に、社会信用システムに不備があり、市場秩序がルール化されていない。市場経済は信用経済であり、社会信用システムは市場経済の重要な制度的前提である。中国では現在、社会全体をカバーする信用システムが形成されておらず、信義に対する社会意識が低く、個人の信用意識が薄いため、信用を破棄することがシステマチックな問題となっている。信用システムの確立が立ち遅れているせいで、財務の偽造・データ改ざん、税金ごまかし・脱税、契約違反、商業詐欺、悪質な滞納・債務不履行（デフォルト）、偽物の製造・販売といった現象がしばしば取り締まられるが改善せず、正常な市場秩序を大きく攪乱している。社会主義市場経済体制を整備するには、市場監督・管理体制を改革すると同時に、信用づくりという不足部分を補い、「信義を褒め称え、信用破棄を懲らしめ戒める」インセンティブや制約のメカニズムを早期に確立し、誠実・信義の守る社会的雰囲気を造るべきである。

　第5に、過剰な政府介入および不適切な監督・管理の問題が際立っている。市場に対する政府の過剰な介入は、資源配分の低効率ひいては資源の浪費を招き、市場経済主体が起業・イノベーションを起こす活力を束縛している。特に民間投資を阻害する「ガラスドア*13」「スイングドア*14」「回転ドア*15」は、民間資本締め出し効果をもたらしただけでなく、権力のレントシーキングを招き、腐敗を生み出している。また一方では、不適切な政府監督・管理問題が突出しているため、市場秩序に混乱を招いている。例えば、食品・薬剤安全には「ファイアウォール（防護壁）」を設けず、環境保全には「隔離帯」を設置せず、重大・特大の安全生産事故には予防不足による事件が多く、不法な資金調達が蔓延し、粗悪商品・不良製品が市場で氾濫している、などである。これらの現象が生まれた原因は結局のところ、市場に資源配分における決定的役割を持たせなかったことと、政府の役割をより良く発揮しなかったことにある。それにと

---

*13 訳注：民間資本にとって、市場は見えるが参入することができないことを「ガラスドア」という。

*14 訳注：民間資本にとって、市場参入できそうに見えるが入ろうとすると常に跳ね返されることを「スイングドア」という。

*15 訳注：民間資本にとって、表面上競争条件は平等に見えるが最終的に市場から押し出されることを「回転ドア」という。

もない、政府の「越位」（政府が過度に介入してしまう状態）、「欠位」（政府の介入が必要なところへ介入できていない状態）、「錯位」（政府による間違った介入）を生み出している。

4 市場が資源配分で決定的役割を担う方法

現在、中国は社会主義市場経済体制の改善段階に入っている。市場が資源配分で決定的役割を担い、それにともない資源配分効率を高めるには、政府と市場との関係をより一層うまく処理し、現代市場メカニズムの改善を加速し、オープンで透明な市場法則を確立する必要がある。

第1に、政府と市場の関係をより一層きちんと処理する。習総書記は浙江省で働いたときに、市場志向の改革を深化させるには、政府と市場の関係、すなわち「見える手」と「見えざる手」という「二つの手」の関係をきちんと処理することがカギだ、と語った。習総書記は党18期三中全会で、政府と市場の関係をより一層きちんと処理するとは、資源配分で市場が決定的役割を担うか政府が担うかの問題をきちんと処理することだ、と述べた。党18期三中全会の「改革の全面的深化における若干の重大な問題に関する中央中共の決定」にも、「資源配分は市場法則・市場価格・市場競争に依拠し」、「政府の職責と役割は主にマクロ経済の安定を維持し、公共サービスの強化・最適化を図り、公正競争を保障すること、また市場監督・管理を強化し、市場の秩序を維持し、持続可能な発展を推進すること、さらに共に裕福になることを促し、市場の機能が働かない部分を補足することだ」、とした。

ここからわかるように、改革が現在の段階まで進むと、習総書記が指摘するように、「二つの手」の関係は次のようになるべきだ。例えば、経済・社会の協調という点においては、市場という手はより多く経済調節に使い、政府という手は社会管理・公共サービスの職能強化に使う。経済運営においては、市場という手はミクロ分野における経済活動の調整に使い、政府という手はゲーム・ルールの制定、マクロ調整を図るために使う。公平と効率においては、市場という手は効率を引き出すことに使い、政府という手はより多く公平に目を向けるために使う。都市・農村の発展においては、都市の発展はより多く市場とい

う「無形の手」の作用に依拠し、農村の発展は政府という「有形の手」がより多くの職能を受け持つ。

第2に、現代市場メカニズムの早期整備を図る。改革・開放を実施して以降、中国は現代市場メカニズムの構築において著しい進展を成し遂げた。商品市場メカニズムの確立は一応の見通しがつき、生産要素市場は大体の形ができており、需給関係によって決定される価格形成システムも確立されている。貿易開放度が不断に高まり、多様な経済主体が空前の活発ぶりをみせ、市場に関わる法律・法規体系および社会信用システムが重視・改善されている。資源配分における市場の基礎的作用が発揮されるようになり、「市場に資源配分への決定的作用を持たせる」環境が整っている。

次のステップは、市場障壁の排除に力を入れ、資源配分の効率性・公平性を一段と向上し、市場が価格決定権を持つメカニズムを改善するほか、都市と農村の統一した建設用地市場の確立、金融システムの整備、科学技術体制改革の深化などを図ることである。具体的に言うと、水道・電気といった分野における価格改革を進め、農産品価格形成メカニズムを改善することや、農村における集団所有の経営性建設用地の使用権の譲渡・賃貸・出資を認め、国有の土地と同じ条件での市場取引や同一権利・同一価格を実行し、土地の賃貸・譲渡・抵当の流通市場を整備すること、金融業の内外開放を拡大し、技術革新志向の市場メカニズムの健全化を図ること、などである。

第3に、公平でオープンな、透明性のある市場ルールを確立する。市場メカニズムは特定のルールに依拠して運営されるもので、市場ルールが異なれば、市場メカニズムの運営方式・効率も異なってくる。近年出現した地方保護、市場細分化、各種の不法な優遇政策などは、資源配分の歪みを生じさせ、長期的に発展の大局に不利なため、早急に整理・整頓する必要がある。次のステップはネガティブ・リストを制定したうえで、統一した市場参入制度を確立し実行することである。

現在、企業の資格や能力に対する認定項目が多すぎて、工商登記の敷居が高く、効率が低いといった問題が存在しているため、工商登記制度の利便性向上を推進し、行政権力運営の透明性を高める必要がある。政府は市場経済の不規

範、経済活動における各種不法・ルール違反の現象にターゲットを絞って、監督・管理の厳格化を遂行すると同時に、社会信用システムの構築、インセンティブ・制約メカニズムの改善、信用記録の整理・統合、信用市場の育成、信用製品の創出、信用サービスのルール化といった面で工夫を重ねなければならない。このほか、企業倒産手続きの改善、優勝劣敗による市場からの退出制度のさらなる健全化、国内貿易・流通システムの改革、法治化されたビジネス環境の整備などもオープンで透明性のある市場ルールを構築するための重要な任務である。

第6節　経済福祉、不均衡から包摂・共有へ

　習近平総書記は「美しい生活に対する人民の憧れこそが、我々の奮闘目標である」[*16]と述べた。改革の全面的深化は社会の公平・正義の促進と人民の福祉の充実を出発点とし、ベースにしなければならない。これは全身全霊で人民に奉仕する中国共産党の根本的趣旨による必然的な要求である。改革の全面的深化を図るには、改革・発展の成果をより多く、より公平に人民全体に行き渡らせるようにしなければならない。庶民に実利をもたらし、より公平な社会環境を創出する、ということができないうえに、さらに一段と不公平を招くようなら、改革は意味を失い、持続さえできなくなる。経済新常態の下で、発展はより一層社会に均衡をもたらすことなので、社会体制を絶えず改革・刷新し、人民の福祉充実を不断に図っていかなければならない。

1　都市と農村の二元化構造から一元化社会構造へ転換

　第18回党大会の報告では、「都市・農村発展の統一的な計画・調整に力を加え、共同繁栄を促進しなければならない。農業基盤を強化し、農民に実益をもたらし、農民を豊かにする政策に力を加え、広範な農民が平等に現代化プロセスに参加し、現代化の成果を共有するようにさせる必要がある」、とされた。こ

＊16　党・中央文献研究室『第18回党大会以降の重要文献選集』中央文献出版社 2014年版、70ページ

れは党の報告で農民と現代化という戦略的高度から提起した初の重要な思想であり、小康社会の構築過程で中国農民の主体的地位に対する党中央のさらなる確立であり、人民のための政治だという党の理念のさらなる体現でもあるので、その意義は重大かつ深遠である。新型都市化と新農村建設の全面的推進につれ、都市と農村の二元化構造が一元化社会構造に転換し、工業で農業を促進し、都市で農村を引っ張り、工業と農業の互恵関係を構築し、都市・農村の一体化発展という新しいタイプの工業と農業、都市と農村の関係が速いスピードで形成されてきている。

都市と農村の二元化構造とは、制度的に都市住民と農村住民の身分が全く異なる二つの社会集団に分けられ、共有資源や基本的公共サービスなどが都市と都市住民に配分され、農村が得られる分は都市と都市住民のそれを明らかに下回るため、農民が現代化プロセスに平等に参加できず、現代化の成果を共有できないことを言う。例えば、戸籍制度においては、戸籍を性質上で農業戸籍と非農業戸籍に分け、農民は農業戸籍に登録され、都市住民は非農業戸籍に登録されるが、農業戸籍は非農業戸籍に自由に転換できないことになっている。このような二元化された戸籍制度の下で、都市に流れる大量の出稼ぎ農民工は、農業に従事したわけでもなく、ほとんどの時間を農村で過ごしていないにもかかわらず、市民の身分を真に獲得できず、都市部に家を構え定住して、その都市に融合することができない。就業や子供の教育、医療、社会保障、保障性住宅などの公共サービス分野でも都市住民と同様のサービスを受けることができないため、合法的な権益は十分に保護されないでいる。

現代化とは、農業文明から工業文明に移行する歴史的プロセスである。工業化と都市化を主要内容とする現代化プロセスのなかで、農民はとかく「蚊帳の外」に置かれがちだ。現代化プロセスに平等に参加できないうえに、現代化の成果も共有できない。まして中国のような5000年の歴史を持つ伝統的農業大国ならなおのことだ。新中国成立後の経済発展と現代化建設の道程を振り返ると、中国はかなり長い間、工業化を優先的に発展する戦略を実施してきた。そのため、都市と農村の二元化構造が形成され、農民は与えることが多く、取ることが少なかった。その後、まさに農村改革を通じて、農村の生産性が大いに

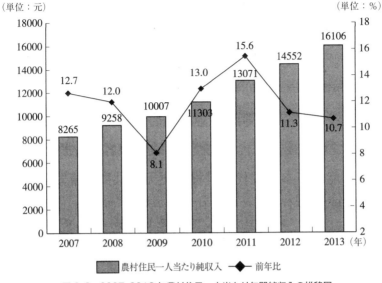

図 2-2　2007-2013 年農村住民一人当たり年間純収入の推移図

開放・向上され、広範な農民による現代化建設に参加する積極性が引き出されるようになった。農村改革があったからこそ、中国の現代化建設に安定な土台と強大な社会原動力ができた。とりわけ第 16 回党大会以降の 10 年間、食糧生産の「9 年連続増」によって、国家の食糧安全保障が確保された。(食糧などの大型生産基地の整備による) 副食品の豊富な供給は、市場の需要や日々増加する、生活に必要な衣食住への人々の需要を大いに満たし、工業化・都市化の急速な発展を力強く支え、現代化建設事業の後押しとなった。

中国は 13 億の人口を抱える発展途上大国であり、体制移行中の国でもある。この環境の下で、都市と農村の二元化体制を打破し、都市と農村の発展を統一的に計画・調整するには、参考になる既成の経験がないし、踏襲できる既定のパターンもない。近年、中国は都市と農村発展計画の一体化、都市と農村間の要素流動の市場化、都市と農村住民向け公共サービスの均等化という方向性を堅持し、農村の財産権制度、都市と農村建設用地市場の確立、戸籍制度、都市と農村向け基本的公共サービス制度、出稼ぎ農民工の市民化、都市と農村の社会管理、といった分野における改革をめぐって、積極的に模索し、実効性のあ

る経験を多く蓄積してきた。農村住民一人当たりの年間純収入を例にすると、2013年には1.61万元（図2-2を参照）と、その伸び率は都市住民をはるかに上回っていた。これらの動向は、中国の都市と農村の関係は二元化構造から一元化社会構造へ転換していることを表している。

2　地域間の連携と調和に基づく発展に改善の成果

改革・開放して以降、中国は東部沿海地域を経済成長の重点地域に据えるという地域間の不均衡発展の戦略を実施してきた。これは初期において経済発展の活力・原動力を引き出し、国民経済の持続的高度成長を促進することに大いに効果があった。が、同時に産業の構造的不均衡および地域間の不均衡問題ももたらした。

そのため、第11次5ヵ年計画以降、中国は地域間の連携と調和に基づく発展に関する重要な政策およびガイドラインを多く制定・公布し、よって地域発展に一連の前向きな変化がみられるようになった。地域間の発展格差が拡大する勢いがある程度収まり、産業が沿海部から内陸部へ移転する傾向が顕著になり、中・西部地域では成長拠点（成長都市）が増えている。老小辺窮地域（古くて小さく辺境にある貧しい地域）への扶助強化が持続的に拡大されているため、これらの地域の経済成長と社会進歩が大いに促進され、地域連携の範囲が広がり、連携も深くなってきた。

中国は主体機能区戦略＊17の推進、国土空間開発構造の最適化、持続可能な地域発展の実現などの施策を通じて、地域間の連携と調和に基づく発展が絶えず強化されていっている。第11次5ヵ年計画の発展綱要では、「地域発展の全体戦略＊18および主体機能区戦略を実施し、地域経済比較優位の相互補完を育成し、主体機能の位置づけを明確にし、国土空間を効率的に利用し、人と自然が

＊17　訳注：資源・環境の負荷受容能力、既存の発展の密度、発展の潜在力に基づいて区画した代表的な中核機能「主体機能」を持つ地域のこと。

＊18　訳注：西北大開発の推進、東北地域などの旧工業基地の全面振興、中部地域の台頭の促進、東部地域の率先発展の積極的支持、「老小辺窮地区」への扶助強化、という内容を含み、様々な地域の比較優位を生かし、生産要素の合理的な流動を促し、地域協力を深化し、地域の相乗効果による発展を推進し、地域の発展格差を縮小することを目指す戦略。

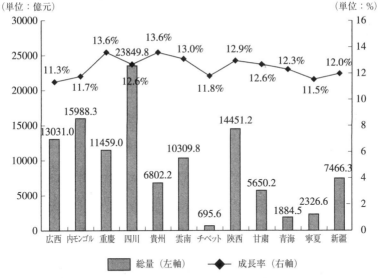

図2-3　2012年西部地域経済総量および成長率の推移図

調和をとれて共存する地域発展構造を目指す」とされた。地域発展の全体戦略は中国将来の地域発展の全体方向を明らかに示しているが、主体機能区戦略は地域空間開発における秩序と方式を明確にしている。二大戦略の相乗効果で、中国の地域間の連携と調和に基づく発展の完全な戦略的構造が形成されてきている。

2008年以降、中・西部地域の経済成長率は5年連続で全国平均水準を上回っており、中国の経済版図に重要な変化が生じている。2012年のデータによると、貴州、重慶、雲南などの省・市の経済成長率は全国トップ3であった（図2-3を参照）。全体的にみると、中国経済成長の中心は少しずつ中・西部地域へ拡大し、中・西部における一部の重点地区は地域発展を下支えする役割が増強されている。一方で、中・西部地域の持つ総合資源の優位性、産業基礎、技術優位性、構造転換・イノベーション・持続可能な発展をより一層重視する理念は、金融業を含む各業界に幅広い発展空間をもたらし、地域間の連携と調和に基づく発展戦略の実施を有効に後押している。

このほか、「一帯一路（シルクロード経済ベルトと21世紀海洋シルクロー

ド）」、京津冀（北京－天津－河北大都市圏）協同発展、長江経済ベルトという三大戦略も速いスピードで実施されているため、地域間の経済成長構造および協調発展に重要かつ喜ばしい変化が生じている。新常態の下で、経済福祉が包摂・共有へ向かうのはもはや長期的トレンドであろう。

3　新常態下の経済福祉、包摂・共有へ転換

　都市と農村関係の変化および地域間の連携と調和に基づく発展などでみると、経済福祉の不均衡から包摂・共有への転換は、新常態下の長期的トレンドになる。「包摂」の主旨は共有であること。包摂的な発展は決して経済成長のために手段を選ばないことでなく、合理的な制度を用意し、公平・正義の方式を通じて、発展の成果をより多くの大衆とりわけ社会の弱者集団に行き渡らせるようにし、新たな成長の基礎を築いていくことである。

　発展が不均衡で、利益構造が多様な社会において、包摂と共有を提唱することは、決して全ての差別を無くし、平均主義という「親方日の丸」型の道に引き戻すことでなく、貧富の格差や特権による独占などの悪い現象に屈することでもない。なぜなら、両者はいずれも発展の活力を抑え、社会問題を引き起こすからだ。包摂的な共有とは、合理的格差を正視したうえで、パイを増やし、パイをきちんと分けるという新たな道を切り開くこと、人々が平等に発展する環境を作り、公平に競技する舞台を創出すること、真の才能や学識の持っている人には出世する機会を与え、より多くの人に教育や医療などの上質な資源を提供し、一般労働者には所得分配からより多くの実利を得られるようにしていくことである。

　経済福祉の包摂への転換を実現するには、社会公平・正義を不断に促進し、人民福祉を絶えず充実しなければならない。ここで言う社会の公平と正義の促進および人民福祉の充実とは、最広範な人民の根本的利益に基づき、社会発展の水準、社会の大局、人民全体の視点から問題を考え、対応していくことを言う。現段階の中国が抱えている、公平・正義に反し、人民の福祉の充実に不利な現象の多くは経済成長にともなう問題であり、発展の一層推進を通じて、制度の用意、法律のルール化、政策の支持によって解決できるものだ。このため、

経済建設をより中核と位置づけ、経済の持続的かつ健全な発展を推進し、パイを一段と増やし、社会の公平・正義を保障するためのさらなる堅固な物的基礎を築くべきである。これは、決して経済発展の目標が達成されてからこういった問題に取り組めばよい、と言っているわけではない。パイをどんどん増やしていくと同時に、パイをちゃんと分ける必要もある。

　中国には従来から「寡(すくな)きを患(うれ)えずして均(ひと)しからざるを患(うれ)う」という考え方がある。経済の不断なる推進を踏まえ、社会公平・正義の促進に対応し、力を尽くしながらも力相応に行動し、全ての人民に「学びある所に教育を、労働ある所に得るものを、病ある所に医療を、老いある所に養老を、人の住む所に住まいを」提供するという点で、新たな進展がみられるように努めなくてはならない。

　経済福祉の不均衡から包摂・共有への転換を実現するには、制度の改革・刷新がカギとなる。どんな発展水準においても、制度は社会の公平・正義を実現し、包摂・共有および共同裕福を実現するための重要な保障である。制度の刷新を通じて、人為的要因による公平・正義に反する現象の発生を克服し、人民の平等参加・平等発展の権利を保障する。社会の公平・正義の促進、人民福祉の充実を鏡とし、各方面の体制・メカニズムおよび政策・ルールを入念にチェックする。社会の公平・正義の発展に符合しないところに改革のメスを入れ、問題の突出する分野を重点的に改革する。制度の不都合による不公平・非正義の問題への早期解決に取り組むことによって、中国の制度が社会主義の公平・正義原則をよりよく体現し、最広範な人民の根本的利益の実現・保護・発展により一層有利になるようにする。

第 3 章

戦略的冷静さと平常心を保つ──新たな思考と理念

習近平総書記は、「我が国の経済発展はなお重要な戦略的チャンスの時期にあり、我々は自信を強め、目下の経済発展の段階的特徴に基づき、新常態に適応し、戦略的平常心を保つ必要がある。戦術では、各種リスクに対して高度に重視・防御し、早期に計画を立て、事前に準備を行い、対応措置を速やかに講じることによって、マイナスの影響を最小限に抑える必要がある。[*1]」と提起した。経済新常態の達成は決して容易なことではなく、自然に実現するものでもなく、艱難なる努力・奮闘を払ってこそ達成できるものだ。今後一定の期間に、中国は安定の中で前進を求めるという政策の総基調を堅持し、戦略的平常心を保つうえで、各種の不確定要因による衝撃にしっかり対応し、名実ともに水増しのない経済成長を達成する必要がある。また、戦術では能動的に行動を起こし、経済構造の最適化・高度化を積極的に推進し、改革の全面的深化を確固不動に進めなければならない。

第1節　安定の中で前進を求める政策総基調の堅持

　現在、国際的に政治・経済を取り巻く環境が複雑に絡み合い、国内では経済運営が絶えず新しい状況・変化に追われ、中国の経済発展に新たな試練を与えている。この目まぐるしい情勢変化の下で、冷静さを失わず、足元を盤石にして、リスク・試練に果敢に挑み、困難に立ち向かい、奮い立って経済発展を推進する必要がある。当面の経済・社会環境の安定化を保つことは、社会主義現代化と改革・開放の根本的要求である。

1　政策の総基調を堅持する必然性

　安定の中で前進を求めることを堅持するのは、ここ数年党・中央が確定した政策の総基調である。2015年の中央経済工作会議では、経済新常態に能動的に適応し、安定の中で前進を求めるという政策の総基調を堅持し、経済成長の累積・効率を中核に据え、経済運営を合理的区間に維持し、発展方式の転換と構造調整

---

*1　「改革の深化、優位性の発揮、思考の革新、統一的計画・調整で、持続可能で健全な成長と調和で安定な社会を維持」『人民日報』2014年5月11日

をさらに重要と位置づける、と提起された。「安定の中で前進を求め、科学的な発展を堅持しさえすれば、中国はきっとより長い期間で、よりハイレベルの、より高質な発展を実現できる」。「安定の中で前進を求める」という基調は当面の内外経済情勢に対する科学的な判断である。現在「中国は依然として重要な戦略的チャンスの時期にある」が、「この重要な戦略的チャンス期をめぐる国際環境の内在的要素・条件に大きな変化が発生している」。今中国が迎えるチャンスは内需の拡大、イノベーション能力の向上、発展方式の転換を求める新しいチャンスだ。しかし現在の中国では、経済成長の自発的原動力に力強さがなく、国内産業の成長エンジンが弱体化し、従来の比較優位を失いつつあり、実体経済のけん引力も不足している。経済構造は転換・高度化を図る肝心な時期に入っており、経済体制の改革と刷新はなお必要だ。と同時に、経済・社会の矛盾が絶えず顕在化するので、発展方式を転換し、改革・刷新を行うことは必然な流れとなっている。

　習総書記は、現在安定の中で前進を求めるという政策の総基調を堅持し、健全で持続可能な経済発展を絶えず促進する必要がある、と一貫して強調している。安定の中で前進を求めるという総基調は発展経験の総括であり、内外の情勢変化に対応するための要求であって、改革の全面的深化に必要なものでもあり、中共中央が経済活動を導く弁証法を体現している。「安定」とは、物事が安定した状態を指し、「前進」とは物事が変化する状態を指す。安定の中で前進を求めるとは物事の静と動が弁証的に統一された状態のことを言い、漸進的発展方式を採用することがカギとなる。また、「安定」は安定成長、安定したマクロ経済運営のことで、政策の前提と基礎となるが、一方の「前進」は経済発展方式の転換、より高い質の経済成長のことで、政策の方向と目標になる。「安定」があってこそ、発展方式の転換のために有利な外部条件をつくれる。一方で「前進」があってこそ、経済成長の新たな基礎を絶えず打ち固め、経済成長の質・効率を向上し、レベルのより高い、対価のより少ない、より持続可能な成長を達成することができる。したがって、消費の基礎的作用、投資の基幹的作用、輸出の支援的作用を十分に引き出し、均衡のとれた安定成長を推進しなければならない。

　安定の中で前進を求めることを堅持しようとするには、経済発展方式の転換

スピードを上げる過程で科学的発展というテーマを際立たせたうえで、安定成長とインフレ・コントロール、構造調整、民生の保障、改革の推進、社会調和の促進をより一層結びつけなければならない。「安定」と「前進」は弁証的に統一されて互いの条件になるもので、「安定」があってこそ、さらに科学的に発展し、持続的に前進することができる。経済活動を運営する際に、安定・前進・改革の関係を正確に処理し、時機を見計らい情勢を推し量ってから行動をとり、「静」には冷静さがあり、「動」には秩序があり、「改」には実効があるようにしなければならない。習総書記は、改革と発展の安定化を保つ均衡点を精確に把握し、短期目標と中長期発展の均衡点をしっかり見出し、経済・社会の発展と人民生活の改善との結合点をきちんと把握する必要がある、と述べた。改革と発展の安定化を保つ均衡点を精確に把握することとは、改革の力加減、発展速度、社会の負荷受容能力を意識的に統合して考えることであり、短期目標と中長期発展の均衡点をしっかり見出すこととは、（中央政府の上層部が）グランド・デザインをきちんと描くと同時に当面の実践活動も重視することだ。経済・社会の発展と人民生活の改善の結合点をきちんと把握することとは、家計所得が経済発展とともに伸びるように推進し、改革・発展の成果が国民全体に行き渡ることである。

　安定の中で前進を求めるには、マクロ政策の安定化、ミクロ政策の柔軟性、社会政策の支援を堅持しなければならない。マクロ政策の安定化とは、積極的財政政策と穏健な金融政策を保持し、構造調整を確固不動に推進することである。政策の安定化の目的は市場での期待を安定させることだ。ターゲットを絞った限定的調整を行うことを重視し、短期的景気刺激策による経済成長のけん引に頼らず、改革・市場に基づいた発展推進を依り拠にする。ミクロ政策の柔軟性とは、市場経済の法則に準拠して活動し、問題解決を中心に据え、すでに打ち出した各政策・措置の遂行スピードを上げ、市場主体の自発的原動力を増強することである。社会政策の支援とは、民生の絶えまぬ改善、社会ガバナンスの一層刷新、基本民生（最低限の生活が維持でき、社会で最小限の発展機会を得られること）の確保、社会保障の強化、社会安定のためのセーフティネットをしっかり構築することだ。物事の根源で言うと、安定の中で前進を求めること

は科学的発展を実現するための大局的方針であるが、歴史の角度でみると、安定によってこそさらに科学的に発展し、持続的に前進することができる。

過去30数年間、中国はまさしく足場を固めながら着実に物事を進め、社会主義現代化事業を絶えず推進するやり方で、世界が刮目する輝かしい改革成果を上げた。現在、中国の経済総量は世界2位となっており、社会は中・低所得国から中・高所得国へ移行する発展段階にあり、経済発展は新たな状況を迎えている。このことは中国にしっかりした足取りで前進することを求め、勇み足をしてはならず、停滞をしてもならない。安定の中で前進を求めることを堅持するには、改革による要求を科学的発展、政治の安定、社会の調和という要求と軌を一にしなければならない。改革のグランド・デザインおよび理論的論証を人民大衆のパイオニア精神と結びつけて、新たな社会矛盾の発生を抑制・回避し、安定・改革・発展の三者が歩調を合わせて進めるよう保つ必要がある。

2 安定かつ健全な発展という根本的基調を堅持

安定の中で前進を求めるという総基調にある「安定」とは、マクロ経済政策の連続性と基本的安定性を保ち、穏やかな経済発展を維持することであり、総合的に施策し、物価総水準の基本的安定を守り、インフレーションの上昇を防ぎ、市場期待の安定を保持することであり、社会の各種の矛盾を効率的に解消し、社会の調和・安定を促進することでもある。「安定」を中心に据える経済政策は経済の一段となる健全な発展に資する。

第1に、安定成長を保つ必要がある。近年、中国経済は一貫して高度成長を維持しているが、スピードが速くて規模が大きいわりに質と効率は高くない。中国はすでに発展方式を転換し、経済構造を調整する肝心な時期に入っている。成長速度の低下は避けて通れない。しかし、成長速度の相対的安定を維持することは、雇用の保障にとって必要欠かせないものだ。成長速度が低すぎると、市場の期待・自信に影を落とし、様々な社会的矛盾を引き起こしかねない。したがって、高すぎる成長速度を求める必要がなく、合理的経済成長を抑制する必要もなく、肝心なのは成長の質・効率を重視することである。

第2に、物価の安定を保つ必要がある。物価は民生や社会大局の安定に関わる

ものだ。物価が低すぎると、経済は後退に陥るが、物価が高すぎると、経済は均衡を失う。中国は中・低所得者の人口割合が高く、物価の激しい変動に対する受容能力が低い。中国は現在インフレーションの上昇圧力が依然大きく、労働力・土地などの生産要素と農産品は価格上昇に追われ、輸入インフレーション圧力も強まっている。加えて2013年の価格上昇による残存効果で、物価コントロールの任務はかなり重い。

第3に、雇用安定を保つ必要がある。雇用拡大は民生事業の最大関心事項である。現在雇用情勢は依然厳しく、労働力就業の総量的矛盾と構造的矛盾が併存しているし、大学生の就職、出稼ぎ農民工の就業、リストラ労働者の再就職といった問題が絡み合い、大きな雇用圧力を形成している。世界経済は低空成長を続けているし、中国経済は下押し圧力と相対的過剰生産能力との矛盾が突出している。企業では生産・経営コストの上昇とイノベーション能力不足の問題が併存し、都市新規雇用増の任務は甚だ困難である。したがって、雇用情勢の総体的安定を確保するために、雇用を経済活動の最優先問題と位置づけ、雇用チャネルを拡大しなければならない。

第4に、農業の安定を保つ必要がある。農業は国民経済の基礎であり、農業の衰退は経済社会の不安定要因になる。当面、内外を取り巻く発展の環境が複雑に絡み合い、不確定要素が日増しに増え、農業の安定的発展の重要性が顕在化している。農業を安定するにはまず食糧を安定しなければならない。現在中国の食糧は毎年増産しているが、需給関係はなお「総量的に基本均衡を保てるが、構造的に不足がくすぶる」状態にある。その根本的な原因は、農業の総合生産能力の向上が農産品の消費需要増に追いつかないことである。食糧のさらなる安全を保障するために、農業に対する支援・保護に一段と力を加え、農業の基礎を固め、強化する必要がある。

第5に、輸出の安定化を保つ必要がある。輸出の安定化は、製造業大国としての中国の地位を安定させ、外資企業での就業を確保すると同時に、過剰生産能力を消化するためである。現在、輸出情勢は予断を許さず、世界主要国の総需要は依然不足しているし、各種貿易保護主義の台頭が広がっている。東南アジア諸国の輸出競争力が上昇している中で、中国の輸出競争力の優位性とりわ

け労働力のコスト優位が低下傾向にある。輸出の安定拡大を図ろうとするには、多様な輸出戦略を実施し、潜在的市場を育成し、新たな輸出競争力の優位性を早期に確立しなければならない。

第6に、社会の安定を保つ必要がある。各種矛盾や潜在的リスク要因を効果的に解消し、社会の調和・安定を促進するべきである。社会大局の安定は各事業が捗るための前提条件である。これには、政治意識・憂患意識・責任意識を強め、社会の安定に影響を及ぼしかねない内外の要因に注意して見守り、不安全な要素を未然に防ぎ、人民が楽しく働き、豊かに暮らし、健やかに発展できるようにしなければならない。社会の安定があってこそ、発展に必要なしっかりした土台ができる。

3　改革・イノベーションの基本方向を堅持

安定の中で前進を求める「前進」とは、中国の発展における重要な戦略的チャンスの時期を活かして、経済発展方式の転換において新たな進展を遂げ、改革・開放の一層推進において新たな成果を残し、民生改善の面で新しい効果を上げることだ。これを達成するには、改革・イノベーションの意識を経済・社会発展の各分野・部門に浸透させ、改革の全面的深化を図り、市場の活力を奮い立たせるように注力しなければならない。さらに、構造調整のスピードを上げ、経済発展の質・効率を着実に向上し、画期的成果を創出するようにイノベーションに果敢に挑み、改革をもって発展を促進し、民生を改善するようにするべきである。

第1に、改革・イノベーションを強化しなければならない。改革は発展にとって無尽蔵な原動力である。30年余りの改革・実践を経て、中国は社会主義市場経済の体制移行に成功し、労働が解放され生産性が大いに向上された。したがって改革を引き続き深化させ、利益関係の調整と資源・生産要素の配分を強化するように注力する必要がある。重点として、①政府と市場の関係をきちんと処理し、市場経済体制の整備と行政管理体制改革において新たな進展を遂げる、②規制緩和と権限の地方委譲を堅持し、資源配分における市場の決定的役割を最大限に発揮し、生産要素の自由な流動と市場主体の自主的経営のため

によりよい環境を整える、③マクロ経済に対する政府の介入を減らし、行政審査・許認可の項目を縮減し、「権力を制度のカゴに閉じ込める」*2、ことである。現在、改革はすでに難度の高い分野、難関を越える時期に入っているため、グランド・デザインと全体計画のさらなる強化が必要に迫られている。

第2に、経済構造の調整スピードを上げなければならない。経済構造の戦略的調整は、発展方式を転換するための重要な方向となる。これには、政府のマクロ・コントロールと市場メカニズムの併用法を採用し、ストック調整とフローの最適化を同時に行い、地域化・産業の差別化（による競争）政策を導入する必要がある。具体的に、①超過供給・高エネルギー消費産業を減すのみならず、サービス業・現代農業・戦略的新興産業を早期に発展させる、②過剰生産能力の縮小・消化のスピードを上げ、東部沿海地域におけるイノベーション主導戦略による遊休資産（ストック）の活用を奨励する、③中西部地域の発展推進によるフローの増加を支援し、地域の連携発展を実現する、ことが必要である。

第3に、民生を絶えず改善しなければならない。人民生活の弱体化は社会矛盾を拡大するだけでなく、経済発展にも影響を及ぼすことになる。現在、中国の民生問題は依然として際立っており、民生の突出した問題を解決することは社会消費を促すだけでなく、政府の社会的信頼性・結束力の向上にもつながるので、低所得者層の基本生活を重点的に保障し、政府財政補助を強化すると同時に、広範な人民大衆が労働を通じて富を得られるように積極的に支援する必要がある。

第2節　戦略的冷静さと平常心の保持

習近平総書記は、「我が国の経済発展はなお重要な戦略的チャンスの時期にあり、我々は自信を強め、経済・社会発展の段階的特徴に基づき、新常態に適応し、戦略的平常心を保つ必要がある*3」と述べた。中央経済工作会議は、中国経済発展の段階的特徴を全面的に分析したうえに、経済発展の新常態を科学的に

---

*2　訳注：権力への制約と監督を強め、権力の正しい使用を保証すること。
*3　「改革の深化、優位性の発揮、思考の革新、統一的計画・調整で、持続可能で健全な成長と調和で安定な社会を維持」『人民日報』2014年5月11日

認識し、正確に把握し、それに積極的に適応し、正しくリードしていく必要があると提起した。と同時に、2015年の中国経済活動に対する全面的な体制準備も行った。これらの分析は中国の経済発展段階における新たな変化を示し、習総書記をはじめとする党・中央の深遠なる戦略的眼力および冷静沈着な政策決定力を表し、戦略と実践の二つの面から新常態を正しく認識し、積極的に対応するための理論的根拠を提供している。

1　戦略的平常心を保つ

　中国の経済新常態は、本質的に構造調整、エンジン転換、質・効率の向上を図るプロセスである。これに対し戦略的平常心を保つこととは、この態勢を客観的に分析し、理性的に対処することだ。新常態を認識し、新常態に適応し、新常態をリードしていくことは、現在および今後一定の期間における中国経済発展の大きな客観的法則（ロジック）である。

　世界経済の発展でみると、発展速度のギアチェンジは普遍的な法則である。特に高度成長から中高度成長へ、ひいては中低度成長へ移行することは経済発展の常態となっている。すなわち、ある国・地域の経済発展が一定期間の高度成長を経験すると、いずれ成長速度の「ギアチェンジ」という壁にぶち当たる。西側先進国の多くも例外なく、8％以上のGDP成長率から一気に4％前後へ落ち込んだ。1950-1972年、日本経済は9.7％の高度成長を維持したが、1973-1990年は4.26％の中度成長に落ち込み、1991以降はさらに中低度成長期に突入した。韓国、中国台湾などの地域も同様であった。現在、世界経済はなおリーマン・ショック後の深い調整期にある。2015年の世界GDP成長率はやや持ち直される見込みだが、景気の全面的回復および低迷状態からの脱却に力強さがみられず、国際金融市場の変動が激しく、国際商品の価格上下が大きく、地政学など非経済的要因の影響が拡大している。中国経済は新常態という形で国際経済の変化に対応せざるをえなくなっている。

　中国の経済発展でみると、成長速度のギアチェンジは経済の自己調整による必然的な結果である。30年余りの高度成長を経て、中国の経済総量は世界2位に躍進し、大きなステップアップを果たした。現在、中国経済は「三期重複（成

長速度のギアチェンジの時期・構造調整の陣痛期・過去の景気刺激策の消化期)」および深いレベルでの矛盾が顕在化する段階にあり、構造調整の圧力、資源・エネルギーによる制約の圧力、成長の下支えになる需要不足の圧力といった要因に直面している。潜在成長速度の低下、成長エンジンの調整は人間の意思によって変えられるものではない。経済を構造の転換・高度化、質・効率の向上という新段階に入るように推進させるのは発展の必然な流れだ。現在、中国の経済発展には新たな段階的特徴が現れている。経済はより高度な形態の、より複雑な分業の、より合理的な構造の段階に進化している。経済発展は新常態に入っており、成長速度は高速から中高速へ移行している最中で、発展方式は規模・速度の粗放な成長から質・効率の集約成長へ転換し、経済構造はフローの拡大からストック調整とフローの最適化が併存する深いレベルでの調整に変わり、経済発展のエンジンは従来の成長エンジンから新たな成長分野に移っている。

したがって、中国は発展速度のギアチェンジ、発展方式の転換、構造調整、エンジン転換といった経済新常態を前に、冷静さを失わず理性を持って、客観的に問題をとらえ、平常心を保つことが求められる。「増速へのコンプレックス」と「減速への焦燥感」を払拭し、成長速度の調整、質・効率の向上は法則であり大勢であると考える必要がある。さらに、戦略的平常心を持って、経済の安定運営を維持する下で、経済の質・効率の向上および経済構造の高度化を倦まず弛まず推進し、「速度を落としても勢いを落とさず」、「量を拡大し質を最適化する」ようにし、経済が従来の粗放な発展から高効率で低コストの、持続可能な発展へと転換するように推進しなければならない。

2　戦略的冷静さで問題対処

戦略的冷静さは、深遠な戦略的眼力を持って、心を静め、外界に影響されず、一時期の損得に惑わされず、一時の利益や一瞬の情緒、あるいは束の間の移り気で初志・目標・方向を変えることのないようにすることが求められる。戦略的冷静さを保つことは主に、初心を変えずに遠大な目標を追求し、泰然自若に

複雑な情勢に対処し、成竹を胸中に得て＊4 利益大局を計画・調整し、必勝の信念を持ってリスク・試練を解消する、といった点に表れる。戦略的冷静さを保持できるかは、一国・一政党の円熟化を測る重要なシンボルとなる。

　経済新常態を背景に、習近平総書記は特に戦略的冷静さを保持することを強調した。習総書記は2012年に開催された中央経済工作会議ではじめて「戦略的冷静さ」という言葉を使用し、「歴史を振り返ると、新興大国の台頭は必ず国際政治の再調整をもたらし、既成大国からの阻止に遭遇するものだ。このことは今後かなり長い時期にわたり中国の直面する重大な試練である。そのため、この戦略的変化の客観的必然性を十分に認識し、大国関係の変化の特徴をきちんと把握し、戦略的明晰さと冷静さを保たなければならない。我々は歴史の鉄則を胸に銘じるべきだ。すなわち、世界の政治・経済の枠組みを決定するのは所詮大国同士の力比べで、実力次第だということ。我々はエネルギーをやるべきことに集中し、総合国力の全面的向上を不断に推進しなければならない。こうしてこそ根源から国家の主権・安全・発展利益を保障することができる」、と語った。

　習総書記はさらに、「今後かなり長い期間、初級段階にある社会主義は生産性のより高い資本主義と長期的に協力・闘争する必要があり、資本主義の創出した有益な文明成果を真剣に学び、参考にしなければならない。場合によって、西側先進諸国の長所で我が国の社会主義発展の不足と比較され、非難される現実にも直面しなければならない。我々は強い戦略的冷静さを持って、社会主義に対する様々な間違った主張を断固として制止し抛り捨て、段階を超越した間違った考え方を意識的に是正すべきだ。最も大事なのは、やるべきことに専念し、総合国力の絶えまぬ増大や人民生活の不断なる改善に注力することであり、また主導権を獲ち取り、優位性を確立し、未来を創出するために一段と堅固なる基礎を築くことである」、と指摘した。

　経済が新常態に移行する背景の下で、内外を取り巻く情勢が目まぐるしく変化するので、経済発展のプロセスと態勢は邪魔されがちになる。新常態にきち

＊4　監訳者注：故事成語。「あらかじめ準備して、成算が十分あること」

んと対処できない可能性は2種類ある。①冷静さを欠き、強力な景気刺激策を新たなに打ち出してしまう。その結果、債務レバレッジが一層悪化し、一部の地域や個別の経済分野が火に油を注がれた形で、将来の経済に大きな変動要因をもたらすこと。②予想ミスで、やや刺激的政策の微調整力が足りず、経済のボトムライン（下限）を固守できず、あるいは地政学による政治的衝突に影響され、エネルギー供給が頓挫し、経済成長が下限を滑り出すことである。

　したがって、経済新常態下のリスク・試練を前に、習総書記は戦略的冷静さの増強を再三にわたって強調した。具体的には、次のとおりである。①戦略的明晰さを保たなければならない。経済新常態の下で、各種の抵抗力と試練は避けて通れないものだ。「大事にも動じない」冷静さ、「浮雲が視界を遮ることを恐れない」毅然さ、「長い目で事物を見る」気概が必要になる。②戦略意識を強化しなければならない。大局に目を向け、大勢を計り、主流と支流を弁えて、経済発展の中心問題と主要矛盾をしっかり把握したうえで、科学的な政策決定を行い、ターゲットを絞って限定的に施策する。また、大局マインドを駆使して、（視線を）一点から全体へ移し、大局を重じる。さらに、先を見通す眼力を養い、発展の動向を洞察し、一時一事の束縛から解き放ち、能動的に大局を計り時勢を布陣し、先手を上手に打ち、仕掛けを積極的に施す。③「下限マインド（合理的区間の下限を固守する意識）」をしっかり確立しなければならない。あらゆることに対し備えあれば患いなし、大事にも慌てぬようにし、主導権をしっかり把握し、最善の結果を勝ち取るようにベストを尽くす。経済新常態の下で、各レベルの幹部は、マクロ政策・措置の制定からミクロレベルの仕事計画の実施までのいずれの段階においても、脆弱な分野を正確に見つけ出して、それに基づいて越えてはいけない最低ライン、すなわち安定成長、雇用維持の「下限」、インフレーション防止の「上限」を含む経済のボトムラインを設定することが求められる。詳細は、①経済リスクの下限を固守し、リスクの蓄積・発生・進展の動向に注意して見守りながら、フローを厳しくコントロールし、問題ごとに対応し、タイプごとに施策し、段階的に解決する、②環境保護の下限を固守し、グリーン・低炭素・循環型発展という新方式の確立を推進する、③民生の下限を固守し、民生改善と社会建設をより一層重視する、こと

である。一方で、戦略的冷静さを増強すると同時に、困難・試練をより十分に見積もって、リスク防御措置をより周到に講じて、中国経済が新常態の道程で「転ばず、停止せず」ようにして、成長速度の緩やかなギアチェンジを実現させる。

3　自信のさらなる増強で新常態に適応

戦略的冷静さを増強することは、決して盲目的に楽観することではない。その背後に、中国経済・社会の発展に対する冷静な判断と自信があるからだ。新常態の下で、中国の経済発展は依然として新たなチャンスが巡ってくる。中高度成長を維持するための好ましい環境があるうえに、健全かつ持続的に発展するための多様なエンジンも備わっている。

第1に、経済成長の基礎でみると、新常態の下で成長はスピードダウンしたものの、実際の経済増加分は依然大きい。30年間余りの高度成長を経て、中国の経済総量は昔と比べられないほど拡大している。2013年のGDP増加分は1994年の年間GDPに相当し、世界17位にランクインした。たとえ7％前後の成長率でも、成長速度にしても経済総量にしても、世界の上位に入っている。習近平総書記は2014年APEC CEOサミット開幕式における基調講演のなかで、「中国経済の強靭さはリスク防御にとって最強な土台だ。現在確定している戦略および既存の政策方針に基づけば、我々は現れうる様々なリスクに対応していく自信を持っているし、その能力もある*5」と明言した。

第2に、経済の成長エンジンでみると、新常態下、経済はより一層安定化し、経済を下支えする成長エンジンも一段と多様化する。現在、中国は依然として工業化・都市化の高度成長の時期にあり、市場発展に余地があり、新しいタイプの工業化・情報化・都市化・農業現代化も同歩調で推進されているため、市場自体が拡大できるだけでなく、経済の質・効率の大幅な向上や成長にともなう各種課題の解消にもつながる。特に中国では都市と農村との格差、地域間の格差が大きいので、安定成長に大きく貢献している。経済は輸出依存による外

---

*5　習近平「永続的発展を追求し、アジア太平洋の夢を共に築く―アジア太平洋経済協力（APEC）CEOサミットの開幕式における基調講演」『人民日報』2014年11月10日

部リスクを避けるため、国内の消費需要により多く依拠する。特に党の18期三中全会以降、中国は改革にエンジンを求め、構造調整や民生改善にエンジンを求め、技術革新にも成長エンジンを求めるように注力してきたので、改革は各方面で秩序立てて有力に推進されている。2014年1-3月期でみると、中国の経済運営は安定の中で前進し、安定の中で好ましい方向に向かう態勢を保っており、マクロ・コントロールが期待する方向に向かって進んでいる。

　第3に、経済構造でみると、新常態下、中国経済は構造の最適化・高度化が図られ、経済成長はより穏やかになる見通しだ。ここ数年、中国は経済構造調整に力を入れ、経済の質・効率の向上に注力してきた。2014年1-9月期の最終消費の対GDP貢献率は48.5％と、投資のそれを上回っており、サービス業の付加価値のGDPウェイトは46.7％と、引き続き第二次産業を凌いでいる。ハイテク技術産業と装置・設備産業の伸び率はそれぞれ12.3％と11.1％で、産業平均水準を明らかに上回っていた。エネルギー消費のGDP原単位は4.6％減であった。これらのデータから、中国の経済構造に大きな変化が生じており、質がより良くなり、構造がより最適化されていることが窺える。

　したがって、中国経済が新常態に移行することは、「足を止める」ことでなく、「ギアチェンジ」を行うことだ、と自信を持って言える。中国経済にはかなり長い期間の中高度成長を維持するための条件があるし、能力も備わっている。これは空論でなく、堅固なる基礎が後ろ盾になっている。新常態を前に、中国は自信を強め、チャンスをしっかり掴まえ、経済に現れる好ましい変化に目を向ける一方、中国の持つ中長期的優位性にも注目し、中高度経済発展を維持する自信を絶えず増強していくべきだ。

4　発展を堅持、能動的に行動

　習近平総書記は、新常態に対応するための戦略的心構えと戦略的マインドを明示しただけでなく、新常態に適応するための具体的な戦術的要求も提起した。すなわち「新常態は新たな矛盾や問題をともない、一部の隠れたリストが徐々

に顕在化してくる*6」ことだ。これらを冷静に受け止め、とりわけ経済運営が直面している困難に目を向き、経済の低下傾向を誘発しリスク拡大を招く恐れのある小さな変化にも積極的に対応し、能動的に行動を起こす必要がある。

習総書記は、「新常態に適応できるかは、改革の全面的深化の推進力にかかる*7」と語った。新常態に適応するには、一方では着実に物事を進め、慎重に行動し、安定の中で好ましい方向に向かう発展態勢を固め、経済・社会の大局の安定を促進し、改革の全面的深化のために環境を整える必要がある。また一方では、改革の全面的深化を積極的に推進し、問題解決を軸足に据えることを堅持し、画期的成果が創出するようにイノベーションに果敢に挑み、改革をもって発展を促進し、経済の方式転換・構造調整を進め、民生の改善に注力しなければならない。

第1に、改革の深化に発展のエンジンを求める。改革を深化させるのは新常態に適応するための根本的な道筋である。習近平総書記は2013年9月の党・中央による共産党外人士（党外の著名人との）座談会で次のように述べた。改革を全面的に深化させるには強い問題意識がなくてはならない。重大問題の解決を軸足に据え、重大な問題と肝心な問題をしっかりとらえ、検討に検討を重ねたうえで答えを導き、中国の発展が直面する一連の突出した矛盾・問題の解決推進に注力する。改革の推進スピードを上げ、改革の全面的深化を通じて政府機能転換の不十分なところや市場メカニズムの不完全な部分、企業改革の不徹底といった体制・メカニズムの不足部分を補う必要がある。改革は問題解決を中心に据える必要があり、経済発展を制約する突出した分野から着手し、新常態に適応し、新方式を育成することをめぐって改革を深化させ、改革と発展の好ましい相互影響を形成し、委譲すべき権利を徹底的に地方政府に委譲し、整えるべき環境をきちんと整え、制定すべき規則をきちんと制定することによって、市場の秘めた活力を最大限に奮い立たせなければならない。

第2に、マクロ・コントロールの刷新に助力を求める。マクロ・コントロールにおいては、マクロ・コントロールのマインドと方式を刷新する必要がある。

---

*6 習近平「永続的発展を追求し、アジア太平洋の夢を共に築く―アジア太平洋経済協力（APEC）CEOサミットの開幕式における基調講演」『人民日報』2014年11月10日

*7 習近平「永続的発展を追求し、アジア太平洋の夢を共に築く―アジア太平洋経済協力（APEC）CEOサミットの開幕式における基調講演」『人民日報』2014年11月10日

マクロ政策の安定性、ミクロ政策の柔軟性、社会政策のバックアップという総体的考え方を堅持し、マクロ経済政策の連続性と安定性を保ち、積極的な財政政策と穏健な金融政策を引き続き実行する。積極的な財政政策には力強さを求め、金融政策には緩和と引き締めの適度な綱引きをより一層重視する必要がある。安定成長と構造調整の間でバランスを保ち、「三頭立て馬車（投資・消費・輸出を重視するトロイカ体制のこと）」が一段とバランスよく成長をけん引するように促す。また、構造的調整を堅持し、区間コントロールを確保し、成長維持の下限を固守して、方式転換・構造調整・リスク防御を一段と重要な位置につけ、経済活動の注力点を方式転換・構造調整に確実に移す。強力な景気刺激策を採用せず、急激なアクセルも踏まない。ターゲットを絞った限定的なコントロールを行い、経済構造の中核分野と脆弱部分をしっかり見定めて、照準を合わせて力を発し、「頭が痛めば頭を治療し、足が痛めば足を治療する」というような部分対処法を採用しない。統一的計画・調整を堅持し、安定成長・改革促進・構造調整・民生改善・リスク防御を統一的に計画し、経済の下押し圧力への対応と質・効率の向上促進を総合的に考え、マクロ・コントロールの効果がより持久的になるようにする。

第3に、民生の改善に潜在力を求める。民生の改善は経済発展の目的であり、新常態の発展を推進する巨大な潜在力でもある。大まかな試算によると、中国都市・農村住民の名目消費の規模は2020年までに45兆元に達する見込みだ。それに関連する投資需要を加え、2020年の内需規模は100兆元弱と予想される。経済新常態の下で、引き続き下限を固守し、重点を突出し、制度を改善し、世論を誘導するという視点に照らし、教育、雇用、所得分配、社会保障、医療・衛生、住宅、食品安全、安全生産といった分野を統一的に計画・調整し、民生の改善に関する各種事業を着実に推進するべきだ。また重点的・効力的・持続的な取り組みを通じて、経済発展と民生改善の好ましい循環を実現し、経済成長に対する内需のけん引力を確実に増強する。

第3節　リスクの高度重視と防御

　習近平総書記は、新常態の下で、「戦術で各種リスクを高度に重視・防御し、早期に計画し、事前に準備を行い、相応の措置を取り、マイナス影響を最小限に抑える必要がある」*8 と述べた。経済成長の低下という背景の下で、財政収入の縮減や企業収益増加幅の減少にともない、生産能力の供給超過の産業、地方政府の融資プラットフォーム、不動産市場、金融分野における潜在的リスクが顕在化し、各種の矛盾・リスクによる試練も著しく増える。これには、新常態に適応し、能動的に行動を起こし、新常態段階における経済・社会の抱える様々なリスクに対して冷静に受け止め、下限マインド（経済成長の合理的区間の下限を固守する意識）に基づいた科学的予見能力を一段と発揮し、憂患意識・リスクマインドを強め、事前に準備を行い、リスク解消の体制とメカニズムを構築し、その健全化を図り、経済・社会に現れうる多重のリスク・試練にすすんで対応していかなければならない。

1　下限マインドの上手な利用

　習総書記は、下限マインドの方法を上手に利用して、あらゆることに対し、最悪の状況を想定して準備を行い、最善の結果を勝ち取るようにベストを尽くす。備えあれば患いなし、大事にも慌てないようにし、主導権をしっかり握る必要がある、と述べた。下限マインドを固守することは、複雑に絡み合う目下の情勢に対応していく科学的な方法であり、経済の新常態に適応するための対策的理念でもある。下限マインドを上手に利用するには、「守るべきこと」と「切り捨てるべきこと」の有機的統一を堅持しなければならない。

　第1に、下限マインドとは「守るべきこと」を求める、すなわち各種のリスク・試練に対し、最悪の状況を想定して準備を行い、合理的区間の下限（最低ライン）を固守することだ。中華民族の偉大な復興という「チャイナ・ドリーム

---

*8　「改革の深化、優位性の発揮、思考の革新、統一的計画・調整で、持続可能で健全な成長と調和で安定な社会を維持」『人民日報』2014年5月11日

(中国夢)」に近づくほど、改革事業が前進・発展するほど、遭遇する新たな状況や問題が増え、行く手に立ちはだかるリスクと試練も拡大していく。このような状況の下で、現在置かれている内外の状況、経済・社会全体の環境をしっかり見極め、下限マインドという科学的方法を用いて政策決定・問題処置のリスクを真剣に評価し、出現しうる最悪な状況を想定して、冷静沈着に行動をとり、最後の防御線(下限)を固守することが求められる。ここで言う下限には、安定成長・雇用創出の「下限」およびインフレを防止する「上限」といった経済発展を維持するボトムラインに加え、基本的社会保障の維持、特別貧困者の保護、公平促進といった民生保障の「下限」も含み、さらに耕地保護ライン(1.2億ha以上)、生態レッドライン[*9]、都市開発境界といった資源・環境の「下限」も含む。これらの「下限」は問題を考慮し、事業を推進し、政策を決定し、発展を計画する際に遵守すべき重要な基準であり、それに違反し基準を破ると、経済・社会に災難的な危害をもたらすので、揺ぎのないように固守しなければならない。

　第2に、下限マインドとは「切り捨てるべきこと」を求める、すなわち下限を固守することを踏まえ、当面に立脚して将来を計り、最高の結果を出すようにベストを尽くすことだ。厳密に言うと、新常態は相対的に安定する状態であるべきだ。しかし、中国経済はまだ安定で持続可能な発展の軌道に真に乗り上げているわけでなく、新常態に移行している最中だ。ここで言う「新常態」は相対的に脆弱な初級段階であり、多方面で計画し、科学的に対処することが求められる。一方で、小康社会の全面的構築、中華民族の偉大な復興という「チャイナ・ドリーム」の実現は、「守り」に依拠するだけでは守り切れないものだ。戦略的チャンス期をしっかり掴まえ、自信を増やし、能動的に行動を起こさなければならない。また、下限から出発して、不断に上限に近づけ、改革の足取りが俊足でありながらぶれずにして、発展を一段と高いところへと推進させなければならない。

＊9　訳注：生態保護レッドラインともよばれ、自然生態に関するサービスの機能、環境の質の安全、自然資源の利用などの面で、厳格な保護を実施すべき空間・境界の管理限界値のこと。

2　経済リスク防御に注意

　発展はあらゆる問題を解決するカギである。経済が安定かつ健全な発展をしてこそ、社会が長期安定に向かい、政府が発展に出くわす多重の問題に取り組む余裕ができる。したがって、各種リスクを重視し、防御するには、リスクの発生・趨勢に高度に注目し、増量（フローの増加）の厳格化、対応の個別化、施策の分類化、解決の段階化という原則に照らして、秩序立てて取り組むことが求められる。

　第1に、経済大局の基本的安定を保ち、システミックリスク*10を防御する。内外を取り巻く経済発展条件に著しい変化が発生し、中国経済の成長速度が明らかに低下する背景の下で、経済大局の基本的安定を維持するには、次のことが求められる。まず、周期的要因や構造的要因並びにそれぞれの要因が経済成長にもたらす異なる影響を科学的に区分し、周期的要因には一時的な短期措置で乗り切り、構造的要因には経済構造転換・高度化の一段となる推進を図り、それでもって健全かつ持続的な経済発展を実現する。また一方では、「下限管理・区間コントロール」を保持し、強い刺激的な景気対策を盲目的かつ安易に実行することなく、経済発展の不均衡・衰退を消極的・保守的に座視することもなく、経済発展の潜在力・現状に基づいて、経済運営の合理的区間を科学的に確定し、安定成長・雇用創出の「下限」を固守しながら、インフレ防止の「上限」をしっかりコントロールする。そうすることによって、経済が絶えず合理的区間で運営され、マクロ経済政策の基本的安定が保たれるようになり、発展方式の転換、経済構造の調整、改革・革新の推進、中国経済の高度化を実現するために好ましい経済環境を提供することができる。

　第2に、重点産業の基幹分野に注目し、局所的リスクの勃発を防御する。中国経済には巨大な強靭性、潜在力、挽回する余地があり、中央・各地方政府の行う措置は現在にだけでなく将来にも有利で、経済の大きな変動を防御する能力が備わっている。そのため、経済のシステミックリスクを発生させたり、

＊10　監訳者注：金融システム、経済システム全体に影響を及ぼす可能性のあるリスクのこと。

ハードランディングになる可能性は極めて少ない。だが、各産業・分野の発展段階、発展状況が相違し、リスク防御意識、リスクを食い止める能力もそれぞれ異なっているため、ある特殊な状況の下で個別産業と個別分野における局所的リスクの発生確率はなお高い。これに対して高度に警戒する必要がある。特定の業界・分野における局所的リスクを防ぐだけでなく、その誘発効果によるシステミックリスクの防御により一層注意し、経済発展の大局に危害を及ぼさないように気をつけなければならない。

中国経済運営プロセスにおける局所的リスクは主に四つの方面に集中している。すなわち流動性のリスク、不動産バブル、地方政府の債権問題、生産能力の過剰供給の問題である。これらのリスクはそれぞれが孤立した分野ではなく、シャドウバンキング、土地、地方政府の融資プラットフォーム、国有企業といった媒介を通じて互いに連動し合い、影響し合うため、短期的マクロ・コントロール政策の選択、中長期的構造調整ひいては改革の全面的深化の大局に影響を与えるので軽視できず、リスクを高度に重視し、上手に対処していかなければならない。

3　社会的リスクへの科学的対応

いかなる国家も一定の発展段階に差しかかると、多くの社会的リスクに直面することになる。世界的にみると、これは普遍的な法則だが、それでも各国の異なる歴史・文化・伝統および置かれている経済・社会の発展段階の相違によって、リスクのタイプや特徴がそれぞれ異なってくる。このことに科学的に対処するには、現段階の中国社会が抱えているリスクを明晰かつ全面的に把握する必要がある。

第1に、中国は現在、社会的リスクの高発生期にある。国際経験でみると、中国は今、中・高所得国の段階に入っており、この段階は世界各国の発展プロセスでみてもわかるように、様々な社会的矛盾・リスクが集中的に発生し、まさに「中所得国の罠」という言葉どおりに社会的リスクが頻発する時期である。中国の現状でみると、高度成長に蓄積されてきた見えざる問題の多くは成長速度の低下にともない浮かび上がりつつある。構造調整は深いレベルにおける利益構図の調整でもあるので、各種利益関係者による駆け引きや力比べが熾烈化

している。特に社会に重大な影響を与える情報化・個人メディアの発達という大きな時代背景の下で、たとえ個別の矛盾・衝突でも、ひいては不満情緒でも、いとも簡単に無限に拡大され、社会の懸念問題として注目され、場合には社会の普遍的な矛盾としてまで誇張されてしまう。これらの矛盾・リスクには予想し難い破壊力を孕み、早急に対処しないと、正常な経済秩序、社会の調和と安定に深刻なダメージを与えかねない。一部の学者が指摘しているように、中国は今「リスク社会」に入りつつあるので、多重の社会的リスクに真剣に向き合わなければならない。

第2に、中国の社会的リスクは主に国民の権利要求によって引き起こされる社会的矛盾に由来するものだ。西側先進国の前に立ちはだかっている環境・生態・人種差別問題といった長年存在しているが解決し難い社会的リスクと違って、中国は主に突発事件に現れている。中国は現在、空前の変革期にある。この大きな変革は経済・社会の発展と進歩に巨大な活力をもたらすと同時に、各種矛盾・衝突の不断なる蓄積も招き、最終的に突発事件の形で集中的に勃発してしまう。突発事件は種類が多く、性質が複雑で、持続時間が長く、波及範囲も広い。そのため、経済発展・公共秩序、ひいては人民の生命・財産の安全に深刻な危害を与える恐れがある。ここ数年、突発事件が頻発しているが、その根本なる原因は経済構造転換・社会移行の過程で生じた、不均衡・不調和・持続不可能といった様々な問題が長い間適切に解決されなかったため、矛盾が蓄積され、ついに勃発してしまったからである。中国政府は戦略的チャンス期をうまく利用して、新常態に適応するには、発展に対する人民の要望、保障に対する大衆の要求に前向きに応え、人民のための発展であり、人民の共有のための発展成果であるように確実に達成しなければならない。

4　憂患意識の増強

老子曰く「之を未だ有らざるに為め、之を未だ乱れざるに治む（まだ何事もないときに事を為し、まだ乱れないうちに事を治める）」。現段階において、経済・社会の抱える様々な困難・試練に対し、一方では改革の道路・理論・制度への自信を固め、党には人民をリードして難関を攻略し、困難に打ち勝ち、輝

かしさを取り戻す自信と能力がある、ということを信じる必要がある。また一方では、常に憂患意識を持ち、経済・社会の発展プロセスで現れうる多重の問題・試練を予め科学的に判断し、事前に準備を行い、早期に対処して、備えあれば患いなし、大事にも慌てぬようにしなければならない。

第1に、雇用維持は依然として中国経済活動の最重要課題である。中国の労働力市場は重大な変化を辿っている最中で、高齢化の進展はすでに経済の中長期的発展に影響を及ぼす重要な要因の一つとなっている。中国の16-60歳の生産年齢人口は2012年から減少傾向にあり、労働力供給の相対的余裕の局面が消え、労働力コストが確実に上昇している。都市化が急速に進み、「三つの1億人[*11]」のうち、2億は農村から都市への流入人口で、残りの1億人は「都市の中の村（城中村）」とバラック地区に住んでおり、そこには大量な失業人口が存在し、「ゼロ就業家庭」さえある。加えて毎年700万人超の高校卒業生が社会に送り出されているため、巨大な雇用先の確保が必要不可欠となっている。

一方で、労働者の職業技能の底上げも求められる。人口ボーナスの相対的縮減と巨大な就業ニーズが併存し、摩擦的失業と構造的失業が併存するという背景の下で、中国全体の雇用情勢はなお厳しいので、雇用という「民生の根本」には常に手を緩めず、取り組む必要がある。

第2に、資源・生態環境の制約が厳しくなっていく。スモッグ問題はすでに経済発展や住民生活に影響を与える「一大事件」となっている。スモッグは資源、生態、環境による制約問題の具現化であるだけでなく、生態系の最適化、環境の改善を求める大衆の声の集中的な反映でもある。氾濫の絶えない河川、地下水の汚染、土地の砂漠化・塩害・酸性化・重金属汚染などの問題は経済の持続的発展に影響を与えるのみならず、住民の生命・安全をも深刻に脅かしている。中国は「気候変動に関する国連枠組条約」「京都議定書」などの国際条約に参加し、2020年までに中国の単位GDP当たり二酸化炭素排出量を2005年比で40-50％削減するという目標を約束した。中国の生態・資源・環境の問題は

＊11 訳注：「三つの1億人」とは、約1億人の農業からの移転人口を都市戸籍に移し、約1億人が居住する都市バラック地区と「都市の中の村」を改造し、約1億人の中西部の農民を近隣の都市で就業させることを指す。

すでに内外から幅広く注目され、焦点となっている。環境問題に対する確実な対処は国際イメージや経済発展に関わるだけでなく、なによりも民生の根本にも関係するものである。

第3に、国家食糧安全を保障する。食糧安全保障には全体性と普遍性がある。食糧生産地域、生産・販売共存地域、販売地域における食糧の生産・加工・流通・備蓄を含む食糧産業の発展状況は、国家食糧安全保障の重要な基盤を構成している。したがって、食糧[*12]の「省長責任制」の実質化、耕地資源に対する保護の厳格化、食糧の作付面積の確保、食糧増産の安定化などに取り組んで、地域の食糧備蓄任務を確実に達成しなければならない。具体的な取り組みとして、①食糧生産地域では、生産中心地域と生産予備地域の整備を重点的に強化し、総合生産能力の絶えぬ向上を図る。②食糧生産・販売共存地域と販売地域では、食糧生産高上位県の整備・強化に力を注ぎ、地域内での耕地面積を減少せず、食糧自給水準を落とさないように確実に保護する。③中央・省レベルの政府は食糧生産の政策・措置を通じた支援を強化する。食糧の加工・流通・貯蔵・運輸などの産業に対する支援に力を加え、食糧生産に対する農民の意欲を高め、地方の作付面積を安定させることによって、食糧増産、農民増収、財力増強の協調発展という好ましい発展局面を形成していく、などが挙げられる。

第4節　合理的経済発展速度の維持

第18回党大会以降、習近平総書記をはじめとする党・中央は、時代発展の上に立って、国家発展の大局に立脚して、発展は中国のあらゆる問題を解決するカギだという重大な判断を堅持し、経済建設を中心に据えて政治を施し、経済が安定の中で良い方法に向かうように確固不動に推進してきた。習総書記は2014年5月に河南省を視察した際に、中国の経済発展は新常態に適応しなければならないと強調した。新常態は中国経済が高度成長から中高度成長という落ち着いた状態に移行することを意味し、経済発展段階の新たな変化・特徴が明

＊12　訳注：コメ、小麦、トウモロコシ、ジャガイモなどを含めた広義の穀物類。

らかに現れるので、経済発展は従来の粗放な高度成長を偏って追及することをしてはならず、経済が低下傾向になるのを防ぐために合理的速度も維持しなければならない。この弁証的思想は、中国経済発展の進行方向を導くうえで極めて重要である。

1　経済発展は全ての発展の基礎

　発展は社会進歩の総合概念であり、多方面を網羅している。しかし、社会の発展は決して各方面が足並みを揃えて進行しているわけでなく、そのなかで基礎的・決定的地位に置かれているのは経済発展である。習近平総書記は2014年7月29に開催された党外人士（党外の著名人）との座談会で、「二つの百年」という奮闘目標を実現し、中華民族の偉大な復興という「チャイナ・ドリーム」を完成するには、経済建設を中心に据え、経済の持続的かつ健全な発展を確固不動に推進しなければならない、と述べた。これは経済建設を中心に据えることに対する習総書記の度重なる重要な解説だ。13億の人口を有する発展途上国として、中国の基本情況は発展の不足・不十分であるため、経済の確たる発展は一貫して中国問題を解決するカギである。

　第1に、発展という問題に対する認識が不断に深まっている。マルクス主義は生産力の増進を最重要視し、物質の生産は人類社会が生存し発展する基礎で、生産力は人類社会発展の最終的な決定力であると考えている。いかなる社会の発展・進歩も、経済発展水準による制約を受ける。改革・開放を実施して以降、中国共産党は国家発展の問題を極めて重視している。鄧小平氏は、中国が全ての問題を解決するカギは自らの発展に依拠することであり、発展は絶対的な道理だと述べた。30数年間、中国の特色ある社会主義は不断に発展し、発展という問題に対する中国共産党の認識も少しずつ深化していく。発展は絶対的な道理だという理論から、発展は党の政権運営・国家興隆事業の最重要任務だ、発展は科学的発展観の最重要内容だという理論へ、さらに発展は経済法則に準拠する科学的な発展であり、自然法則に準拠する持続可能な発展であり、社会法則に準拠する包摂的な発展であるべきだという理論まで、発展の思想には常に新たな時代的内容が盛り込まれている。

第2に、経済建設を中心に据えることは中国発展の基本経験である。改革・開放を実施して以降、中国の発展は世間が刮目するほどの成果を成し遂げ、世界第2の経済大国となり、小康社会の全面的実現のために堅固なる土台を築いた。社会的生産力、経済力、科学技術力が新たな段階に進化し、人民の生活水準、家計の所得水準、社会保障水準が大幅に向上され、総合国力、国際競争力、国際影響力が著しく増強され、真の意味で経済大国になってきている。このような発展があったからこそ、中国は社会主義制度を確立し、中国の特色ある社会主義を発展し、世界の平和が発展する重要なパワーとなれた。これらの実績が得られた根本的理由の一つは他でなく、党・国家の中心任務を経済建設に据えることを堅持し、社会生産力の発展をかつてないスピードで推進してきたからである。経済発展は最大の民意であり、最大のコンセンサスであり、最も基本的な経験でもある。

　第3に、経済強国へ邁進するには、経済発展のさらなるステップアップが必要である。中国はすでに経済大国の列に仲間入りしたとは言え、まだ経済強国とは言えない。国家の富強、人民の裕福はつまるところ、経済の実力にかかる。国際競争も結局、経済実力の競争に過ぎない。いかなる国家も時代の潮流に追いつき、熾烈な国際競争の中で不敗の地に立つには、経済の発展を高度に重視しなければならない。中国の一人当たりGDPは世界平均水準をはるかに下回り、わずか65％前後である。2020年までに全面的小康社会の実現を掲げているが、その第一目標は国内総生産（GDP）および都市・農村住民一人当たりの実質所得を2010年比で倍増することの達成である。「中所得国の罠」を乗り越え、工業化・都市化・情報化・農業現代化の一体化発展を成し遂げる任務はなお重く、「チャイナ・ドリーム」を完成し、経済大国から経済強国への移行を加速させるには、経済発展を重要な位置につけなければならない。

　第4に、新常態の下で、経済発展には依然としてしっかり取り組むべきである。新常態とは、これまでと違った、経済の相対的安定な常態のことをいい、中国経済がすでに従来の高度成長と異なった中高度成長の新段階に入っていることを意味するものだ。新常態下の経済発展はより安定化し、質は一段と高まる。新常態は従来の規模・スピード本位の粗放な経済と違って、質・効率を重

んじる持続可能な発展である。発展速度を問わないというわけではなく、合理的な発展速度を求め、合理的な幅の中で経済成長を維持する。現在、中国の発展は多くの困難と問題を抱えているが、それも経済発展を通じてはじめて解決できるものだ、ということをはっきり認識しなければならない。一部の地方幹部は中央が掲げた「ひたすらに GDP を求めるだけでない」という方針を GDP 不要論と捉えているが、これは偏った認識だ。また一部の地域では、GDP の落ち込みが激しくて、経済成長の合理的な幅と相当かけ離れている。中国のような大きな経済は一旦低下傾向になると、正常な水準まで取り戻すのは非常に困難なことで、時には巨大な代償を支払うことになる。発展は中国のあらゆる問題を解決する基礎だ、ということに対して、中国はいささかの動揺もあってはならない。新常態の下では、なおさらのことだ。

2　三法則に符合した合理的発展速度

中央政治局会議は 2014 年 7 月 29 日に、発展は経済法則に準拠する科学的な発展であり、自然法則に準拠する持続可能な発展であり、社会法則に準拠する包摂的な発展であるべきだ、と提起した。これは新常態における中国の経済発展が準拠すべき三法則である。三法則をきちんと認識し、三法則にしっかり対処することは、発展速度のことを正確に捉え、経済を推進するうえで重要な意義を持っている。

第 1 に、発展は経済法則に準拠する科学的な発展であるべきだ。経済法則に準拠し、持続的かつ健全な経済発展を推進することは、国家の繁栄、社会の安定、人民の幸福を図るための重要な基礎である。これには、二つの面で取り組むことを要する。まず、市場による価格決定メカニズムの充実化を図る必要がある。党の 18 期三中全会で、市場化改革を広さ（規模）と深さ（強度）で積極的かつ着実に推進し、政府による資源の直接配分を大幅に減少し、資源を市場ルール・市場価格・市場競争に依拠して配分するように推進し、収益・効率の最大化を実現すべきだ、と提起された。現在、政府改革の一大重点は政府による価格決定の種類・項目の縮減、市場による価格決定の範囲拡大であり、市場が価格決定できるものを全て市場に任せ、政府は不適切な介入をしないことで

ある。中国は2014年1-6月期に、10数項目の商品・サービス価格を相次いで開放・調整し、水・石油・天然ガス・電力・交通・電気・通信といった重要分野における価格改革を秩序立てて推進していたし、鉄道・貨物輸送、公立病院枠外の病院、銀行の金利などに対する価格改革も大きな進展を遂げた。これはいずれも経済法則を重視したことの表れである。適切な価格調節メカニズムは経済運営の高い収益と質の達成を後押ししている。

次に、公正競争の市場環境を維持する必要がある。優劣が決定され、適者が生存し、経済活力の出現は公正で秩序ある競争環境に依拠するものだ。政府の主な職能と役割はマクロ経済の安定化維持、公共サービスの強化・最適化、公正競争の保障、市場管理・監督の強化、市場の機能不全に対する補足である。2012年以降、政府は供給（サプライ）管理と需要管理を効果的に結びつけ、構造的減税の財政政策を推進し、とりわけ中小企業、零細企業に対する減税による支援を重視し、「三農（農村・農民・農業）」向けの商業銀行にターゲットを絞って限定的に預金準備率を引き下げ、サプライサイドから経済発展を推進してきた。また、異なる所有制経済である国有企業と民間企業の相互参入を奨励し、国有企業混合所有制改革を速いスピードで進めたことによって、民間企業の前に立ちはだかっている従来の「隠し扉（参入を阻む見えない壁）」が徐々に開かれようとしている。

第2に、発展は自然法則に準拠する持続可能な発展であるべきだ。従来型工業文明から生態文明へ転換することとは、自然法則に準拠し、生態文明の建設を経済発展に融合させることである。人類の経済活動と自然の相互関係は主に二つの面で体現されるが、一つは人類が自然から資源・空間・生態サービスを求めることで、もう一つは人類の生存・発展が資源・エネルギーから制約を受けること、である。このような作用と反作用の下で、人類は自然界における自分たちの最大の自由は他でもなく、自然法則の許す範囲で最も有利な選択を行うことだ、ということを次第に認識するようになった。

第18回党大会以降、習近平総書記は生態文明建設のことを特に重視し、多くの講話で言及した。2014年3月の両会（全国人民代表大会と中国人民政治協商会議）期間中、習総書記は貴州省代表団の政府工作報告審議会に出席した際に、

生態環境の保護と発展の関係を正しく対処することは、持続可能な発展を実現するための自発的要求であり、現代化建設を推進する重大な原則でもある、と指摘した。青い山河（環境保護）と金山銀山（経済発展と豊かさ）は決して対立するものではない。肝心なのは人であり、考え方である。生態環境の保護は生産力の保護であり、生態環境を改善することは生産力を向上することである。「生態環境も生産力だ」という素朴で深い道理がここで明らかに示されている。実際に、一部の先進国・地域はすでに経済発展と生態保護の両立を実現している。現在世界で生態環境の優れた国の多くは、工業化・都市化レベルの高い国だ。中国はこれらの国・地域の先進的な経験を真剣に学び、参考にし、同時に自分たちの成功方法をしっかり総括し、発展の正しい径路を見出して、発展の加速と生態保護の相互影響と共存・共栄を実現するように努めるべきである。

第3に、発展は社会法則に準拠する包摂的な発展であるべきだ。経済成長をひたすらに追求することと比較すると、包摂的発展はより多く「人」の発展を強調し、「人」の積極性を引き出すことに注力し、より一層社会利益の均衡化、社会関係の調節、社会行為のルール化を図ることによって、改革・開放の成果の社会民衆による共有を目指す。包摂的発展には次の特徴がある。①包摂的発展は利益の均衡をより一層重視する。改革・開放して30年余り、中国は一歩前進するたびに、利益構造の調整が絡むことになる。改革と発展は既得権益の垣根を打破する必要があるだけでなく、利益主導というベンチマークも充分に利用しなければならない。現在、発展の勘案、改革目標の確立、改革方案の制定、改革の道筋の選択にあたり、経済収益のことだけでなく、社会の公平・調和・安定も考慮に入れる必要がある。各種利益関係を調整することによって、改革が大多数の者から擁護を得るようにしなければならない。これこそが包摂的発展である。包摂的発展は民生の改善を重視し、民生の下限を守り、人民の基本的要求を保障することに依存する。②包摂的発展は社会の安定をより一層重視する。改革が難度の高い分野を攻略する時機に入った以上、「陣痛」はともなうものだ。リスクを覚悟しなければならない。大事なのは社会の許容可能な度合いと許容不可の度合いを正確に見出すことだ。社会の安定なくして、事は成せない。改革と安定は一見矛盾に見えるが、決して矛盾ではない。肝心なのはい

かに改革するかである。包摂的発展観は国家建設を推進するうえで大いに役立てるものだ。③包摂的発展は発展の空間拡大に有利である。改革と発展を実施するには一定の実行空間と挽回する余地が必要になるが、この種の成長空間は多面にわたる。発展は依然として中国のあらゆる問題を解決するカギだという状況の下で、改革の全面的深化は合理的な経済成長速度の維持に大きく依存することになる。この基本条件がなければ、各種関係とりわけ経済関係にゆとりがなく、挽回する余地もないので、健全な改革を推進するのに不利になる。

3　いかに合理的な経済発展速度を保持するか

合理的な経済発展速度を保持するには、次の四つの面を高度に重視する必要がある。

第1に、区間コントロールを堅持し、ターゲットを絞った限定的コントロールを重視する。2013年初、経済の下押し圧力が拡大するなかで、中央は新たなマクロ・コントロールの考え方・方式を打ち出し、経済運営の合理的区間（幅）を確定した。合理的区間の下限は成長維持および雇用維持並びに経済成長、雇用拡大が一定の幅を下回ってはいけないことであり、上限はインフレーション防止および物価上層が一定の幅を上回ってはならないことである。この措置は市場の自信を強め、2013年下半期から景気が安定を取り戻し良い方向に向かった。2014年に入ってから、世界経済の変動と中国経済における固有の矛盾に影響され、1-6月期の成長率は7.4％と、年初制定した7.5％という合理的区間に落ち着いている。しかし、多面的要因の影響で、各省・区・市の経済低下圧力が大きくなっている。全体的に、東部地域は緩い中で安定に向かい、中部地域は安定の中で前進し、西部地域は安定の中で懸念要因が存在し、東北地域は落ち込みが大きい、ということである。この状況を背景に、中央はマクロ・コントロールの考え方・方式を刷新し、強い景気刺激策や大規模な調整を採用せず、適時に事前調整・微調整を行い、ターゲットを絞った限定的なコントロールをより一層重視し、マクロ・コントロールの目的に沿ったものとした。李克強総理の例え話で言うと、田畑に対し「全面的に水を満たすような灌漑」を行わず、「スプリンクーラーのような散布式の灌漑」と「一部への部分灌漑」を

行うことだ。ターゲットを絞った限定的なコントロールは区間コントロールの重要な構成部分であり、区間コントロールを深化させたものであって、マクロ・コントロール方式の刷新でもある。ターゲットを絞った限定的なコントロールを実施することとは、経済・社会発展の中心分野・脆弱部分をしっかり捉え、精確で綿密に力を発し、照準を合わせて施策し、より多く市場の力に依拠し、より多く改革の方法を生かして、安定成長を図るだけでなく構造調整も行い、現在だけでなく将来にも恩恵を及ぼすようにすることである。

第2に、行政手続きの簡素化と地方行政への権限委譲を力強く推進し、市場・社会の活力を奮い立たせる。2013年以降、国務院・地方政府は行政手続きの簡素化と権限委譲にあたり、力を緩めず、さらに一連の行政審査・許認可事項を取り消し地方政府へ委譲し、行政許認可枠外の審査・許認可を全面的に整理し、あわせて市場参入のネガティブリスト・責任リスク・権力リストなどを制定した。ひとつの波が大きなうねりとなって、行政手続きの簡素化・権限委譲は著しい効果を収め、市場の活力と経済発展の自発的原動力を奮い立たせた。一方、工商登記制度改革の全面的推進を例でみると、企業登記にあたり、「事前許認可審査」[*13]から「事後許認可審査」[*14]に変更され、登録資本金を「払込実額登記制」から「払込引受額登記制」に改め、「企業年度検査」を「企業年度報告公示」に変更し、市場の経営環境および投資・起業の環境が一段と緩和され、利便性も高まったことで、新規登録企業数が大幅に増加した。次のステップは、①必要性のない審査・許認可を引き続き取り消し、事中・事後の監督・管理制度を整備して、より一層オープンで透明性のあるものにする、②権力乱用を防ぎ、より緩和された、利便性の高い、公平・公正性のある環境を作る、③より多くの人が起業・イノベーションに参加することを奨励し、規制緩和された企業に市場で十分に競争させて、発展の自発的原動力を増強する、といったことに集中すべきである。

第3に、公共投資を拡大し、経済・社会発展の不足分野を補足する。安定成長の有効な手段は依然として投資であり、特に公共分野の投資が不足分野を補

[*13] 訳注：企業登記機関に登記を行った後に関連政府主管部門から許可を取得する方法。
[*14] 訳注：登記後に許認可を取得する方法。

う役割を果たすので、経済成長に持久的な原動力を提供できる。2014年1-6月期の経済が合理的な幅の中で運営できたのは、疑いもなく投資が大きく寄与したからだ。同年の政治局会議で、下半期の経済活動について、有効投資を積極的に拡大し、投資の中心的役割をきちんと発揮させる、と明示された。安定成長には投資の拡大は必要不可欠で、投資の方向をきちんと把握することがカギになる。構造調整向けの投資を増加させ、構造調整および産業高度化に符合した方向に投資するべきだ。公共サービス投資にはこのような属性が備わっている。中国の公共製品の供給は総体的に依然発展のアキレス腱であり、鉄道・道路・水利といったものの多くは公共製品に属しているため、今なお脆弱だ。例えば、鉄道は中西部地域では少ないが、東部地域では完備されていない。空港・道路といった交通インフラでみると、先進国の道路網密度は中国をはるかに上回っているのに、人口密度ははるかに下回っている。教育・医療・社会保障といった、国の経済や民生に関わる分野でも公共施設の投資が明らかに不足しているという問題が顕在化している。したがって、今後かなり長い期間に、これらの分野におけるインフラ、人的資本、社会保障などに対する公共投資の強化は経済成長の後押しになる。

　第4に、構造調整に助力を求め、経済構造の転換・高度化を推進する。リーマン・ショック後、世界経済は新たな調整期に入り、グローバル経済が大きく調整・変革されているため、中国経済の構造転換・高度化に巨大な圧力を形成している。新たな国際競争で優位性を確立するために、中国は外部変化に能動的に適応し、経済発展方式の転換を速めるしかない。構造調整に関しては、支援ありコントロールあり、保障あり抑制あるようにしなければならない。立ち遅れた生産能力の淘汰や過剰生産能力の消化は、いずれも改革に依拠して推進せねばならない。基礎の脆弱な産業を強化し、サービス業のウェイトを引き上げ、原子力発電や高速鉄道などの装置・設備をより多く海外へ進出させ、立ち遅れていないが過剰生産能力を努めて消化するように環境を整えなければならない。

　構造調整の根本的活路はイノベーションにあり、現在中国は歴史上のいかなる時期よりも科学技術による下支え・けん引効果の一層発揮を必要としている。

科学技術の進歩を通じて、生産要素・投資主導の発展からイノベーション主導の発展への転換を速め、経済構造の戦略的調整、ミドル・ローエンド化からミドル・ハイエンド化への進化を推し進める。イノベーションを通じて、発展を制約する資源・エネルギー・生態環境などで起こしたボトルネックの問題を解決し、質・効率が高くて持続可能な経済発展を推進する。

　地域発展においては、地域政策を刷新し、政策の規模を縮小し、地域政策の精確さ・正確さ・有効性を不断に高める。首都圏京津冀（北京市・天津市・河北省）、長江経済デルタ、汎珠江デルタの共同発展のスピードを上げ、東部地域産業のイノベーション・高度化および企業向け知識集約型サービス業の発展を促進し、労働集約型産業および加工組立の生産能力を中西部地域へ移転することを推進する。「一帯一路（シルクロード経済ベルト・21世紀海上シルクロード）」および長江経済ベルトの建設を加速し、特色ある優位産業を育成する。全体的にみると、東部地域ではより高いレベルでの開放・発展の実現を推進し、経済成長を引っ張る重要なけん引力としての役割を安定的に発揮してもらわなければならない。東北地域に関しては、一段とターゲットを絞って限定的な政策措置を講じ、発展の活力をさらに奮い立たせ、東北地域の経済低下傾向を食い止めるように力を入れる必要がある。中西部地域では、地域発展を促進する関連政策・措置を遂行に移し、中西部地域経済の安定かつ速い成長を維持するべきである。

第5節　名実ともに水増しのない経済成長

　党・中央は2012年11月30日に中南海で開催された党外人士（党外の著名人）との座談会で、経済情勢および2013年の経済活動について各民主諸党派中央、全国工業商業連合会の指導者・無党派人士から意見・提案を聴取した。習近平総書記は座談会を主宰し、あわせて重要な講話を発表した。氏は、成長は名実ともに水増しのない成長であるべきで、質・効率を重んじる、持続可能な成長でなければならない、と強調した。現在、中国経済は次第に経済成長の「従容たる状態」および「理性ある状態」に入っている。習総書記は経済成長という

絶対的な道理に真新しい内容を盛り込み、成長の核心は高度化し、進化している。

1　名実ともに水増しのない経済成長とは？

　新常態下の経済成長は「名実ともに」「水増しのない」成長であるべきだ。この重要な論断には少なくとも三つの意味を含む。

　第1に、名実ともに水増しのない成長は質・効率を重んじる、持続可能な成長のことである。効率を重んじる成長とは、資源とりわけ稀少資源の配分効率を高め、最小限のインプット（資源）で最大限のアウトプット（製品）を生み出し、最高の収益を上げることをいう。社会労働生産性の向上、企業収益の増強、投資収益の上昇などを踏まえた成長であり、科学技術進歩をベースにした成長である。

　第2に、名実ともに水増しのない成長は合理的速度を維持する成長のことである。中国は依然として発展途上国で、社会主義の初級段階にあり、発展は中国におけるあらゆる問題を解決するカギである。成長は発展の前提と基礎であり、一定の成長速度がなければ、雇用は保障できないうえに、人民の生活水準も向上し難い。したがって、改革の難度が増した領域に入った時機に、発展の難題を解決し、発展のボトルネックを突破し、発展の課題を解消するには、一定の成長速度を維持しなければならない。

　第3に、名実ともに水増しのない成長は事実に基づき真実を求め、経済法則を尊重する成長のことである。政策を決定し、事業を推進し、計画を立てる際に、法則を認識し、法則に準拠しなければならない。現実とかけ離れ、段階を超越して功を焦り、勇み足を踏むという誤りを犯さないように、真の意味で力を尽くしかつ力に応じて事を進め、経済・社会が速くて好ましい発展へ向かうように推進する必要がある。成長の内容を絶えず反省することによって、質・効率を重んじる、持続可能な成長を成し遂げる。成長の水増し分を落とすことは、経済発展を改善することであり、民心の望む方向でもある。

2 なぜ経済成長が水増しになるか？

　中国は経済の高度成長を遂げたと同時に巨大な代償も支払った。効率の低下、構造のアンバランス、生産能力の超過供給、環境汚染などが最たるものだ。外需主導、人口ボーナスといった従来の成長エンジンが急速に衰退していくなかで、成長エンジンの転換が余儀なくされるため、チャイナ・クォリティの創出に力を注ぎ、真の意味で成長速度のスピードダウン、成長の質のステップアップを実現しなければならない。経済成長が水増しになる理由は以下の3点が指摘される。

　第1に、GDP志向主義。一部の幹部は「発展こそが第一だ」ということだけを強調し、時にはそれを「民衆本位」、「全面的協調かつ持続可能」、「統一的に計画・調整する」といった要求と分けて考える傾向がある。中には、「発展は絶対的な道理だ」という理論を一方的に「経済成長こそが絶対的な道理だ」と偏って理解し、経済・社会の発展を「GDPが全てを決定する」と単絡的に一括りにする人もいる。その結果、GDPの数字を増やすためにコスト・質・効率を軽んじ、ひいては質・効率の低下を招いた。

　第2に、経済成長方式の宿痾（持病）であること。中国の経済成長は長きにわたり投資主導に依存してきたが、投資規模の拡大にともない、投資の効率が低下し始めたので、水増しの要因となった。加えて投資は地域間の重複建設および過剰な生産能力などの問題も招き、成長けん引や雇用拡大につながるとは言え社会に好ましい財産を残せるわけではないため、この種の成長は（投資対効果という面では）水増しのある成長に入る。生産要素の高投入、エネルギーの高消費、高汚染、低産出という規模・速度タイプの粗放な成長方式は持続可能な成長ではない。資源の巨大な浪費に加え、深刻な環境汚染も招いてしまうので、長期的にみると、この種の成長は水増しの成長に入るだけでなく、害のある成長でもある。

　第3に、行政評価制度の偏向であること。行政評価制度は「指揮棒」と「風見鶏」であり、地方幹部の思考および行動方式を指揮し、リードするものだ。成長至上論という行政評価体系の下で、経済成長は最も重要な評価指標であっ

た。だが、科学的発展の要求に適応せず、GDP 成長率に偏りすぎる行政評価制度は結果的に、科学的発展に背く現象がしばしば発生することにつながり、環境の犠牲を代償に経済成長速度を上げることや、政府と市場の役割違い、事業の盲目的拡張、プロジェクトの新規乱発、約束不履行といった際立った問題が起こりやすくなる。

3 いかに名実ともに水増しのない成長を実現するか？

名実ともに水増しのない成長は発展観に対する習総書記の深い反省であり、今後のタスクに対するガイドでもある。新常態経済の下で、名実ともに水増しのない成長を実現するには、行政評価手段の改善、経済の質・効率の向上、グリーンで持続可能な発展の推進、民生の保障・改善をさらに重視する面で力を発しなければならない。

第1に、行政評価の手段を改善し、これ以上短絡的に GDP で英雄を論じることをせず、人民のために利益を図るという行政上の業績観を打ち立てる必要がある。行政で実績を上げる根本的な方法は人民大衆の目下の利益と将来の利益を結びつけ、客観的法則を尊重し、それに基づき事業を進め、地に足をつけて仕事に取り組むことであり、その根本的な目的は人民のために利益を図ることである。ただ単に経済成長速度で業績を評価するという偏ったやり方を是正し、「これ以上短絡的に GDP 成長率で英雄を論ずることをしない」、「各地の現状が違うので、業績評価の要求と重点も相違すべきである。GDP の考慮も必要だが、GDP だけに関わってはならない」、「GDP だけでなく、グリーン GDP （環境面を考慮した GDP）も必要である」。

第2に、経済発展の質・効率の向上を中心とし、経済発展の新常態に能動的に適応し、質・効率重視の集約的成長への転換を加速することが必要だ。名実ともに水増しのない成長は経済成長の自発的活力およびエンジンの増強による本質的な要求であり、発展の立脚点を質・効率の向上に転換させることを推進し、新しい経済発展方式を早期に形成することがカギとなる。経済成長の質・効率の向上を中心に据えるには、安定の中で前進を求め、開拓・イノベーションを行うことが求められ、経済発展方式を絶えず転換し、経済構造が不断に最

適化される中で成長を達成していかなければならない。

　第3に、グリーンで持続可能な発展を推進しなければならない。これには、美しい中国の建設をめぐって、生態文明体制改革を深化させ、生態文明制度の確立を加速し、国土空間開発・資源節約・生態環境保護の体制とそのメカニズムの健全化を図り、人間と自然の調和のとれた発展という現代化建設の新たな局面の形成を推進することが求められる。また、大気汚染防止行動計画を早期に検討し、重点流域および地下水の汚染対策を強化し、自然資源の管理・監督体制を整備し、あらゆる国土空間の用途規制責任を統一的に行使することが必要だ。さらに国土空間を生態文明建設の「空間受け皿」とし、重大な生態修復工事を行い、生態製品の生産能力を増強し、厳格な制度および厳密な法治を実施しなければならない。

　第4に、民生事業の保障・改善を強化し、経済発展と民生改善の好ましい循環を実現しなければならない。中国経済を安定で持続的に発展するには、名実ともに水増しのない成長でなければならない。経済の質・効率の向上および高度化を推進することが必要で、民生の保障・改善を根本的な出発点・立脚点とし、基本民生の保障を一段と重視し、低所得階層の生活により一層目を向き、社会大局の安定化をさらに重視することが必要となる。家計所得を引き上げ、人民大衆に経済発展の成果を共有させるのは経済発展の目的であり、自発的原動力でもある。これには、社会分野における制度の刷新を積極的に進め、基本公共サービスの均等化を推進する必要がある。また、共同裕福の道を確固不動に歩み、所得分配制度の改革を一層推進し、第一次所得分配と再分配にあたり、効率と公平が兼ね合うように配慮し、所得分配秩序の規範化を図り、低所得者層の収入を増加し、行き過ぎの高所得を調節しなければならない。

第6節　経済構造の最適化・高度化の推進

　習近平総書記は、「新常態の下で、中国経済は構造の最適化・高度化が図ら

れ、経済成長はより穏やかになる見通しだ。」*15 経済構造の調整・最適化は好ましい経済発展の自発的な表れであり、経済構造の戦略的調整を推進することは、中国経済の持続・安定・健全な発展を実現するための重要な基礎である。全体的にみると、中国の経済構造は増量（フローの増加）中心からストック調整、フロー最適化が併存するという深いレベルでの調整へと転換している。経済構造の戦略的調整を推進することは、主に需要構造、産業構造、都市・農村の構造、空間構造、所得分配構造という五つの構造の調整・最適化を含む。

1　需要構造

需要構造の面では、中国経済に占める外需のウェイトは高かったが、リーマン・ショック以降低下に転じた。内需構造における投資のウェイトは相対的に高く、消費に対する投資のクラウンディング効果（投資によって消費がはじき出される効果）が発生し、経済成長に対する最終消費率の寄与度が経済発展水準とひどく釣り合わない状況を生じさせた。10年にわたる長い期間に消費の伸び率は投資のそれをはるかに下回っていたが、2010年に消費率と投資率はそれぞれ50％ずつ均衡になった。それから、消費率はかなり速いスピードで拡大を続け、経済構造でのウェイトが再び投資率を超えた（図3-1を参照）。投資構造では政府投資のウェイトが比較的に高く、民間投資に対する政府投資のクラウディング効果が発生し、投資効率の低下も加え、資源の効果的な配分が実現されにくい状況になっている。

需要構造の最適化を図るには、内需・外需間の構造を調整するだけでなく、内需構造の最適化を図り、「三頭立て馬車（消費・投資・輸出）」の共同作用で、三要素揃って経済成長をけん引することがより一層必要である。内需と外需の構造調整を図るにあたり、世界経済の衰退、生産要素のコスト上昇によって、コスト面での優位性は低下しているので、内需経済への転換、とりわけ家計消費推進型経済成長への転換が求められる。一方で、都市化がもたらす内需市場はさらに拡大していくので、中国経済の内需型への転換に重要な発展基礎を提供

---

*15 習近平「永続的発展を追求し、アジア太平洋の夢を共に築く―アジア太平洋経済協力（APEC）CEOサミットの開幕式における基調講演」『人民日報』2014年11月10日

(単位:10億元)

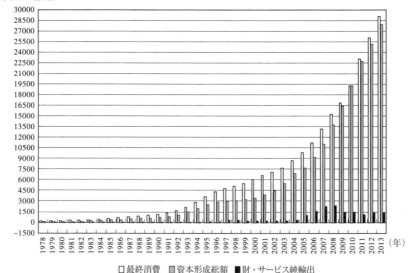

図3-1　1978-2013年のGDP構成（支出法）

することになる。

　内需構造の最適化を図る面では、投資と消費の関係をより一層調整し、消費の対GDP割合を高めると同時に、消費に対する投資のけん引役を強化する必要がある。消費需要でみると、これまでの消費は典型的な追随型・集中型であったが、現在このような消費段階はほぼ終了し、個性化・多様化した消費が徐々に主流となってきている。製品の品質・安全を保証し、供給の刷新によって需要を活性化する重要性が著しく増していくため、正しい消費政策を採用し、消費の潜在力を解放し、消費が引き続き経済発展を推進するうえで基礎的な役割を発揮するようにしなければならない。

　消費の対GDP割合を引き上げるには、一連の関連制度を整備することがカギとなる。これには、国民所得の分配構造の改善、家計所得水準および消費能力の向上、社会保障システムの整備、家計消費の後顧の憂いの除去、財政・税制・金融制度の完備、家計消費意欲の向上、などが含まれる。

　投資需要でみると、30年余りの高度で大規模な開発事業を経て、従来型産業は

相対的に飽和しているが、代わりにインフラの相互連関および一部の新技術・新製品・新業態・ニュー・ビジネスモデルへの投資チャンスが大量に現れている。これには投融資方式の刷新が求められ、投資方向をうまく把握し、投資障碍を排除し、投資による経済発展への中心的役割を引き続き発揮させる必要がある。同時に、政府投資の割合を引き下げ、民間投資の割合を引き上げ、行政の力によって生じる不公正競争が産業の高度化・構造転換に与える不利な影響を解消することも不可欠である。

輸出と国際収支でみると、リーマン・ショックが発生するまで国際市場空間が急速に拡大し、輸出は中国経済の高度成長をけん引する重要なエンジンだったが、現在世界の総需要が振るわず、中国の低コストという比較優位にも変化が生じている。但し、中国の輸出競争優位はなお健在で、大規模な海外投資の導入（引進来）と国内企業の海外進出（走出去）が同歩調で発生しているので、新たな比較優位を早期に育成し、経済発展を支える輸出の役割を引き続き発揮させなければならない。

2　産業構造

産業構造面では、全体的に最適化され続ける局面を呈しており、産業の重心が第一次産業から第二次産業、第三次産業へと順次に移転していく傾向が表われている。第二次産業と第三次産業の対GDP割合が次第に拡大し（図3-2）、とりわけ第三次産業の発展スピードが速い。2013年に第三次産業のウェイトが初めて第二次産業を上回り、46.1％となった（表3-1）。なかでは金融、保険、技術、情報産業などの産業は相当な規模になっている。一方で、産業構造には依然かなり大きな調整空間がある。現在大部分の先進国では、第三次産業の対GDP割合が70％以上と、高い国は80％を超えており、中国より20-30％上回っている。中国は第二次産業のウェイトが高すぎて、それにともなう工業製品および生産能力の過剰供給現象が深刻化し、鉄鋼・セメント・電解アルミニウム・ガラス・造船などの業界の生産能力の利用率は75％未満である。

産業構造の最適化を図るカギは、第二次産業の優位性を発揮し、「製造大国」から「製造強国」へ進化させると同時に、第三次産業の対GDPウェイトの引き

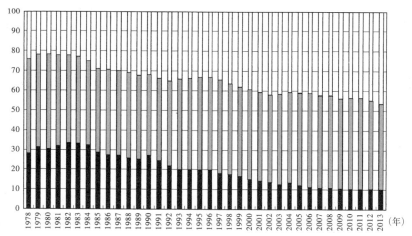

■第一次産業 ■第二次産業 □第三次産業

図3-2　1978-2013年中国の産業構造変化イメージ図

表3-1　2008-2013年の中国第三次産業のGDPウェイト

(単位：%)

年	第一次産業	第二次産業	第三次産業
2008	10.7	47.4	41.8
2009	10.3	46.2	43.4
2010	10.1	46.7	43.2
2011	10.0	46.6	43.4
2012	10.1	45.3	44.6
2013	10.0	43.9	46.1

上げにより一層力を入れ、企業向け・家計向けサービス業の発展を統一的に計画・調整し、現代サービス業の発展を加速することだ。理論研究によれば、中国は現在、重化学工業段階の中後期に置かれており、今後はハイテク化の発展段階へ移行していくという。したがって、需要構造の高度化、資源供給構造の低炭素化、技術進歩と技術蓄積、国際分業に参加する内容・規模の拡大といった産業構造の進化を決定する基本的な要因を最適化しなければならない。

一方で、企業の統合・再編成や生産の相対的集中は避けられない。新興産業、サービス業、小型・零細企業の役割が一段と目立ち、生産の小型化・スマート化・専門化が産業組織の新たな特徴となっていく。そのため、主力産業に対する選択政策、新興産業に対する育成政策、衰退産業に対する撤退・退場政策を総合的かつ上手に利用して、産業構造の最適化・高度化を促進しなくてはならない。

3　都市・農村の構造

都市・農村構造面では、都市・農村間の二元化構造と都市内部の二元化構造が併存する局面を呈している。都市と農村間の二元化経済の発生は重工業の優先発展を特徴としたキャッチアップ型発展戦略と密接に関連するものだ。戸籍制度を代表とする都市と農村の二元化制度によって両者の所得格差が広がり続けている。2013年の都市住民一人当たりの可処分所得は26955.1元で、農村住民一人当たりの純収入は8895.9元と、前者が後者の3倍であった。農村住民は消費、インフラ、社会保障、公共サービスといった面において、都市住民との間で大きな格差がある。都市化プロセスの加速にしたがって、農村の空洞化・高齢化現象、留守妻子（農民工が田舎に残す家族）の問題などがますます顕在化してくる。一方、都市内部にも同様に鮮明な二元化構造が存在している。これは都市・農村間の二元化構造のうえに形成され、市場化改革の実施にともない都市・農村間の二元化構造が都市に持ち込まれたものである。繁華な都市中心部が粗末なスラム地域と鮮明な対照をなして、農民工集団は農民でも市民でもない中途半端な集団となっている。

都市・農村構造の最適化を図るには、まず都市と農村の統一的な計画・調整を加速し、都市・農村一体化プロセスを推進する、戸籍制度改革のスピードを上げ、とりわけ農村地域の年金・医療・衛生などの基本的社会保障を強化する、農村地域向け基本公共サービスの水準を向上し、農民が将来予期される支出の不確定性を減らす、土地を失った農民に対する基本的生活の保障制度を確立する、といったことをしなければならない。このほか、農業構造の調整、食糧流通体制の改革の深化、科学技術進歩による農業への寄与度の向上、農村労働力

の合理的かつ秩序ある流動に対する継続的な誘導、といった手段を通じて、農民収入の底上げを図ることも有効である。

一方、都市内部の二元化構造をなくすカギは、農村移入人口の市民化問題（農村戸籍を都市戸籍に転換すること）を解決し、都市戸籍制度に備えられている教育、雇用、年金（養老）、医療・衛生、保障住宅の提供、価格手当といった差別化制度を徐々に撤廃することである。また、スラム地域の改造推進も都市内部の二元化構造を解消する肝要な措置である。

4　地域構造

地域構造面では、地域発展の不均衡現象が顕著化し、主に沿海地域と内陸部の格差が大きすぎることや、東部と中西部地域の間で格差が拡大していることに表れている。このような地域発展の不均衡には地理的条件、発展の基礎、歴史・文化といった先天的要因もあるが、後天的な政策要因もある。改革・開放の初期に効率優先原則に導かれ、沿海地域を優先的に発展する方針を採用し、発展・開放の政策は明らかに沿海地域に偏っていた。そのため、沿海地域は迅速な発展を遂げてきたが、内陸部との経済発展の格差も急速に拡大してきた。

地域構造の最適化を図る重点は、地域の連携かつ調和のとれた、持続可能な発展を推進することである。地域経済構造の最適化を量る基準は、①各地域の経済優位性が十分に発揮できているか、②地域経済発展は協調が取れているか、③地域間の所得格差が合理的幅の中に納まっているか、である。そのため、地域経済発展の不均衡を徐々に解消すると同時に、不均衡の発展からより高い水準の均衡発展に達するように絶えず工夫しなければならない。また、地域間の経済分業と経済協力を促し、地域資源の合理的かつ効率的な配分を強化し、地域間の産業移転を合理的に誘導し、地域経済構造調整に対する市場メカニズムの役割を十分に発揮すると同時に、後進地域の発展に対する産業政策・地域政策・財政政策・投融資政策の支援作用をより一層果たすべきである。

5　所得分配の構造

所得分配の構造面では、国民所得の分配構造と家計所得の分配構造にかなり

大きな調整空間がある。国民所得の分配構造では、国民所得の第一次所得分配が不合理で、家計所得の対GDP分配の割合が低すぎ、政府と企業の割合とりわけ政府の割合が高すぎる。しかも政府と企業のいずれも消費よりも投資により一層偏重しているので、家計消費に基づく内需経済成長モデルへの誘導が機能しない状況に陥っている。一方の家計所得分配では、所得分配の格差が大きすぎ、主に異なる業界、階層、地域、都市と農村の間で所得格差が大きすぎる点に体現されている。中国のジニ係数は2000年に国際警戒ラインの0.4を上回って以降、高いままで下がらず、2008年には近年のピーク値である0.491に達した。ここ5年間はやや下がったものの、なお0.45以上の高水準を維持している。

　所得配分構造の最適化を図るには、まず国民所得の分配構造を適当に調整しなければならない。国民所得に占める家計所得の割合を高め、家計所得と経済発展が足並みを揃えて成長するメカニズムを構築し、政府が民衆に利益還元し、真の意味で「国は豊かだが民衆は貧しい」状態から「民衆を豊かにする」および「国も強大で民衆も裕福だ」という状態への転換を実現し、民衆が発展の成果を真に享受できるようにする。

　生存に必要不可欠な衣食住に対する需要が基本的に満たされている前提の下で、家計の需要は享受型から徐々に精神的な満足へ転換していくので、消費は経済発展のなかでより一層重要な地位を占めるようになる。こういう時こそ、従来の高蓄積・低消費に依存する経路を打破し、合理的な生産力の増進水準を守るうえに、物質的生活と精神的文化生活に対する民衆の合理的需要を満たすようにし、産業の高度化、とりわけ観光・レジャー・保健・教育・医療・衛生・介護・文化といったサービス業の迅速な発展を推進することにより一層取り組むべきだ。

　次に家計所得格差の縮小に注力し、所得分配の基本的公平を実現しなければならない。社会全体の福祉でみると、総量の要因も公平性の要因もある。国民所得の総量が多いほど、社会・経済福祉が高いほど、所得分配がより均一化し、社会・経済福祉もそれにともない向上する。一方、家計所得分配の公平性を向上するには、累進税、キャピタルゲイン税、相続税、不動産税などの税率調整によって、高所得者層と低所得者層の富の比率を調節し、富の合理的移行を実

現することができる。また、社会保障・公共サービス水準を一段と高めることで、所得格差の拡大によってもたらされる家計生活の格差を補償することもできる。

第7節　生態文明の美しい中国の建設

習近平総書記は、「生態環境保全は、功は当代にあり、利は千秋にある事業だ。生態環境保全、環境汚染対策の逼迫性・艱難さを冷静に受け止め、生態文明建設の重要性・必要性をはっきり認識し、人民大衆や後の世代に対して高度に責任を負う態度と責任感で、環境汚染対策に本気で取り組み、生態環境をきちんと改善するという心構えで、社会主義生態文明の新時代に向かって進み、人民のために生産・生活の好ましい環境を作るように努力しなければならない」*16 と述べた。これは中国の経済発展段階に対する冷静な認識および明晰な判断であり、新常態の下で生態文明の理念を経済発展に融合させ、経済発展と生態保護が足並みを揃えて前進するための方向性を明示したものである。

1　生態文明の理念、従来の経済発展方式への反省

生態文明は人間と自然の関係が進歩した状態であり、人類の進歩と自然との調和の度合いを反映している。生態文明の核心は人間と自然の関係に関わる問題であり、その重要な内容の一つは人間と自然の調和的な共生、もう一つは人類社会の持続可能な発展を実現することである。生態文明は、人間と自然が平等に共生し、調和の取れた状態になることを強調し、グリーン・節約・健全な生産・消費方式を主張することであり、人間と自然が歩調を合わせて共に進み、生産性が高度に発達し、人類文明に全面的な発展がみられ、社会が持続的に繁栄する、という理想の境地を追求することでもある。

世界史でみると、生態文明は工業文明の産物であり、工業文明の発展が後期まで進むと、資源・環境へのマイナス作用について明確な認識を持つようにな

＊16 習近平『習近平国家統治・政治運営を語る』外文出版社版、208ページ

り、それから反応し調整してきたものだ。中国では、生態文明の提起およびこれに対する人々の認識の深化も、総体的にこの歴史的経路に沿ったもので、すなわち従来の経済成長方式に対する反省を踏まえて提起されたのである。

第1に、資源制約の緊迫化。改革・開放が実施されて以降、中国経済は速いスピードで成長してきたが、同時に各種資源の消費量が急速に上昇し、世界最大のエネルギー消費国となったので、資源・環境・生態に大きな圧力をもたらしている。工業化・都市化のさらなる発展にともない、将来各種資源の一人当たりの消費量はいずれもさらに増え、資源・環境にボトルネックが生じて経済・社会への制約作用がますます顕著になっていくので、食糧・エネルギーの安全保障はまさに当面の急務だ。

第2に、環境汚染の深刻化。現在、中国の環境は厳しい状況にある。人民の生産・生活にとって極めて重要な水・土地・大気のいずれにも、程度の差こそあれ、問題が生じている。全国10の流域のうちに九つの流域が汚染されており、しかも汚染された土地の量が多く、面積が広く、時間が長く、毒性が強い。大気汚染は徐々に深刻さを増していき、地域性スモッグがしばしば発生する。「中国環境マクロ戦略研究報告」によると、中国で1.9億人の飲用水に基準超過の有害物質が入っており、約三分の一の都市人口が基準超過の大気汚染の環境に晒されており、環境をめぐる各種の集団抗議活動がしばしば起きている。

第3に、生態系退化の顕著化。近年、中国の自然生態系が著しく退化している。表土流失面積は国土面積の37％と、砂漠化された土地は国土面積の18％を占めており、草原の90％が程度の差こそあれ、退化に見舞われている。半健康・不健康状態にある沿海生態系はそれぞれ52％と24％である。生物多様性が急激に減少し、すでに絶滅危惧種になっているあるいはそれに近づく高級植物は4000-5000種に達している。地震・土砂流・洪水／冠水といった各種自然災害が頻繁に発生し、民衆の生産・生活に大きなマイナス影響を及ぼしている。

2 新常態下における経済発展と生態文明の関係

中国で現れた資源、生態、環境面での厳しい現実は国民に、生産方式を転換し、経済発展と環境保護の関係をきちんと処理する問題は待ったなしだ、とい

うことを警告している。これには、生態文明の理念を経済建設の中に溶け込ませ、政治建設、文化建設、社会建設の各方面と全プロセスに融合させ、資源の基盤が保護されるように確保し、経済・社会の持続的かつ健全な発展を維持し、中華民族の永続的発展と長期的社会安定を守り抜く、といったことに注力しなければならない。そのために、経済発展と生態文明における多層的な関係を新たに認識し、正しく処理する必要がある。

第1に、人間と大自然の関係を新たに認識する必要がある。人類は大自然の一部分であり、人類の活動と大自然は二重関係を成している。一方では、人類は自分たちの活動を通して、自然界から生命の維持・発展に必要な各種資源を獲得し、可能な限り自然を変え、自然を利用してきた。そしてこの過程の中で自然の風貌を大きく変え、人類自身の進歩と発展を促進してきた。また一方では、既定の技術条件の下で、人類の採掘・利用に許容できる大自然の資源総量と環境の負荷容量が決まっており、この限界を越えると、人類は大自然から仕返しを受けることになる。したがって、新常態の下で経済を発展するには、自然法則に準拠し、法則の許す範囲内で行動しなければならない。大自然は豊かで気前がいい反面、極めて脆弱で動的なバランスの下で保たれており、そこには超越してはならぬ境界線が存在している、と認識するべきだ。その境界線を越えると、自然系の基本的完全性が脅かされ、経済・社会の生存と発展を支える基盤が失われてしまう。

第2に、目的と手段の関係を新たに認識する必要がある。改革・開放が実施されて30数年間、中国経済は巨大な進歩を成し遂げた。だが、様々な理由で、経済発展は果して中国の追求する目標なのか、それとも目標到達に必要な手段なのか、という問題を曖昧にしてきた。近年、生態環境の持続的悪化が人民の生活に大きな影響をもたらし、国民の「幸福感」をいくらか引き下げた。新常態の下で、経済発展の目的は成長そのものではなく、民衆の増え続ける物質的・文化的要求を満たし、国民全体の幸福感を高めることであり、これこそが党・政府の最終目標だ、とはっきり認識しなければならない。目標と手段の関係を新たに認識し、改めて位置づけを行い、経済発展を、国民幸福指数を向上する重要な手段の一つにすることを確固不動に守らなければならない。生態文明の

理念が経済発展の中にしっかりと溶け込み、青い空、緑の土地、澄んだ水、きれいな空気といった生態系製品に対する広範な民衆の要求を満たし、国民の幸福感を高めることにも努めるべきである。

　第3に、現在と未来の関係を新たに認識する必要がある。大自然は全人類の生命が頼りにするもので、はるか遠い昔にわれわれの祖先を育て、またはるか遠い将来にわれわれの後の世代を養育してくれる。長い目でみると、人間は所詮宇宙の旅人で、資源・環境の一時的な受託者にすぎない。生命の存在にとって極めて重要な意義を持つ水・空気・森林・土壌・生物に対し、今を活きるわれわれの世代にはそれを完全な状態で次の世代に渡してあげる義務がある。生態文明の理念を経済発展の中に融合させることは、現在の人々の幸福につながることだけでなく、将来の世代に対する責務でもあるのだ。後の世代のために、自然資源を合理的に利用する彼らの権利を残しておかないといけない。自分たちの要求を満足するために、子々孫々の権利まで奪ってはならない。まして資源の過度な開発・使用によってつけを子孫の代に回すなんて、言語道断だ。生態の世代間公平を重視し、当代の人の利益だけでなく、後の世代の利益も考慮に入れ、「先祖の飯を喫し、子孫の道を絶つ」ようなことが起らないようにしなければならない。

3　生態文明建設の目標と主要戦略

　党中央は、2020年までに小康社会の全面的実現にあたり、資源節約型・環境配慮型社会建設に重大な進展がみられ、2050年の新中国成立百周年にあたり、資源節約型・環境配慮型社会が概ね達成する、という目標を掲げた。生態文明建設を推進するには、即効性のある措置がなくてはならないが、持続可能な制度の用意がより一層必要不可欠だ。そのため、市場に資源配分における決定的役割を担わせ、政府の役割をよりよく発揮し、経済構造の転換・高度化を積極的に推進し、発展の中で生態保全を心掛け、生態保全の中で発展を進めるようにしなければならない。

　第1に、新型工業化戦略を大いに推進し、グリーン・低炭素・循環型発展の新方式を早期に形成する。世界規模および中国の状況でみると、工業は深刻な

生態・環境問題を招く主な要因だ。そのため、工業がグリーン・低炭素・循環型に向かって発展するように仕向けるのは環境・生態問題を緩和し、ひいては問題を解決する主な方式となる。これには、次の面で取り組みを進める必要がある。①省エネ・排出削減を新型工業化路線の中心的要求に据え、構造調整を行い、エネルギー消費を削減し、工業がグリーンで低炭素方向に向かって発展するように推進する。エネルギー消費の強度を確実に下げ、消費総量をコントロールする。②産業構造の最適化、技術進歩の推進、工事現場管理措置の強化、管理・誘導法の改善などの方式を通じて、インセンティブと制約を結びつけた、政府・企業・社会による共同参加型の省エネ・排出削減新メカニズムを確立する。③循環型経済の発展スピードを上げ、資源の利用効率を高める。エネルギー投入と製品産出比を向上させるために、リデュース・リユース・リサイクルの原則に準拠し、循環型工業・農業・サービス業体系を構築し、資源リサイクリングの産業化を推進し、社会全体をカバーする資源再生利用システムを形成する。④グリーン産業およびクリーン・エネルギーを大いに発展し、エネルギー構造を改善する。新エネルギー産業の規模をより一層拡大し、風力発電産業、光電産業の開発速度を上げ、原子力発電を積極的に模索し、それぞれの土地に合わせたバイオマスエネルギーを開発・利用し、中国のエネルギー構造を改善する。⑤環境保全産業を大いに発展し、社会全体に省エネ・環境保全型の技術装置・設備、技術的ソリューション、グリーン・低炭素、生態・環境配慮型製品を提供する。

第2に、資源製品の価格改革を積極的に推進し、全社会において省エネ・エネルギー消費削減の自発的インセンティブ・メカニズムを形成する。長きにわたり、中国の各種資源製品は価格形成メカニズムの不合理であるがゆえに、価格がかなり低く、企業・家計による資源利用の節約を促す自発的なメカニズムが形成されにくかった。したがって、一方ではスタート段階において適度に競争を引き入れ、関連製品の価格形成メカニズムの最適化を図る必要があるが、また一方では、末端段階において電気・水道・ガスといった資源製品の価格を合理的に調整し、価格メカニズムによって社会全体が資源利用を節約するように確実に誘導していかなくてはならない。電気価格を例にしてみると、水力発

電、原子力発電、再生可能なエネルギー発電の合理的なプライシング体制を形成し、競争入札による電力購入や送配電料金改革を秩序立てて推進するほか、末端においても家計向け段階式電気料金方案の改善を試みるべきだ。

また、次の面での取り組みも必要だ。資源税改革を引き続き推進し、環境税を早期に導入する。経済手段を用いて企業主体の省エネ・エネルギー消費削減を促す。汚染物排出費徴収制度の確立を大いに推進し、資源補償と取引制度の健全化を図る。「汚染者が汚染を処理し、開発者が環境を保護し、利用者が環境汚染を補償する」という原則に照らして、生態補償メカニズムを確立し、生態環境保全に持続的原動力を注入する。

第3に、関連する統計・評価システム、幹部行政評価制度を整備する。そのために、一方では生態文明の要求を体現する目標体系を確立し、統計指標を改善し、資源の消費、環境損害、生態効率を経済・社会発展の評価システムに盛り込む。また一方では、幹部行政評価制度を整備し、地域間および都市・農村間の相違に合わせて異なった評価目標を設定し、生態文明関連指標の優先度を加え、目標責任を明確にし、幹部の行政評価・登用制度を改善する。このほか、関連法律・法規をさらに整備し、環境モニタリングを強化し、環境の法執行を厳格化していく。生態・環境保全の責任追及制度および環境損害賠償制度を見直し、情報開示と民衆参加を推進し、多様化した環境監督体制を整備することも必要である。

とにかく、新常態の下で、生態文明の理念を経済発展に融合させるべきだ。金山と銀山（経済発展と豊かさ）を求めるだけでなく、青い山河（環境保護）も求めなければならない。青い山河こそ最大で永久な金山と銀山である。経済発展は絶対に資源・環境の負荷受容能力を越えてはならない。生態を犠牲にして、環境破壊を代償にしてはならない。これを守ってこそ、中国の経済・社会が自然生態系と調和をとれて発展し、経済建設が政治建設、社会建設、文化建設と足並みを揃えて進め、中華民族の永続的発展と長期的社会安定を実現することができる。

第8節　改革の全面的深化に注力

　習近平総書記は、「新常態に適応できるかどうかは、改革の全面的深化を推進する力の度合いがカギである＊17」と語った。改革・開放は党が新しい歴史的条件の下で人民をリードして行っている新たな偉大な革命であり、当代の中国の運命を決める重要な選択だ。これまでの30数年間、中国は改革・開放に依拠して急速な発展を遂げてきたが、今後も改革・開放に依拠して発展することを確固不動に進めなければならない。中国の特色ある社会主義は改革・開放の中で生まれたもので、必ず改革・開放の中で発展し、強大になる。新常態の下で、正しい方向をしっかり把握し、それを揺るぎのないものとし、あえて難題に取り組み、あえて早瀬を渡り、勇んで難度の増した領域に挑み、改革の全面的深化に力を加え、改革を確固不動に推進するべきである。

1　改革・開放は深刻な革命

　方向は道路を決め、道路によって運命が決まる。中国の改革・開放が巨大な成功を成し遂げた重要な理由は、党の基本路線を党と国家の生命線とし、中国の特色ある社会主義の偉大なる実践に経済建設を中心に据えることと四つの基本原則、改革・開放という二つの基本点を統一し、しかも一貫して堅持し、閉鎖的で硬直した道を歩むこともなければ、旗印を変えて邪道にそれることもしなかったからである。新たな情勢・任務・要求を前に、改革の全面的深化を推進するには、公正競争の発展環境をより一層形成し、経済・社会の発展活力を一段と増強し、政府の効率・効力をさらに向上し、社会の公平・正義をしっかり確立し、社会の調和・安定をより一層促進し、党の指導レベルと政治執行能力をもっと向上することがカギとなる。改革の深化を通じて、労働・知識・技術・管理・資本といった生産要素が競って活力を併発し、社会財産を創造する

＊17 習近平「永続的発展を追求し、アジア太平洋の夢を共に築く―アジア太平洋経済協力（APEC）CEOサミットの開幕式における基調講演」『人民日報』2014年11月10日

全ての源泉が十分に湧き出るようにしなければならない。と同時に、活力と秩序の関係をきちんと処理することも必要だ。社会の発展には活力が必要だが、この種の活力はまた秩序正しいものでなければならない。

中国の特色ある社会主義制度の整備と発展、国家統治体系と統治能力の現代化を改革の全面的深化の総目標にすることを堅持する。鄧小平氏は1992年に、さらに30年の時間があってこそ、我々は各方面でより成熟し、より定型化した制度を形成することができる、と述べた。党の18期三中全会（2013年）は、鄧小平氏の戦略的思想を踏まえ、国家統治体系と統治能力の現代化を推進するべきだ、と提起した。これは中国の特色ある社会主義制度を整備・発展することによる必然的な要求であり、社会主義現代化を実現するためのあるべき筋道である。改革の全面的深化は、一つの分野の改革を推進することではなく、いくつかの分野の改革を推進することでもなく、あらゆる分野の改革を推進することであり、国家統治体系と統治能力を総合的視点で考慮する必要がある。

2　改革の全面的深化の方法論を把握

中国の改革はすでに難度の高い分野を攻略する時機に入っており、社会各界・内外から高度に注目されている。改革を一層推進するには、自信を固め、コンセンサスを凝集し、統一的な計画・調整を行ったうえで、協調して推進する必要がある。また、社会主義市場経済の改革方向を堅持して揺るぎないものとし、改革の系統性・全体性・協働性を強化し、重要分野とキーポイントの改革を統一的に計画・推進するべきである。

自信を固めるとは、改革・開放を確固不動に推進することである。改革・開放は現代中国の運命を決めるカギとなる方策で、「二つの百年」の奮闘目標の実現、中華民族の偉大な復興の達成を決定する重要な手段でもある。発展の実践と思想の解放に終わりがなく、改革・開放に際限がなく、停滞と後退には前途がない。現在、改革を推進する道程では矛盾が多く、難度も増している。しかし、改革をしなくてはならない。勇気を振り絞って、改革・開放という正しい方向を堅持し、あえて難題に取り組み、あえて早瀬を渡り、すすんで思想・観念の障碍を突き破り、勇んで既得権益の垣根を越え、改革を停滞させず、開放

の歩みを止めないようにしなければならない。

　コンセンサスを凝集するとは、改革・開放を推進する相乗効果を形成することである。「人の気持ちが揃えば、泰山をも動かせる」。幅広いコンセンサスがなければ、改革は円滑に進まず、たとえ進んだとしても全面的成功を得られにくい。コンセンサスを凝集するとは、「小異を残し、大同を求める」プロセスであり、「最大公約数」を見つけることだ。「最大公約数」を見出して、それを改革・開放にフォーカスさせて事を進めれば、半分の努力で倍の効果を得られる。コンセンサスを凝集することは、大衆の知恵・パワーを頼りにし、地方、末端組織、大衆のパイオニア精神を尊重し発揮させ、実践の中で最も良い答えを見出すことだ。民衆のパイオニア精神を尊重し、結集できる力を幅広く結集し、動員できるプラスの要因を充分に動員しさえすれば、改革・開放を推進する強大なパワーは必ず凝集できる。

　統一的な計画・調整を行うとは、改革の政策決定の合理性を高めることである。「万世を謀らぬ者は一域を謀るに足らぬ」。第18回党大会では、より大きな政治的勇気と知恵をもって、チャンスを見逃さずに重要分野の改革を深化させ、科学的な発展を妨げる思想・観念および体制・メカニズムにおける一切の弊害を断固として打破し、系統の完備した、科学的にルール化された、効率的に運営される制度・体系を構築し、各方面において制度のより一層の成熟化・定型化を図るべきだ、と強調された。これには、改革のグランド・デザインとマスタープランを重視し、改革の戦略的目標、戦略的重点、優先順位、主要攻略方向などを正確に見つけ、改革の全体案、ロードマップ、スケジュールを策定し、時代の特徴を取り入れながら、長期的制度設計に有利な改革措置を打ち出すことが求められる。

　協調して推進するとは、改革・措置の連携性を強化することである。重大な改革はいずれも一髪の千金を引くが如し（わずかなことで全体に影響を及ぼすもの）で、より一層全面的に思慮し、足並みを揃えて進めるべきだ。発展の不均衡をおこしてはならず、われ先に突き進んでもいけない。全体と局部が一体化し、本質対処法と表面対処法が融合し、漸進と突破がミックスすることによってはじめて各項目の改革が最大効力を発揮することができる。したがって、これ

だと見定めた改革に対しては、意を決して推進し、早期に成果を得るようにする。関連分野の広い改革に対しては、関連改革を同時に進め、各項目の関連改革の連携推進によるプラスのエネルギーを凝集する。一方で、それほど確信を持てないが突き進まざるをえない改革に対しては、モデルケースから始め、石橋を叩いて渡るようにし、実践の中で新たな道を切り開いて、経験を得てから広めるようにすれば良い。改革・開放は現代中国の鮮明な象徴であり、活力の源泉である。発展の新たな局面を切り開くには、改革の新たなブレークスルーが必要不可欠だ。

3 経済体制改革のけん引役を発揮

経済体制改革は他の分野の改革に対して重要な影響力と波及効果を持つもので、重大な経済体制改革の進度によって他の体制改革の進度が決まるので、一髪の千金を引くが如しの効果がある。カール・マルクスは「経済学批判『序言』」（マルクス『経済学批判』武田隆夫・遠藤湘吉・大内　力・加藤俊彦訳　岩波文庫昭和31年5月25日）で、「人間は、その生活の社会的生産において、一定の、必然的な、かれらの意思から独立した諸関係を、つまりかれらの物質的生産諸力の一定の発生段階に対応する生産諸関係を、とり結ぶ。この生産諸関係の総体は社会の経済的機構を形づくっており、これが現実の土台となって、そのうえに、法律的、政治的上部構造がそびえたち、また、一定の社会的意識諸形態は、この現実の土台に対応している。」と指摘している。改革の全面的深化において、経済体制改革を主軸とすることを堅持し、重要分野とキーポイントの改革で新たなブレークスルーを達成し、これをもって他の分野の改革をけん引・リードし、縄張り政治や力の分散を避け、各分野の改革を共同で推進させ、シナジーを生み出すようにするべきである。

社会主義市場経済の改革方向を堅持することは、経済体制改革の基本的な準拠方針であるだけでなく、改革を全面的に深化させる重要な拠り所でもある。資源配分で市場に決定的な役割を担わせることは、主に経済体制改革と関連するが、言うまでもなく政治、文化、社会、生態文明、党の建設といった各分野にも影響を及ぼすこと違いない。各分野の体制改革が完全な社会主義市場経済

体制の方向に向かって進み、社会主義市場経済発展が求める新たな要求によりよく適応するようにさせなければならない。

ここ20数年、中国は社会主義市場経済体制の確立という目標に向かって、経済体制改革およびその他の各分野の体制改革を推進してきた。これによって、中国は高度集中的な計画経済体制から活気溢れる社会主義市場経済体制への転換を実現し、閉鎖・半閉鎖から全面的開放への偉大な歴史的転換を果たした。人民生活の衣食の充足から小康（ややゆとりのある生活）への歴史的飛躍を成し遂げ、経済総量も世界第二位に躍進した。それに億万人民の積極性が大いに引き出され、社会生産力が増進され、党と国家の生気・活力が増強された。

現在、内外を取り巻く環境が激変し、中国発展の道程に一連の突出した矛盾・試練が立ちはだかっており、前進する道路は険しさに充ちている。発展の不均衡、不調和、持続不可能といった問題が依然際立ち、技術革新の能力が低く、産業構造が不合理である。発展方式は依然粗放的で、都市・農村間の発展格差および家計所得分配格差がなお大きく、社会の矛盾が明らかに増えている。教育、雇用、社会保障、医療・衛生、保障住宅、生態環境、食品・薬品安全、安全生産、社会治安、法執行、司法など大衆の絶対的利益に関係する問題がかなり多い。一部の民衆の生活が困難で、形式主義・官僚主義・享楽主義・贅沢習慣の問題が目立っている。一部の分野で消極的な腐敗現象が多発しているし、腐敗撲滅闘争の形勢は依然厳しい。これらの問題を解決するには、発展の前に立ちはだかる難題を解決し、各方面からのリスク・試練を解決しなければならない。経済社会の健全かつ持続的な発展を進めるには、改革・開放の一層推進以外に方途はない。

改革を推進する目的は、中国の社会主義制度の自己改善と発展を絶えず推進し、社会主義に新たな生気とエネルギーを与えることだ。これには、道路・理論・制度に対する自信を揺るぎのないものとし、盤石な精神力と信仰力を持つことが必要であるが、またこの精神と信仰を支える強大な物的能力も備わなければならない。30数年間、中国は改革の方法によって党・国家事業の発展における一連の問題を解決してきた。だが、世界を認識・改造するプロセスの中で、古い問題が解決されると、新しい問題がまた生まれてくるので、制度には不断

なる改善が必要だ。したがって、改革は簡単に終わってしまうことはありえないし、一度苦労すれば後は楽になることもない。

4 開放型経済水準の全面的向上

30年余りの改革・開放の道程でみると、開放によって改革が余儀なくされることが基本経験になる。経済の新段階では、このような状態は終わったわけでなく、それどころか、さらなる厳しい難題が突きつけられ、際立った特徴が多く現れている。海外市場の中長期的衰退、貿易保護主義の再台頭という背景の下で、投資・輸出主導の経済成長モデルの転換が求められ、内需拡大・消費けん引を地域協力の推進における重大な戦略に据えなければならない。成長モデルの転換という現実的要求に照らして、従来の製造業開放を中心とした構造からサービス業開放を中心とする構造に転換し、地域内の制度の全面的刷新を通じて改革の深化および開放の拡大に新たな道を模索しなければならない。

サービス業の開放をもって全面的開放をけん引する。これには、①金融・電気・通信・郵政・宅配などの業界でより一層市場参入を緩和し、経営範囲の制限を撤廃する、②教育・医療・衛生・文化などの業界でサービス業の政策体系を刷新する、③2ヵ国間・多国間自由貿易区（FTA）戦略の早期実施を図り、ASEANとの自由貿易協定をアップグレードし、アジア一体化における中日韓・中韓自由貿易区が重要な役割を果たすように推進する。アジア太平洋諸国・地域とのFA交渉を積極的に行い、新興国との全面的協力を強化する、といったことに注力しなければならない。また、グローバルガバナンスの再構築に積極的に参加し、世界経済の再均衡および世界経済秩序の再建過程でより大きな役割を果たすのも重要である。

中国は開放した門戸を閉ざすはずはない。自分を過少評価せず、過大評価もしない。世界各国の人民が創造した優秀な文明の成果を学習し、吸収することをより一層重視し、世界各国と相互に参考し合い、長所を取り入れ、短所を補うようにしなければならない。過去10年の間、中国は世界貿易機関（WTO）に加盟した際の約束を全面的に履行し、ビジネス環境は一段と開放され、規範化されている。今後、中国はより広い範囲で、より多くの領域で、より深いレ

ベルで開放型経済のレベルアップを図るように努める。中国の事業は世界各国との協力・共栄の事業でもある。国際社会は切っても切れない運命共同体になりつつある。複雑な世界経済情勢とグローバル問題を前に、いかなる国家も独り善がりで、自国だけが良ければいいというわけにはいかない。各国が協力し合って困難を乗り切り、自国の利益を追い求める際に他国の関心・配慮を兼ね合うことが求められる。中国はいかなる形式の保護主義にも反対し、均衡・共栄・発展配慮型の多国間経済貿易体制の確立を積極的に推進し、開放型世界経済を共同で維持し、発展させるようにする。

第 4 章

改革の全面的深化―新たなエンジンと措置

習近平総書記は、「我々が推進している改革の全面的深化は、社会生産力に対する解放であり、社会活力への解放でもあり、中国経済・社会の発展を推進する強大な原動力になるに違いない。*1」と語った。党の18期三中全会で改革の全面的深化について総合的な政策準備が行われ、15分野にわたる330項目以上の重大な改革措置が盛り込まれている。これらの重大な改革措置は中国経済新常態の強大な原動力となりつつある。新常態の下で、中国はより一層改革の全面的深化という重要な役割を際立たせ、それに絶えず注力して推進しなければならない。また経済法則・社会法則・自然法則という「三法則」にきちんと準拠して、経済法則に符合した科学的な発展、自然法則に符合した持続可能な発展、社会法則に符合した包摂的な発展を成し遂げるべきだ。「改革ボーナス（改革によって生み出される便益）」をより一層引き出して、改革事業のさらなる深化を確固不動に推進し、中国経済のミドル・ハイエンド化および効率の高い成長の新常態が形成されるよう促さなくてはならない。

第1節　政府機能転換の新常態を実現

　経済の新常態に適応するには、より高いレベルで政府機能転換の新常態を完成する必要がある。習近平総書記は党の18期二中全会第2回全体会議で、「政府機能の転換は行政体制改革を深化させる中心であり、実際は政府が何をするべきか、何をせざるべきかの問題を解決することだ。重点は政府・市場・社会の関係、すなわちどれをそれぞれに分担させ、どれを三者による共同分担でやっていくかとのことだ*2」、と明確に指摘した。経済新常態の下で、政府機能転換の中心は依然として政府と市場の関係をきちんと処理し、市場に資源配分で決定的役割を担わせ、政府の役割をより一層発揮させることである。政府機能転換の新常態を実現することは、国家統治体系と統治能力の現代化を達成することにとって大変重要な現実的意味を持っている。

＊1　習近平「永続的発展を追求し、アジア太平洋の夢を共に築く―アジア太平洋経済協力（APEC）CEOサミットの開幕式における基調講演」『人民日報』2014年11月10日
＊2　党・中央文献研究室編纂『全国における改革の深化に関する習近平論述のダイジェスト』中央文献出版社2014年版、53ページ

1 行政手続きの簡素化、権限委譲の一層推進

　第1に、行政審査・許認可制度改革を持続的に深化させる。習近平総書記は党の群衆路線教育実践活動を展開する中央政治局の専門会議において、行政手続きの簡素化と地方政府への権限委譲改革が施行されて1年間の実績を評価したうえで、行政審査・許認可制度改革を引き続き推進し、レントシーキング*3の余地をなくし、体制・メカニズムから不正の風潮が蔓延する抜け穴を塞ぐべきだ、と一段と強調した。2013年以降、新政府は7回にわたり、トータルで632項目の行政審査・許認可事項を取り消し、地方政府に委譲し、また政府承認の投資項目リストを改定し、商業制度改革を行い、財政の（地方、企業への）移転支出項目を減少・整理・統合し、行政事業性料金徴収を大幅に減少し、資質・資格許認可事項および基準達成評定・表彰項目を整理・削減した。これらの措置は企業の負担を軽減し、企業・市場の活力を奮い立たせるのに重要な役割を果たしている。今後は引き続き行政審査・許認可制度改革の一層の推進を図り、既得権益の垣根を越え、権益を市場・社会に確実に委譲させる必要がある。

　第2に、行政手続きの簡素化と権限委譲の実質内容を絶えず高める。2014年7月29に開催された中共中央政治局会議では、行政手続きの簡素化と権限委譲の実質的な内容を増加させ、投資体制改革の一層の深化に取り組み、自然独占業界の競争的業務を早期に開放させ、サービス業が秩序立てて開放するようにスピードを上げ、製造業の参入制限を緩和する、とされた。10年間にわたる行政審査・許認可制度改革を経て、取り消しや委譲のしやすい行政審査・許認可事項はすでに改革し終えているし、残ったのはいずれも手のつけにくい部分だと言える。したがって、行政手続きの簡素化と権限委譲を一層推進するには、問題解決を中心に据えることを堅持し、経済・社会の発展を束縛した、実質内容が豊富な、大きな突破価値のある権力を取り消して地方政府に委譲し、本格的な「政府による自己革命」を果たし、市場の自発的原動力と活力を奮い立た

---

*3　監訳者注：政府独占によって生じた超過利潤を受け取るために行なわれる政府への働きかけ

せることが肝心になる。

　第3に、政府権限リスト制度の確立・改善を図る。各レベルの政府は現在施行中の行政審査・許認可事項を徹底的に整理したうえで、政府権限リスト制度を確立・整備し、本格的に「法律の枠外で権限を施行してはならぬ」ようにする。市場参入ネガティブリスト制度を制定し、リスト以外の項目については、各種市場主体であるならば誰もが法に基づいて平等に参入することができ、「法律の枠内なら制限を設けない」ようにする。

2　事中・事後の監督・管理の一層強化

　政府機能の転換、行政手続きの簡素化と権限委譲にあたり、「管理」と「委譲」は同等に重要かつ不可欠だ。いかに「管理」と「委譲」を結合し、「管理」と「委譲」の同時進行を上手に図るかが、政府機能転換の一層推進にとって重大な試練である。「管理」とは、事中・事後の監督・管理のことで、現在改革が直面する不足部分である。比較的に際立った問題は次の三つである。①管理・監督理念の浸透度が不十分だ。政府部門の多くは「許認可はできるが、管理はできない」、「審査・許認可には夢中だが、監督・管理には五里霧中」で、事中・事後の監督・管理について知識も熱意もないため、管理の代わりに許認可を与えたり、費用を徴収したり、行政処罰をしたりする現象があまねく存在している。②監督・管理の体制が不健全だ。複数部門による管理・監督の問題、権限と責任のミスマッチの問題が深刻で、監督・管理機能が交叉しながらも本来果たすべき機能が果たされていない現象が起きている。また、監督・管理能力の不足、情報の非対称性といった現象があまねく存在している。③監督・管理の方式が非科学的だ。監督・管理部門の多くは「静的」と「動的」な管理方式を取っている。普段は管理・監督が緩く、隠れた危険さえ気配りできないが、いざ問題が明るみに出ると、一斉に規制に走る傾向がある。

　政府機能転換の新常態は事中・事後の監督・管理の強化を求めるが、これには次の四つの面で工夫する必要がある。①政府監督・管理の意識を高め、責任を明確化にする。重点は「審査を重んずるが管理を軽んずる」、「権限を持っているが責任を持たない」現象を改め、権限と責任がマッチするようにさせ、監

督・管理の責任を各部門・職場・職員の一人一人に落とし込み、根本から「手抜き政治」や「行政の怠慢」という思考回路を打破し、監督・管理の認知盲点をなくすことである。②制度構築を整備し、監督・管理方式を刷新する。まず、市場主体の信用システムといった、リスク管理に基づいたリスクを予防する制度・体系を構築し、関連制度を通じて市場主体の行為を制限し、違法コストを高める。また一方では、ランダムサンプリングを重点とする日常の監督・管理検査制度を確立し、監督・管理に関する法規執行情報を開示し、市場監督・管理の業務プロセスと方法を改善し、監督・管理の隙間を補い抜け穴を塞ぐようにする。③社会監督を奨励し、業界の自律を強化する。まず社会大衆とりわけステークホルダーによる社会監督を奨励し、大衆の権利主張意識と自己保護能力を向上させる。また一方では、業界の自律を強化し、業界協会といった社会組織に依拠して事中・事後の監督・管理を強化する。④監督・管理についての研究を強化し、「管理」と「委譲」の同時進行を図る。国務院は、行政審査・認可改革プロセスの中で、すでに取り消したあるいは委譲を決定した項目の全てに対し、事中・事後の管理・監督に関する強化措置を同時に検討・提出し、あわせて遂行に移さねばならない、と明確に要求した。また、取り消しあるいは委譲を予定している行政審査・許認可事項に対し、もし次の段階としての事中・事後の監督・管理の措置が不明確で、具体性を欠き、実行可能性が少なければ、権限の取り消しや委譲を一時見合わせるべきだ、とされた。さもなければ、再び「委譲すれば混乱する」といういつもの道に戻ってしまい、改革の効果に影響してしまう。

3 マクロ・コントロール体系の健全化

科学的なマクロ・コントロールおよび効果的な政府ガバナンスは、社会主義市場経済体制の優位性を発揮することによる自発的な要求である。経済新常態の要求に適応していくには、自発的経済法則に照らし、マクロ・コントロールの視点と方式を刷新し、(経済運営に必要な合理的) 区間コントロールに弾力性を持たせ、マクロ・コントロールや重要事業の推進、長期計画、大局設計といった面における政府の役割を確実に発揮し、政府統治能力を高めなければならな

い。

　第1に、マクロ・コントロールに対する考え方を改善する。党の18期三中全会で採択された「改革の全面深化における中共中央の若干の重大問題に関する決定」では、「マクロ・コントロールの主要な任務は経済総量の均衡を保ち、重大な経済構造の調整および生産力構造の最適化を促進することであり、周期的変動による経済への影響を軽減し、地域的・システミックリスクを防御し、市場の期待を安定させ、経済の健全かつ持続的な発展を実現することでもある」、と指摘された。従来のマクロ・コントロールの考え方は、速度・規模の指標をより強く強調し、最大関心事項はGDP・物価・マネーサプライ・与信拡大・財政収支といったデータである。経済新常態の下で、マクロ・コントロールは経済発展の質・効率および経済以外の民生・生態といった指標を関心事項の中心に据え、経済・社会発展の各部分を総合的に考慮し、安定成長・改革促進・構造調整・民生保障といった各事業を統一的に計画し、きちんと調整することに注力する。

　第2に、マクロ・コントロールの方式を刷新する。「改革の全面深化における中共中央の若干の重大問題に関する決定」では、「国家発展戦略と長期計画を軸足に据え、財政政策と金融政策を主要な手段とするマクロ・コントロール・システムの健全化を図り、マクロ・コントロールの目標制定および政策的手段の運用メカニズム化を推進し、財政政策・金融政策と産業・価格など政策的手段との協調・連携を強化し、時機把握能力を向上させ、マクロ・コントロールの先見性・方向性・協働性を強化する」、とされた。経済新常態の下で、区間コントロールとターゲットを絞った限定的なコントロールが結合された、新たなマクロ・コントロール方式を模索しなければならない。限定コントロールは区間コントロールの重要な構成部分で、区間コントロールを深化させたものだ。それを実施するには、経済・社会発展の基幹分野・脆弱部分をしっかりとらえ、精確で綿密に力を発し、照準を合わせて施策する必要がある。区間コントロールと限定コントロールを総合的に運営することは、経済総量の調整だけでなく、経済構造の調整でもあり、結果の有効性を強調するだけでなく、調整プロセスの精確性をも重視することだ。また、理論と実践の両面からマクロ・コントロー

ルを刷新して実現する形式でもある。

4　行政管理方式の刷新

　第1に、法治マインドと法治方式をもって行政法執行改革を推進する。党の18期四中全会は行政法執行の体制改革に対して全面的な制度設計を行った。「法に基づく国家統治を全面的に推進する中共中央の若干の重大問題に関する決定」では、「行政法執行体制改革を深化させ、総合的な法執行を進め、市・県級政府の行政法執行管理を改善し、行政法執行者の職業資格保有・管理制度の実施を厳格化し、行政法執行と刑事司法の連結メカニズムの健全化を図る。と同時に、公正で礼節ある法執行ルールの厳格化を堅持し、行政裁量権基準制度を確立し、その健全化を図り、行政法執行責任制を全面的に遂行する。行政法執行分野における行政管理方式の刷新にあたり、法治マインドと法治方式の意識を強化し、『依拠できる法律がある、なおかつ法律に必ず依拠する』ようにし、行政法執行における基準の不透明、ルールの脆弱などの問題を改め、行政法執行の公信力を高めるようにすべきだ」、と強調された。

　第2に、社会信用システムづくりに依拠して市場監督・管理を強化する。企業・市場の活力を奮い立たせるには、市場監督・管理を強化し、公正競争および秩序立てて運営することのできる市場環境をつくらなくてはならない。国務院は2014年6月に、「市場の公正競争の促進、市場の正常な秩序の維持に関する若干の意見」を公布した。関連部門も社会信用システムづくりに関する制度・措置の早期制定に取り組んでいる。企業の情報開示制度づくり、社会信用システムづくりといった方式を通じて、行政管理方式を刷新し完全化していき、統一でオープンな、秩序を立てて競争のできる、信義を重んじ法律を遵守する、監督・管理の有力な市場監督・管理システムの構築を推進する。

　第3に、政策・措置に対する第三者機関による評価を積極的に取り入れる。政府機能転換後の各項目の任務を確実に落とし込むために、新政府は重要な政策・措置の遂行状況について、監督・管理を行うと同時に第三者機関による評価を導入し、行政管理方式を大きく刷新した。政策・措置の制定前・実施中・遂行後を対象とする第三者機関による評価事業を持続的に展開することは、政

策チャネルの円滑化および政策・措置の改善にとって重要な役割を持っている。

5 公共サービスの強化と最適化

現在、中国の経済・社会発展が直面する重要な問題は公共需要の急増と公共サービスの供給不足による矛盾である。公共サービスのシステムづくりを強化し、特に基本公共サービスの均等化を推進することはこの問題を解決する肝要な措置であり、政府機能転換の主たる目標でもある。これには次の三つの面から重点的に切り込む必要がある。

第1に、政府の公共サービス機能を強化し、公共サービス水準の底上げを目指す。政府は社会保障・教育・衛生・文化といった面における機能配置を改善し、充実な公共サービスシステムを形成し、政府機能を必要とするところには必ず公共サービスがあるように図るべきだ。と同時に、政府公共サービスの職責を法治化し、責任と権限の体系を明確化し、サービス提供に関する基準の不透明性をなくす。

第2に、公共投資を拡大し、公共製品の有効供給を増加する。国際経験によると、高度成長期の終焉は決して中成長期が自ずとやってくることを意味するものではない。高度成長から中高度成長への転換プロセスの中で、政府は下限マインドを把握し、経済成長を安定させ、経済の急激な落ち込みによるシステミックリスクの発生を防御しなければならない。公共分野の投資は安定成長の有効な手段だが、肝心なのは公共インフラ、教育、医療、社会保障などの民生投資を増加し、公共製品の総量・質を高め、公共サービスと経済成長が足並みを揃えて発展することである。

第3に、公共サービスの供給方式を刷新し、多様化・社会化の公共サービス供給システムを構築する。肝心なのは市場のために、社会のために平等な競争環境を創ってサービスを提供することに政府機能を転換させることだ。市場・社会に対して生産・供給できる公共製品および公共サービス市場を開放し、市場主体と社会組織の参入を許可・奨励する。市場・社会メカニズムを利用して資源配分の最適化を図り、公共サービスの量・質を高め、市場・社会が提供し、政府が調達するという公共製品の供給メカニズムを形成する。

6　政府組織機構の最適化

　習近平総書記は、「機構改革と機能転換を推進するには、大と小、引締めと緩和、政府と社会、管理とサービスの関係をきちんと処理しなければならない。大部門制(「大部制」ともいう)[*4]を着実に推進する必要があるが、全ての機能部門を大きくする必要はない。一部の部門は特別機能部門で、一部の部門は総合部門である。総合部門は必要があれば大部門制を適用してもいいが、全ての総合部門を大部門制にする必要はなく、関連機能の全てを一つのバスケットに盛る必要もない。重要なのはどのように配置すれば実情に符合し、より科学的かつ合理的になり、より効率的になるかを見極めることだ。」[*5]と指摘した。

　行政権力構造および運営メカニズムの最適化は政府機能転換の保障である。このことは政府が機能を転換すると同時に、組織・機構の最適化を進めることを要求するので、政府組織・機構は実際に機能を転換させる必要がある。政府組織・機構の設置の最適化を図るには、政策決定権・執行権・監督権の相互制約・相互連携という原則に照らして、行政機能を科学的に配置し、行政権力構造を改善し、行政権力運営メカニズムを規範化し、責任と権限の統一化、分業の合理化、政策策定の科学化、遂行の円滑化、監督の強力化といった行政管理体制を形成し、科学的・安定的・効率的・清廉潔白な行政権力配置構造および運営メカニズムを形成するために基礎を築かなければならない。同時に、機構設立および機能配置の基準の不透明性を避けるために、法治の角度から政府組織・機構の設置を規範化し、最適化プロセスをルール化・制度化し、機構設立と人員配置が「膨張から簡素化へ、そして再膨張に向かう」という悪循環に陥らないようにしなければならない。

[*4]　監訳者注：2008年2月の17期二中全会で採択された「行政管理体制改革の深化に関する意見」には「政府機構改革については機能の簡素化統一の原則および決定権、執行権、監督権の相互制約または相互協調という要求に基づき、機能の転換と職責関係の整理を進め、政府の組織構造を改善し、機構の設置を規範化し、機能が有機的に統一された大部門体制を目指す」とある。

[*5]　党・中央文献研究室編纂『全国における改革の深化に関する習近平論述のダイジェスト』中央文献出版社 2014年版、53ページ

第2節　イノベーション主導の新常態を実現

　習近平総書記は2014年のアジア太平洋経済協力（APEC）CEOサミットにおいて基調講演を行い、中国経済新常態の特徴の一つは生産要素・投資主導からイノベーション主導への転換だと指摘し、あわせて「我々はイノベーション主導というエンジンの役割を発揮させることに注力し、イノベーション型企業、エネルギーの溢れる中小企業をより多く支援し、従来型産業の改造と高度化を促し、新たな成長分野と主導力を早期に育成しなければならない[*6]」、と強調した。では、イノベーション主導型発展の新常態をどう実現するか。これには思想をより一層解放し、イノベーション主導の発展を束縛する一切の観念および体制・メカニズムによる障碍を打破し、イノベーション主導に資する一切の活力の源泉が十分に湧き出るように奮い立たせることが喫緊の課題となる。

1　企業主導の技術革新を強化

　企業が強ければ技術も強くなり、産業・経済・国家も強くなる。イノベーション型企業はイノベーション主導型発展の主な担い手であり、国家競争力を高める重要な基礎でもある。そのため、方策を尽くして企業の自発的イノベーション動力を奮い立たせ、技術革新の意思決定、研究開発への投資、科学研究組織、成果の実用化と応用において企業が正真正銘の主体になるようにさせ、技術成果の現実的生産力への実用化を促進することが肝心要になる。

　第1に、企業の技術革新に対する大本からの支援に注力する。企業が市場ニーズに基づいて研究開発機関を設立することを奨励し、研究開発に対する企業の投資拡大を誘導する。技術研究開発、製品イノベーション、技術成果の実用化を企画するメカニズムの健全化を図り、技術革新と市場とのリンクを強化し、企業による重大な技術成果の実用化の推進を支援する。技術型中小企業の育成に力を入れる。政府による中小企業発展特別資金の設立を通じて中小企業の技

[*6]　習近平「永続的発展を追求し、アジア太平洋の夢を共に築く―アジア太平洋経済協力（APEC）CEOサミットの開幕式における基調講演」『人民日報』2014年11月10日

術革新および改造・高度化を誘導する。

　第2に、企業の技術革新戦略の転換とグレードアップを推進する。企業が独自の比較優位に符合した、独創的イノベーションの道を選択して進むように奨励し、新製品開発、新技術の導入、新しい生産工程の運営における企業技術者の役割を十分に発揮させる。資本・管理・技術といった生産要素による利益配分への参加を促し、技術要素の企業への流動を奨励する。資金・人材・技術といったイノベーション・リソースを企業に集中させるように導き、技術者のイノベーションと起業活力を奮い立たせる。企業の技術革新に関する最先端理論研究の強化を重視し、市場競争におけるコア・コンピテンスの向上強化によって技術革新のレベルを引き上げる。

　第3に、グローバルな視点を生かしてイノベーションを計画・推進する。現在、世界でイノベーションと製造の多様化・分散化が進み、もともと一定の地域に限られたバリューチェーンは異なる国家へ拡散し、それにともないグローバル・バリューチェーンが形成されるようになっている。外国と交流せず、門戸を閉ざして競争するならば、結果は自国のイノベーション能力を委縮させ、産業が終始バリューチェーンの末端に置かれるのみだ。新たな世界競争の枠組みの下で、中国企業はグローバルな視点でイノベーションを計画・推進し、グローバル・リソースの統合、イノベーション能力の向上をマスターしなければならない。

　産業技術革新戦略連盟を立ち上げ、技術革新、ビジネスモデルのイノベーション、マネージメント・イノベーションを強化し、企業の技術革新の開放・協力水準を向上する。企業は高等教育機関、科学技術研究機関などと手を組んで共同研究開発機関を設立することによって、優位性の相互補完、成果共有、リスク分担を実現できる。技術革新に対する導入重視から消化・吸収重視への企業方針転換を推進し、「導入、失敗、再導入、再失敗」という悪循環を抜け出し、より高次元の開放型イノベーションを実現するように後押しする。

2　護送式イノベーション主導の発展制度の確立・健全化

　イノベーション主導の発展という道へ進むにはそれ相応の制度的な支援がな

くてはならない。制度設計の合理性はイノベーション主導と経済構造転換・高度化の最終成果に直接影響を与える。したがって、技術と経済価値創出をつなげるルートを切り開き、技術革新能力の向上に影響を及ぼす制度的障碍を断固として取り除き、イノベーション主導の発展に有効な保障を提供しなければならない。

　第1に、知的財産権制度。知的財産権の価値はイノベーションを奨励し、権利侵害を防止し、競争を促進すること、また十分なイノベーション・発明の供給市場を保証し、持続可能で広範な経済成長を刺激することである。有効な知的財産権制度はイノベーターの経済利益を保障する基礎だ。知的財産権の運用・保護を強化し、技術革新インセンティブ・メカニズムを健全化し、知的財産裁判所の設立を模索する、これはイノベーション主導の発展を支える重要な土台である。知的財産権の運用・保護への強化を通じて、利益共有、リスク分担の知的財産権利益メカニズムを確立する。

　第2に、財政・金融制度。科学技術に対する財政の投資を拡大し、投資構造を調整し、イノベーション支援の租税政策および政府調達政策を改善する。ハイテク企業への税収優遇、企業研究開発費用への税前加算控除、技術企業インキュベーターへの税収優遇といった政策・措置を全面的に遂行し、財政資金面で「少ない金額で多くを得る」レバレッジ効果を発揮させる。フィンテック[*7]・イノベーションを推進し、企業の技術革新に対する融資支援に力を入れる。金融機関による企業技術革新支援型の融資モデル・製品・サービスの開発を奨励し、より多くの社会資本をイノベーション分野に引き入れて投資させる。ベンチャーキャピタルを中枢とした株式投資システムを構築し、多層のピラミッド型資本市場を整備し、金融イノベーションをもって技術革新を支える。新型技術革新投融資プラットフォームを構築し、異なる発展段階にある技術企業のために多様化した投融資サービスを提供する。技術型中小企業の成長法則や特徴に符合した新型フィンテック製品、組織形態、サービスモデルを刷新する。技術企業向け支援銀行、技術担保、小型・零細技術企業向け融資、技術保険といっ

＊7　監訳者注：金融とIT技術の融合。中国の場合、スマホ決済システム等の製品を示すことが多い。

たフィンテック専門サービス機関の規模を拡大する。

　第3に、協創制度。協創とはイノベーション資源と生産要素の効果的な連携を指し、イノベーション主体間に横たわる垣根を乗り越えることによって、人材・資本・情報・技術といったイノベーション要素の相互の活力を十分に引き出して深いレベルでの協力を実現させることである。その結果、非線形・ネットワーク化・オープンを特徴とした、多様な主体間の相互連携・協働・相互影響に基づいた協創モデルが形成される。角度を変えて言うと、協創とは企業・政府・高等教育機関・科学研究機関・金融機関の間を隔てる障壁を突き破り、産業バリューチェーンに基づいてイノベーション・バリューチェーンを配置し、イノベーション・バリューチェーンに基づいて資金チェーンを整備し、開放的・協働的・効率的なイノベーション環境を作ることである。企業が課題を提起し、政府の誘導で高等教育機関および科学部門が関連課題の研究に取り組み、協働的に技術難関を攻略し、研究能力と産業需要のシームレスドッキングを促す。これには、科学研究機関改革および高等教育機関の科学研究体制改革を深化させ、責任と権限を明確にした、優位性相互補完の、利益共有かつリスク分担型産官学協力メカニズムを構築するように推進しなければならない。

3　イノベーション人材育成

　イノベーション主導は本質的に人材けん引力のことである。強大な人材チームが後ろ盾になければ、独創的イノベーションは源泉のない水であり、根のない木となる。ノーベル経済学賞受賞者である米経済学者のセオドア・シュルツ氏は、人的資本の蓄積は社会経済成長の源泉であり、現代経済の発展は頭脳労働者の割合を増加させることに依拠して従来の生産要素に取って代わるべきだ、と指摘している。イノベーション精神に富み、奮い立って真理を追い求めるトップクラスのイノベーション型人材は、科学技術の進歩、経済・社会の発展を推進する最も重要なパワーである。イノベーション実践の中で人材を発見し、イノベーション活動を通して人材を育成し、イノベーション事業を通じて人材を集結することによって、人口大国の中国を人材大国・ヒューマンリソース強国の中国へと押し上げる。

第1に、ハイレベルの人材チームと労働者を育成し創出する。イノベーション型の科学技術人材を中心とするチームづくりをし、一群のトップ技術者とイノベーションチームを育成し、彼らがイノベーション駆動の主要な担い手となるように導く。一般就業者の技術・管理能力・労働技能を向上し、研修に力を入れ、レベルを引き上げる。知識・労働・イノベーションを尊重する環境を整え、優秀な人材が頭角を現せるようにさせる。イノベーション主導の発展戦略の実施にあたり、研究開発タイプの人材や科学者のみならず、ハイレベルのマネージメント人材およびその他のタイプの人材も必要不可欠だ、と認識しなければならない。憂慮すべきことは、現在中国には専門技能を備わった熟練工などの上級技能人材が深刻に不足し、ある程度で中国イノベーション主導戦略の展開を左右するアキレス腱となっている。したがって、上級技能人材の育成に絶えず注力し、学校の教育訓練、企業によるOJT（On-the-Job Training）、個人の独学による技能向上といった多種多様な方式を通じて、大規模な技能人材育成活動に取り組まなければならない。

第2に、形式に関わらず、人材を誘致・活用する。内外のトップクラスのイノベーション人材、イノベーションチーム、各学科のリーダー人材を積極的に誘致し、トップクラスの人材導入をもってハイレベルのイノベーションをけん引する。第三者機関の力を借りてイノベーション人材の評価・選考を行い、専門技術のトップ人材およびイノベーション・起業型人材に対するインセンティブを絶えず高める。体制・メカニズム的障碍を取り除き、高等教育機関・科学技術研究機関におけるイノベーション型人材の企業への流動を促す。イノベーション型人材の企業への結集を奨励し、企業家のイノベーション才能の発揮にフォーカスして、多層の人材が集って活動するプラットフォームを構築し、異業種・学際領域におけるヒューマンリソースの流通を促す。

第3に、人材成長に好ましい環境をつくる。技術要素による利益分配への参加を奨励する政策を整備し、実績と貢献度を重んじる給与面でのインセンティブ制度を確立する。イノベーション人材の起業に対する支援を一層拡大し、「大衆起業」・「万民イノベーション」の新しい潮流を巻き起こす。科学技術人材の給与待遇を引き上げ、イノベーション主導の発展に必要な人材の土台を固める。

中国はいわゆる「低労働力コストの比較優位を持っている」という間違った認識から抜け出さなくてはならない。低い賃金はレベルの低い労働力しか引き寄せないので、独創的イノベーション型国家になるには、大勢の高収入、ハイレベルの、ハイエンド化人材を確保しなければならない。こうしてこそ絶えずイノベーションを推進し、中国の競争優位を高めることができる。

4 良好なイノベーションカルチャーの形成

イノベーション主導の発展を実現するには、明確な制度のルールによる誘導が必要なだけでなく、非明確なインセンティブ制度も必要である。文化は非明確な制度の重要なコンテンツとして、イノベーションに与える影響は同様に軽視できないものだ。イノベーションカルチャーはその社会に属する人々のイノベーション能力と習慣の表れであり、イノベーションに関する社会共通の観念と制度的手配でもある。経済の新常態に適応し、イノベーション主導の発展を実現するには、良好なイノベーションカルチャーによる支援なくして語れないものだ。

第1に、科学を尊重し、卓越を追求する社会的雰囲気を形成する。これには、科学知識、科学的方法、科学的精神の宣伝・普及を重視し、民族全体の科学教育水準の底上げを図り、イノベーションに資する好ましい社会的環境を形成する必要がある。技術研究分野において科学的精神、すなわち真実を求め実務に励み、誠実・公正であり、懐疑的かつ批判的で、協力的かつオープンなマインドを提唱する。労働・知識・人材・イノベーションを尊重することを堅持する。また、技術研究をめぐる現在の評価システムにおける「質よりも量を重視し、技術成果自身のイノベーション性と貢献度を評価しない」ような陳腐なやり方を改めるべきだ。さらに、科学技術に生涯を捧げ重大な貢献をした科学者、エンジニア、科学技術成果の実用化に成功した企業家を大いに宣伝するべきだ。

第2に、リスクを冒す勇気を持ち、失敗に寛容なイノベーションスピリットを提唱する。これには、気持ちの浮つきや功を焦る傾向を克服し、イノベーションスピリットを抹殺する官僚本位意識および小農意識（視野が狭く、自分や身内の利益しか考えない意識）を打破しなければならない。イノベーションマイ

ンドを育成し、イノベーションスピリットを奨励し、イノベーション活力を奮い立たせ、イノベーションムードを醸成し、イノベーションによる成果を保護しなければならない。

第3に、イノベーションカルチャーの形成に資する関連制度を確立する。イノベーションカルチャーは決して自然に形成できるものでなく、制度的な支援がなくてはならないものだ。例えば、教育体制の改善を通じて、広範な青少年にイノベーションマインドを植えつけ、その実践能力を高めることや、国家科学技術報告制度、イノベーション調査制度、国家科学技術管理情報システムを早期に確立し改善を図ること、技術資源の開放・共有水準を大幅に引き上げることなど、いずれも良好なイノベーションカルチャーの形成に資するものである。

第3節　産業ミドル・ハイエンド化の新常態を実現

多くの歴史の経験に裏づけられているように、後発国にとって、経済発展の新たな情勢に適応して自国産業をミドル・ハイエンド水準へ移行させることは、先進国に追いつき追い越す有効な方途である。ドイツは第二次産業革命による化学工業・電気といった新興産業勃興の機会を活かし、ミドル・ハイエンドから切り込み、20世紀前後でイギリスやフランスを一挙に追い越して、欧州一の経済強国となった。1960年代、韓国は自動車・鉄鋼・半導体電子部品・コンピューター・通信機器・船舶といったミドル・ハイエンド産業を重点的に発展し、経済の躍進的成長を成し遂げ、高所得国の仲間入りを果たした。現在、中国産業発展の内部条件と動力は重大な変化が発生している。習近平総書記は、中国経済の新常態は構造面、すなわち経済構造が不断に最適化・高度化されていく点に表れている、と明確に指摘した。そのため、中国の現状と発展による要求に立脚して、タイプごとに個別施策し、統一的に計画・調整を行い、秩序を立てて産業のミドル・ハイエンド水準への移行を合理的に推進しなければならない。

1　グローバル・バリューチェーンにおける製造業の地位向上

　アメリカの経営学者マイケル・ポーター教授は『競争的戦略』(1985年) で「バリューチェーン」という概念をはじめて提起し、「企業の付加価値(バリュー)創出過程は、主に主活動 (製造、販売、物流、サービスなどを含む) と支援活動 (原材料の調達、技術開発、人事・労務管理などを含む) という二つの部分を通じて完成されるものだ」と分析している。これらの活動は企業の付加価値創出の過程で互いに関係し合い、それに基づき企業の付加価値創造の行動チェーンが形成され、そのチェーンのことを「バリューチェーン」と称する。

　一般的に、グローバル・バリューチェーンは技術、製造、販売・マーケティングという三つの段階から構成され、どの段階にも付加価値の創造と利益分配がある。技術段階は研究開発、創意・設計、技術訓練などの分業部分、製造段階は調達、生産、末端加工、検査・テスト、品質コントロール、梱包、在庫管理などの分業部分、販売・マーケティング段階は販売支援、卸売り・小売り、ブランドプロモーション、アフターサービスなどの分業部分を含む。付加価値の創造過程が各国で細分化されるまで国際分業が進むと、従来の産業構造の国際立地移転もそれにともない付加価値創造部分の立地移転に変わっていく。上記三つの価値工程は、高いところから低いところへ、そして低いところから高くなるという「U」型を呈している。実際、産業構造の調整は決して各産業間の割合関係を簡単に調整するだけのことではなく、バリューチェーンの異なる区域間の割合を調整し、絶えずバリューチェーンのローエンドからミドル・ハイエンドへの高度化を図らねばならないものであり、これこそ強大な競争力を保持するカギだ。

　中国産業に存在している構造的欠陥は、加工・製造能力が強い反面、研究開発・設計・販売・マーケティング・サプライチェーン・マネジメントといった中枢分野が弱いため、国際分業における地位の低落、製品の付加価値の低下、貿易条件の悪化を招いたことである。したがって、グローバル・バリューチェーンにおける中国の地位を高めなければならない。技術的内容が低くてイノベーション能力が弱く、資源・環境圧力の大きい産業バリューチェーンのローエン

ドから科学技術進歩に依拠し、イノベーション能力が高くてエネルギー消費の少ない産業バリューチェーンのハイエンドへ産業を進化させるように促進するべきである。主に以下の方面で推進する必要がある。

①「グローバル・バリューチェーンの地位向上戦略」を実施し、国際ルールの制定に参加し、影響力を高める。グローバル・バリューチェーンに基づく付加価値貿易統計整備への国際協力・交流に積極的に参加し、国際貿易評価方法の改革において中国技術の寄与度を体現し、中国の利益要求を反映させる。有効な国際経済政策の制定に積極的に参加し、有利な外部環境を醸成する。②アプリケーション統合とグループウェア技術、製造受託サービス（OEM/ODM）技術、産業IoT（モノのインターネット）技術を製品の設計・製造・管理および製品のライフサイクルに総合的に応用し、産業製造高度化の新技術・新モデルを形成してコア・コンピタンスを高める。③研究開発、設計、販売・マーケティング、ブランド、技術サービスといったバリューチェーンの中枢部分への進出を目指し、グローバル・バリューチェーンにおける高付加価値製品と高付加価値部分の比率を高める。④中国という非常に大きい国内市場の規模の優位性を発揮し、中西部地域間の産業移転受け入れを秩序立てて促進し、サプライチェーンとバリューチェーンの各工程における協働的発展構造を形成して産業の国際競争力を向上させる。

2　戦略的新興産業の大いなる発展

戦略的新興産業を発展する際に、技術導入だけに依存し、製造（組立・加工）請負だけで満足することによってバリューチェーンのローエンドに置かれてしまう、ということを避けなくてはならない。これには、以下の面で取り組むべきだ。①国際市場の需要変化と技術発展の趨勢を踏まえ、技術の画期的成果の創出および重大な発展による需要をベースに、新興科学技術と新興産業の深いレベルでの融合を促進する。②ハイテク産業を引き続き大きく強くすることを踏まえ、戦略的新興産業が先駆的・基幹的産業になるように育成し、国際産業競争における戦略的に重要な技術を先駆けて確立する。③ポスト金融危機における国際産業競争の構造変化および第三次産業革命のもたらす新たな試練に適

応し、次世代情報技術、ハイエンド装置・設備の製造、新エネルギーといった技術集約型・知識集約型、高付加価値、高加工度を特徴としたハイテク産業と新興産業の発展を重点的に支持し、中国産業の国際競争力を全面的に向上させる。④新興産業の起業・イノベーションプラットフォームの設立を通じて、好ましい起業環境を醸成し、新興産業が発展成長期に生じやすいボトルネック現象を乗り越えるように支援する。次世代移動通信、集積回路、ビッグデータ、人工知能（AI）製造、3Dプリンター、新エネルギー、新材料などの面で先進国に追いつき追い越し、未来の産業発展をけん引する。

3　従来型産業項目の改造・グレードアップを推進

　産業は経済成長のエンジンであり、技術革新の担い手であり、現代サービス業発展の原動力であり、企業近代化の触媒であり、経済国際化のけん引者でもある。これには、以下のことに取り組まなければならない。①中国の特色ある新型産業化の道を歩むことを堅持し、市場の需要変化に適応していく。科学技術進歩の新たな趨勢を踏まえ、グローバル経済における中国産業の比較優位を発揮しながら、既存産業のバリューチェーンにおけるミドル・ローエンド水準からミドル・ハイエンド水準への躍進を促し、産業の競争力・収益力の底上げを図る。②構造転換のスピードを上げ、生産要素投入に依拠し、低価格頼りで、量の勝負による拡張やローエンド競争への参加といった粗放な発展方式を徹底的に転換し、エネルギーの高消費、高排出、低付加価値という従来型重化学工業の淘汰を加速する。③国際先進レベルに照準を合わせ、革新的・開放的・協調的・集約的・持続可能を特徴とした現代工業システムを全力挙げて構築し、産業構造の高度化、分布の合理化、発展の集積化、競争力のハイエンド化を目指す。④産業連関度を引き上げ、優位産業に依拠して産業サプライチェーンの延長を促し、産業クラスターの強大化を図る。優位産業はある地域の経済実力を測る重要な象徴であり、非常に強いプラスの外部経済スピルオーバー（溢出効果）を生み出し、産業サプライチェーンの延長を促す土台だ。これらの企業には強い吸引力と拡散力があり、関連産業の発展を効果的に促し、産業クラスターを形成し、それによって産業付加価値と競争力の向上につなげることがで

きる。⑤政府は観念を変え、産業クラスター発展における市場効果の優位性をより一層発揮させ、各方面の潜在力を最大限に引き出す。

4　サービス業の質の着実な向上

　サービス業は通常ある国・地域の経済発展水準を測る重要な象徴だ。先進国ではサービス業付加価値の対GDP割合は70％前後であるが、その中でサービス業に占める企業向け知識集約型サービス業の割合は6割近くに達している。サービス業の大いなる発展を図り、サービス業の質を高め、サービス業をバリューチェーンのミドル・ハイエンド水準へ引き上げることは、雇用創出、消費刺激、資源・環境の圧力軽減のいずれにも非常に重要な役割を持っている。

　一方では、企業向け知識集約型サービス業を優先的に発展する。実践に裏付けられているように、製造業のサービス化（製造受託サービス［OEM/ODM］）は工業部門の構造調整における付加価値向上の有力な措置であり、知識集約型サービス業を大いに発展させる重要な道筋でもある。これには、次の面で取り組むことができる。①製造業の優位性に依拠し、開発・設計およびブランド販売・マーケティングなどを開拓・拡大することによって、相対的に独立した産業・企業を形成する。②専門市場の優位性に依拠し、EC（電子商取引）、コンベンション、文化クリエーティブ、サービスデザイン・保険、現代物流といった新興市場業態の発展を加速し、インターネット市場（EC市場）と電子商取引（EC）が徐々に商品取引の重要な形式になるようにさせる。③第三次産業革命の契機をしっかり活かし、ビッグデータ、クラウドコンピューティング、開発設計といったハイエンド知識集約型サービス業を大いに発展させ、世界先進国との格差を縮小する。

　生産とサービスの融合を促進する。製造業は市場変化と技術革新の要求に能動的に順応し、製造方式とサービス業態の刷新を行い、製造業のスマート化・データ化・インターネット化・サービス化を推進するべきだ。これには、以下のことに取り組むことができる。①フレキシブルな製造、個性化した製造、製品・部品のカスタマイズ化などを発展し、規模化・ロット化生産を進めると同時に、異なるフェーズの、異なる顧客・消費者の市場ニーズを満たすことに注力

し、市場イノベーションと経営モデルの刷新を重視する。②ブランドのイメージ・質を向上し、市場の開拓やサービス業の発展に物的保障を提供する。③製造業に対する知識集約型ビジネスサービス業の浸透力・影響力を不断に向上し、知識集約型ビジネスサービス業と先進製造業との相互融合、相互促進、相互発展を推進する。④企業による専門的な維持・保守サービスの大いなる発展を奨励し、アフターサービスの新業態を積極的に推進する。サービスの質を高め、サービスの基準を改善し、顧客満足度を絶えず向上する。

また一方では、家計向けサービス業を着実に発展させる。都市・農村住民の生活水準の向上にしたがって、「享受型」ニーズが絶えず増加している。高まりつつある国内の消費水準による要求と結びついて、住宅、観光、医療・ヘルスケア、音楽、スポーツ、非義務系教育、心理コンサルタントといった家計向けサービス業の発展に力を入れる。インターネット技術と現代経済理念を生かして、飲食、商業、貿易などの従来型サービス業を改造し、産業構造の高度化をも行う。

新たな変化に注目すべきことは都市化によってもたらされる人口の集積である。今後20年、さらに3億の人が都市に移入して仕事・生活することを予想されるが、人口が一定の程度まで集積すると、サービス業は異なる部門間で互いに需要をつくり合い、雇用を創出することになる。政府はこの変化にいち早く適応し、良好な外部環境を創出し、公共サービス、基礎教育、公共衛生、非営利目的の情報サービスといった公共サービス業を発展し、家計向けサービス業の発展のためによりよい外部環境を整えるべきである。

第4節　消費拡大・高度化の新常態を実現

現在、追随型・集中型の消費段階はほぼ終焉を迎え、個性化・多様化した消費に主流が移っている。中国の経済発展を支える内在的条件と外部の需要環境のいずれにも大きな変化が生じており、経済成長は高度成長から中高度成長に転換する新常態に入っている。新常態の下で、経済成長をけん引する内需のメインエンジンの役割をより一層重視し、経済大国としての中国の市場優位性、

規模の優位性、制度の優位性を十分に発揮し、消費の潜在力を引き出して消費拡大・高度化の新常態を実現し、経済発展を推進する過程における消費の基礎的役割を引き続き発揮させなければならない。

1 中国経済高度化の戦略的措置である消費の拡大と高度化

内外を取り巻く環境が複雑に入り組み、各種リスク・試練が極めて厳しいという経済情勢を背景に、持続的かつ健全な発展を維持・促進するために、経済高度化を図ることが当面の急務である。中国経済を高度化する主たる注力点は、内需拡大を経済成長の主要動力に据え、消費とりわけ家計消費を内需拡大のメインエンジンとして役割を増強させ、経済構造の転換・高度化を推進させることである。

概括的に言うと、消費拡大・高度化を実現する重要な意義は主に次のいくつかの方面である。

第1に、経済大国から経済強国へ、という経済成長目標の転換・高度化を促進する。世界経済強国の発展の道程でみると、強国の経済発展は主に内需に依拠するものだ。先進国の多くが辿ってきた経済台頭の基本経路は、産業化初期に経済成長はより多く投資・輸出主導に依拠したが、産業化後期あるいは産業化完成期になると、より一層消費需要主導に依拠する方向へ転換した、ということである。これは、経済離陸の段階では、資金が足りないゆえ、国民所得における貯蓄・投資用の部分を大幅に増加させ、最終消費を抑える必要があるが、資本のストックが一定規模に達すると、貯蓄・投資を引き下げ、最終消費を引き上げなければならないからだ。データによると、アメリカ、ドイツ、日本などの国では最終消費はいずれも8割前後だが、一方の中国では2013年の最終消費はわずか5割にとどまった。したがって、大国消費ボーナス[*8]を努めて引き出すことが当面の急務である。

第2に、外需から内需へ、という経済成長エンジンの転換・高度化を促進する。30年余りの経済高度成長を支えてきた重要な要因の一つは、対外開放型経

＊8 監訳者注：大規模市場がもつ消費のメリットのこと。

済発展の道を歩み、世界市場の強大な需要に依拠して国内経済成長をけん引してきたことである。だが、歴史の新しい発展段階において、とりわけ2008年のリーマン・ショック以降、世界経済は「総需要の成長鈍化、経済構造の深いレベルでの調整」という鮮明な特徴を呈したことで、中国の高度成長が依存してきた外部需要が委縮の常態化に陥っている。このことは、過度に外需に依存した経済成長モデルを次第に転換し、国民経済における消費の基礎的役割を十分に発揮させ、消費需要とりわけ家計消費需要を経済成長のメインエンジンにする、という経済発展モデルへの転換が求められる。

第3に、ミドル・ローエンド化からミドル・ハイエンド化へ、という経済成長の質の転換・高度化を促進する。経済成長の質は経済の量的成長が一定段階に到達した背景の下で、成長の効率アップ、構造最適化、安定成長、福祉分配の改善、イノベーション能力の向上が図られたことによって、成長が長期的に向上し続けた結果によるものだ。現在、中国の内需構造調整は産業投資に過度に依拠しているので、過剰生産能力のリスクが徐々に浮上してきている。産業統計データをみると、2013年の粗鋼・セメント・電解アルミニウム・板ガラス・風力発電設備・太陽光発電などの産業稼働率はいずれも70％前後であったが、業界の国際基準に照らすと、これらの産業はかなり深刻な生産能力の超過供給水準に達している。これについて、大国消費ボーナスの早期創出を通じて、一部の過剰生産能力を積極的に消化する、また需要構造の高度化を通じて産業構造のミドル・ハイエンド化への進化を図り、経済発展の質・効率の向上を促進する、といったことが有効である。

第4に、非均衡から包摂・共有へ、という経済福祉の転換・高度化を促進する。中国は経済の高度化を図り、経済大国から経済強国への邁進を加速する根本なる目的は他でなく、人民生活水準を絶えず向上し、徐々に増えていく人民の物質・文化への需要を満足させることである。大国消費ボーナスを積極的に引き出し、家計の消費水準を高めることは社会主義市場経済を発展するテーマであるべきだ。新中国が成立してからの一定の期間に、経済建設に必要な資本の蓄積を獲得するために、中国は長きにわたり高貯蓄・低消費の経済政策を推進していた。しかし、人民の生活・消費水準はそれ相応の向上を得られなかった。

新たな歴史発展段階において、中国はGDPや都市・農村間家計所得の数量の増加を重視するだけでなく、大多数の人民大衆の生活・消費の質の向上により一層目を向け、広範な人民による経済福祉の共有という発展目標を実現しなくてはならない。

2　消費拡大・高度化の制約要因である体制・メカニズム的障碍

　消費需要は最終需要である。経済新常態に適応するという現実的要求でみるにせよ、長期的発展という根本的な目的でみるにせよ、消費需要の拡大とりわけ家計消費需要の拡大をより一層重要な位置につけなければならない。全体的にみると、中国では現在消費の発展を制約する体制・メカニズム的障碍がなお多く存在し、家計消費能力、消費意思、消費環境、消費供給といった面において向上・改善する余地が多く残っている。そのため、大国消費ボーナスのさらなる創出がなくてはならない。

　総体的にみると、消費の拡大・高度化を制約する要因は次のいくつかの方面にある。

　第1に、所得分配体制が不合理で、家計消費能力の向上を抑制している。所得は家計の消費需要を決定する要因だが、消費需要は家計の所得総量と所得構造の変化にともなって変わる。現在、中国の大国消費ボーナスを制約する主な要因は国民所得分配制度の不合理である。国家統計局の過去のデータによると、中国労働者報酬（雇用者所得）の対GDP割合は1995年の51.1％から2013年の44.7％に下がっており、年を追うごとに低下している。また国民所得第一次分配における家計所得の割合も類似した低下傾向を辿っている。と同時に、社会の富はある程度ごく一部の高額所得層に集中し、その結果、個人財産のマタイ効果（富めるものはますます富むという現象）が拡大され、社会全体の限界消費性向、平均消費性向を著しく下押し、消費総需要の不足を招いている。

　第2に、政府公共財の投入が不充分で、家計消費マインドの上昇に影響を及ぼしている。家計の実際消費支出と消費マインドとは密接に関係するもので、安定的な消費マインドは消費総量を効果的にけん引することができる。現在、中国では基礎公共財に対する投入が相対的に遅れているため、将来に対する家

計の消費支出増加の期待を招いている。一方では、社会保障、医療・衛生、介護サービス、基礎教育といった基本公共サービス面における政府の投入が期待値と相当かけ離れているため、将来への支出増に対する家計の期待を大きく引き上げており、他の消費を大きく奪ってしまった。また一方では、中国都市化プロセスの加速にともない、新規就業者、農村余剰労働力といった集団の就業圧力が著しく増大している。このことは、雇用保障体制が相対的に立ち遅れている状況の下で、これら集団の将来収入への期待に直接影響を与え、「消費する金がない」と「不安で消費できない」状況の併存をもたらしている。

　第3に、社会信用メカニズムが不健全で、家計消費環境の改善を制約している。良好な社会信用と消費監督・管理システムは消費環境を改善し、消費ボーナスを引き出す重要な要素である。しかし、中国の消費市場でしばしば発生している「リンゴゲート」*9、地溝油（下水から作った再生食用油）、毒饅頭、カドミウム汚染米、可塑剤といった食品安全を脅かす事件が、現代社会の信用システムづくりが深刻に立ち遅れているという弊害を浮き彫りにしている。企業信用格付けの不規範、格付け機関の資格能力の不均一、信用管理部門の職責の不明確、信用喪失に対する懲戒メカニズムの未形成などの問題もかなり際立っている。それに、社会信用メカニズムの不健全は中国の消費者信用の発展にも影響を及ぼしている。悪質なローンの騙し取り、同一機構の口座の複数保有といった事件が商業銀行の消費者信用リスクに拍車をかけ、銀行による「貸し渋り」あるいは「貸さない」現象を招き、消費需要の総量拡大と構造高度化を大きく制約している。

　第4に、市場参入制度が不完全で、消費の有効供給（消費者が欲しがるモノの供給）の増加を阻んでいる。有効な消費供給は消費需要を拡大する重要な方途である。家計消費需要の絶えまぬ増加にしたがって、消費の供給不足、消費構造の不合理といった問題が次々と浮上してきた。例えば、医療・ヘルスケア、金融サービス、カルチャー・エンターテイメント、スポーツ・フィットネス、

---

*9　訳注：2013年9月、中国の大手果汁飲料メーカー3社が腐った果物を使用して果汁製品を製造していたという情報が流れ、中国国家食品薬品監督管理総局が調査に入った事件のこと。

情報サービス、家政サービス業といった領域では、新政府は関連産業の発展推進に関する一連の政策・措置を打ち出しているにもかかわらず、客観的にみると、民営資本による一部のサービス領域への参入および投資項目の選択にあたり、依然ある程度の制限を受けている。このほか、一部の地方政府は今なお一部の商品を対象に市場制限と地方保護主義を実行しており、グレシャム法則（悪質は良貨を駆逐する）の逆選択（悪いものを選んでしまうこと）を生み、市場主体による消費者へのより良い製品・サービスの提供をいくぶん制限し、消費有効供給の増加に不利になる。

3　消費拡大・高度化新常態の基本視点と政策提案

2013年、中国の年間社会消費財の小売り総額は2012年より13.1％増の23兆7810億元と、最終消費の対GDP寄与率は50％であった。しかし、総資本形成（設備投資、公共投資、住宅投資）の対GDP寄与率の54.4％に対していえば、依然として大きな発展余地がある。消費需要を拡大し、新しい消費の形態・産業を育成することは、経済成長のメインエンジンの転換だけでなく、経済構造の転換・高度化を実現するための重要な経路でもある。

第1に、経済の安定成長を維持し、消費に必要な収入源を拡大する。現在、中国経済は高度成長から中高度成長の新常態へ移行している最中で、成長速度のギアチェンジの時期に入っている。2014年1-6月期の経済データによると、景気下振れ圧力が強く、大きな経済運営リスクに直面している。大国消費ボーナスを早期に引き出すカギはマクロ経済の安定運営および経済総量の着実な拡大であるため、経済のパイを増やし、消費に必要な直接収入源を拡大しなければならない。それには、①都市・農村構造改革を推進し、人民本位の新型都市化を積極的に進め、農民工の市民化プロセスの早期推進を図り、都市・農村発展一体化の体制・メカニズムを確立する、②地域構造改革を推進し、東部沿海発展地域の経済規模を安定させ、経済の失速を防御する、③産業構造改革を推進し、市場・イノベーションのけん引を通じて、イノベーション主導の産業高度化メカニズムを確立し、産業構造のミドル・ローエンド化からミドル・ハイエンド化への邁進を推進する、④地方政府の債務リスク、流動性リスク、住宅

バブルリスクなどの経済リスクを防御し、経済運営の長期的安定を促進する、などに注力する必要がある。

第2に、家計所得水準を引き上げ、家計消費の基礎を固める。消費拡大・高度化を実現し、「使える金がない」問題を解決するカギは家計所得水準の底上げを図ることであるが、この種の底上げは所得増加の制度・メカニズムによる保障がなくてはならない。これには、次の方面で推進すべきである。①第一次所得分配における労働者報酬（雇用者所得）の割合を引き上げる。企業による賃上げ集団交渉メカニズムの確立および最低賃金基準調整措置の設定を通じて、労働者賃金の合理的増加を誘導する。②国民所得分配における家計所得の割合を引き上げる。農村土地制度改革を一段と推進し、多層的な資本市場システムづくりをさらに改善し、家計の株式配当や利子といった資産性所得を増やし、第18回党大会で掲げた2020年までに「都市・農村住民所得倍増計画」を達成するように努力する。③消費促進に資する財政・租税政策を見直す。省エネ・環境保全・循環利用といった分野に対する長期補助金制度を確立し、間接税改革の推進スピードを上げ、間接税の引き下げを通じて消費生活用製品価格の低下を促し、消費需要を拡大する。④雇用拡大政策を遂行に移す。高等教育機関の卒業生、新世代農民工、退役軍人といった群集の就業難問題を解決し、雇用拡大を通じてこれら消費者層の収入源をきちんと保障する。

第3に、社会保障制度を改善し、家計の消費マインドを増強する。現在、中国の消費市場で存在している「金はあるが使う勇気がない」現象を解決するには、社会保障制度の一層整備が必要なうえに、基本公共サービス体系を早期に形成しなくてはならない。これには、次の方面で推進する必要がある。①公共財政体制改革を一層推進し、基本公共サービスを徐々に均等化していく要求に照らし、基本公共サービスに対する財政投入の安定拡大に有効な長期メカニズムを構築し、健全化を図る。②医療・衛生体制改革を一層推進し、とりわけ重大・特別疾病保障制度の充実化を図り、重大・特別疾病に遭遇した家計が至急に必要な医療保障を受けられるようにする。このことは消費マインドの引き上げに対して重要な意義を持っている。③教育体制改革を深化させ、「学校選択

費」*10といった不合理な費用徴収を断固取り締まり、民間（私立）教育機関の学校運営環境を改善し、「学校に通えない」問題を解決するように注力する。④保障性住宅建設の推進を加速する。多様な保障性住宅の供給形式が実施されるように積極的に模索し、住宅保障制度を整備し、都市住民の中低所得層および出稼ぎ農民工層に保障性住宅をカバーするように拡大し、家計消費における住宅賃貸料の割合を著しく引き下げる。

第4に、社会信用環境がより良くなるように改善し、市場監視・監督能力を高める。現在、中国の消費市場にある「金はあるが使いたくない」現象をきちんと解決する根本的な道筋は、社会信用環境の不断なる改善を図り、市場監視・監督能力を高めることによって、住民が「安心・安全に消費できる」ようにさせることだ。これには、次の面で注力する必要がある。①社会信用喪失行為にフォーカスした立法と法執行に注力し、信義・誠実に基づいた経営を奨励し、信用システムづくりを積極的に進める。②個人や企業に関する各種の信用情報の相互連結を強化し、関連法律に基づいてタイプごとに個別管理を行い、条件つきで社会信用調査企業に開放する。③政府による市場監督・管理能力を徐々に向上し、同業者いじめ・市場独占、模倣品・粗悪品、虚偽広告、商業的詐欺、一方的な不当な契約・約款の押しつけ、といった各種行為または現象を断固取り締まる。食品・医薬品・日常化学製品などの商品市場に対する監督・管理を強化し、消費者と経営者の合法的権益を保護し、消費者に安全で透明性のある消費環境を提供する。④中小型消費者金融の発展を力強く支援する。現在、中国の家計消費者信用は主に商業銀行を頼りにしているが、手続きが煩雑で与信要求も高い。中小型消費者金融の参入基準を適宜に緩和し、リスクコントロール可能な前提の下で、中小型消費者金融の発展を支援する。

第5に、市場参入基準を緩和し、家計消費関心分野を育成する。新政府が成立されてから、行政審査・許認可等の事項を合わせて500項目取り消し、地方政府に権限を委譲した。このことは企業・市場の活力を奮い立たせ、家計マクロ消費環境を改善するうえで重要な役割を果たしている。しかし、多くの地域

＊10 訳注：子供に良い学校に進学させるために、入学したい学校側に施設充実費など様々な名目で支払う寄付金のこと。

や部門で新型消費業態に参入したい企業に対する審査・許認可手続きになお多くの問題が残っている、ということも窺える。これには、生産・経営参入に対する不必要な制限や業界管理規定などを一段と整理し、取り消さなければならない。また市場参入基準を緩和することによって、衣・食・住・観光・教育・年金・健康・娯楽などの面から着手し、介護サービス、医療・健康、観光・レジャーといった新しい家計消費関心分野の育成に注力する必要もある。

5月1日からの7日間長期連休制度の復活および強制的な有給休暇制度の遂行を提案し、庶民の外出観光時間を増やし、休暇期間中の給与を減少せずに家計の消費潜在力を引き出すようにする。特に指摘すべきことは、現在情報関連消費やネットショッピングといった新しい消費業態、消費関心分野が盛り上がっており、強大な消費成長の潜在力を見せつけていることだ。したがって、これら新規消費領域における政策細則の制定・公布を早期に推進し、ブロードバンド中国戦略（ブロードバンド環境を整備すること）の実施を加速させ、政策支援措置の遂行に力を入れ、政府による消費への監督・管理を改善することによって、新たな消費成長分野の早期育成に健全で、安全かつ秩序の整った発展環境を醸成しなくてはならない。

第5節　新型都市化建設の新常態を実現

都市化（「城鎮化*11」）は現代化にとって避けて通れない道で、経済の持続的かつ健全な発展を維持するための強大なエンジンであり、経済構造の転換・高度化を図る重要な担い手と経路でもある。改革・開放が実施されて以降、中国の都市化は世界が刮目するほど目覚ましい成果を成し遂げたが、多くの問題も起こし、ある程度の都市病さえもたらし、経済の構造転換・高度化を深刻に制約している。新常態の下で、都市化も転換と発展の重要な時期に差しかかっている。経済新常態の要求に照らし、都市化の発展理念と発展方式を転換し、中国の特色ある新型都市化（農村人口の市民化を含んだ都市開発）の道路を切り

＊11　監訳者注：中国の都市化は「城鎮化」と呼ばれ、大都市のみならず農村地域の人口集積（小都市化）も含む広い概念である。

開き、都市化建設の新常態を迎えられるかは、経済の安定成長、構造調整、方式転換にとって著しい戦略的意義を持っている。

1 新型都市化建設の新常態による基本的要求

先進国の都市化の経験と教訓、都市化の発展法則、新型都市化による内在的要求、中国の都市化発展の実情によると、新型都市化建設の新常態は都市が適切な発展速度、発展水準、空間的配置を保ち、都市・農村の協調的発展および持続可能な発展を維持することを要する。

第1に、新型都市化建設の新常態とは適度な都市化のことである。都市化の水準が経済・社会の発展水準と分相応でなければならず、先行しすぎてはいけないし、遅延しすぎてもいけない。都市化率の先行度・遅延度・適切度を判断するにあたり、異なる角度から、異なる方法を採用する必要がある。都市化と産業化並びに経済発展の相互関係を見るだけでなく、国際比較を行う必要もあり、似た国あるいは違った国における同様な発展段階での都市化状況を考察しなければならない。

第2に、新型都市化建設の新常態とは発展速度の適度な都市化のことである。速度と質の釣り合いを強調する、すなわち都市化の発展速度が経済発展、都市インフラ建設、人民の生活水準の向上といった都市発展の質を反映する指標と釣り合わなければならず、速すぎてはいけないし、遅すぎてもいけない。まして都市化の質の犠牲を代償に偏った都市化発展速度を追うのはなおさらのことだ。新型都市化の本質と重点は人の都市化であり、経済・社会・人口・生態発展の総合体であって、これらは都市化の質を反映する要素でもある。

第3に、新型都市化建設の新常態とは空間的配置の合理的な都市化のことである。都市化に対し、科学的な計画を立て、その地域に応じた措置を講じ、合理的な空間配置を行い、協調的かつ秩序ある発展を図ることを強調する、すなわち地域の資源・環境の負荷受容能力および発展の基礎・潜在力に基づいて、都市圏を主体形態とした、大・中・小中核都市と農村小都市が協調的に発展する都市化空間の形態の構築を要することだ。国際的にみると、特定の発展段階

において、人口が過度に集積する、規模の大きすぎる特大都市では、程度の差こそあれ、いずれも「大都市病」を抱えている。

第4に、新型都市化建設の新常態とは都市と農村が協調的に発展する都市化のことである。都市化と新農村建設（農村の現代化建設）による「二輪駆動」を強調し、都市と農村が一体化した、相互補完の好ましい協働発展の態勢形成を目指す。都市と農村の協調は政治、経済、生態環境、人口、文化、空間といった面を含む協調のことであり、観念では都市と農村の差別を解消し、発展方式では都市発展と同時に農村の現代化を実現し、機能では都市と農村の一体化機能を強調し、空間・景観・生態面では都市と農村の緊密な連携、相互依存を要する。

第5に、新型都市化建設の新常態とは持続可能な都市化のことである。都市化の発展が人口、資源、環境との調和を保つことを強調する、すなわち生態文明を全てのプロセスに融合させて人口・経済・資源・環境との調和を実現し、生態文明の美しい中国を建設して中華民族の永続的発展を実現することである。現在、中国は産業化・都市化・生態文明建設という三つの任務が重なる時期に入っており、都市人口の急激な拡大と都市規模の急速な拡張にともない、持続可能な都市化発展問題が大いに試される時期になっている。現在、一部の都市で発生している「街がスモッグに覆われている」状態や「街がゴミに包囲されている」状態は、中国に警鐘を鳴らしている。経済発展方式を転換し、都市化と生態文化の深いレベルでの連結を促し、都市化発展と資源・環境の関係をきちんと処理することが喫緊の課題となっている。

2　新型都市化建設新常態の新理念

新型都市化は複雑な社会システム工学であり、政府・企業・農民・市民といった多様な主体に関わるだけでなく、経済・社会・政治・文化・生態といった多種の領域にも関係するので、新型都市化建設新常態の要求に照らし、市場法則に準拠し、科学的に計画し、合理的空間配置を行い、都市化の質の向上を中心に据え、都市化の健全な発展を推進しなくてはならない。

第1に、科学的に計画し、都市化の戦略的配置を改善する。都市化の戦略的

配置は都市化の発展方向に関係するもので、中国現代化発展戦略の重要な内容である。したがって、国家現代化戦略的配置という枠組みの下で、科学的発展観を指針とし、中国の都市化発展の中長期計画および総合的政策・措置を真剣に検討・制定することを要する。大・中・小中核都市および農村小都市の機能に対し適切な位置づけを行い、産業配置や都市化開発の境界線を合理的に確定することによって、基本公共サービスとインフラの一体化・ネットワーク化が進んだ都市化の新状態を形成する必要がある。特に都市発展の客観的法則に準拠し、異なる規模とタイプの都市の負荷受容能力を考慮に入れ、大都市を依り拠とした、影響力の大きい都市圏を次第に形成すること、大・中・小中核都市と農村小都市の合理的空間配置を促し、「両横三縦」[*12]都市化戦略配置の早期構築・完全化を図ることなどを要する。また、都市圏内にある各都市の機能の位置づけと産業配置を科学的に計画し、中都市の発展潜在力を積極的に引き出し、地理的位置に著しい優位性を持つ、資源・環境受容能力のかなり高い中小都市を優先的に発展させるべきである。

第2に、人間本位に立脚し、農村からの流入人口（農民工）の市民化を秩序立てて推進する。これには包摂の理念を打ち立て、人間本位に立脚し、都市化の基準を次第に緩和することが必要なので、以下の面で取り組むべきだ。①都市の規模と総合的負荷受容能力に応じて、就業年数、居住年数、都市社会保険の加入年数を基準に農民工の戸籍登録条件を引き下げる。②農民工の高い流動性による要求に適応し、社会保障権益の円滑な移転および引き継ぎを早急に推進し、統一した社会保障制度の体系を全国で徐々に確立していく。③多層で多様な住宅保障制度の充実化に力を入れ、農民工を徐々に住宅保障制度の体系に組み込む。④農民工の教育と訓練を強化し、農民工の就業能力と収入水準を高める。⑤多様な資金調達ルートを用意し、農民工市民化のコスト分担と資金調達メカニズムを構築し、農民工市民化の高額なコストという難題を解決する。

第3に、四つの「化」が足並みを揃えて前進することを目指し、都市化と新

---

*12 訳注：中国大陸を「ランドブリッジ（ユーラシア大陸横断鉄道）ルート」と「長江沿いルート」を2本の横軸、「沿海ルート」、「京哈（北京－ハルビン）ルート」と「京広（北京－広州）ルート」、「包昆（包頭－昆明）ルート」を3本の縦軸にして、その線上の都市化を発展させる構図のこと。

型産業化、情報化、農業現代化との協調的発展を推進する。国際経験および中国の実情でみると、産業化は都市化のエンジンである一方、都市化は産業化のブースターである。都市化は産業と市場による下支えが必要不可欠で、都市化の先行あるいは遅延はいずれも産業化の健全な発展に不利である。都市化は情報化の主な担い手であり、情報化の発展に幅広い空間を提供し、情報産業にニーズとマーケットを提供している。一方で、情報化は都市化の質を高め、都市の機能を向上・統合し、都市機能と産業構造のさらなる最適化を促し、都市化のより高度な形への進化を可能にする。新型都市化と農業現代化は相互補完し、共に発展しなくてはならない。農業現代化は都市化発展の基礎である一方、都市化は農業現代化を実現する前提であり、農業現代化の発展をけん引するものだ。したがって、都市化は産業による下支えが必要で、都市と農村の協調的発展を要するので、都市があっても産業がない都市化は持続不可能である。

四つの「化」の同歩調前進とは、情報化と産業化の深い融合、産業化と都市化の好ましい相互影響、都市化と農業現代化の相互連携を推進することであり、都市の発展が産業による下支え、就業移転、人口集積と統一し、都市と農村における生産要素（労働や土地等）の平等な交易および公共資源の均衡な配分を促進することである。また、工業をもって農業を発展し、都市をもって農村をけん引し、工業と農業の互恵を図り、都市と農村が一体化した新しいタイプの工業と農業、都市と農村の関係を形成することでもある。

第4に、融合を推進し、生態文明を都市化の全過程に融合させる。都市化を主要プラットフォームとし、生態文明を都市化の全過程に融合させることは新型都市化と生態文明の推進による共通の要求である。生態文明を都市化の全過程に融合させるには、主体機能区戦略＊13をガイドラインに、資源・環境の負荷受容能力と相応する都市化計画を合理的に制定することを要し、市場の需要構造に適応した、持続的に発展できる産業構造体系を確立し、都市生産方式のグリーン・循環型・低炭素化への転換を推進することが求められる。また人の全面

＊13 訳注：資源・環境の負荷受容能力、既存の発展の密度、発展の潜在力に基づいて「主体機能」という土地利用の用途を定めて、地域区画を行うこと。農業区、生態保護区などの国土利用計画。

的発展を中心に据え、都市総合サービス機能の確立に注力することや、生態文明意識の形成に努め、生態文化のインフラ整備および公共サービスのプラットフォーム構築を図ること、生態文化産業を発展し、永続的に伝承できる生態文化を形つくること、なども推進しなければならない。さらに生態利益の補償メカニズムを主とし、均衡的な地方財政移転支出および地域間の財政支援制度[*14]を補助とする経済手段をもって地域都市化の協調的発展を推進すること、科学的な評価システムに基づいて、グリーン志向の都市化生態文明を実現することに注力すべきである。

　第5に、政府と市場の関係を正しく処理する。これは新型都市化建設の新常態を実現するカギである。都市化は自然史の過程であり、経済・社会発展の過程でもある。新型都市化建設を推進するには中国の社会主義初級段階の基本的現状から出発し、法則に準拠し、情勢に応じて適切に誘導して、都市化がその流れに沿って、「水至りて渠成る」という発展プロセスに向かわせるようにしなければならない。決して行政ごとに命令を強め、部門ごとに業績評価制度を設けるやり方に依拠してはならない。功を焦り苗を引っ張って持ち上げたところ、かえって苗は枯れてしまうことになる。市場万能論には反対するが、市場の失敗も是正しなければならない。同時に、市場に任せると秩序が乱れるということも防がなくてはならない。

　市場と政府の合理的境界を明確にし、市場と政府の役割を正しく発揮し、都市化の健全な発展を確保する。これには、一方ではミクロを市場に任せることを堅持し、マーケットシステムの健全化を図り、市場メカニズムを改善する必要がある。関与しすぎた政府の部分を市場に改め、市場に任せればきちんと実行できることは市場に任せ、市場による資源配分の決定的役割を十分に発揮する必要もある。また一方では、政府の権限を明確にし、マクロ・コントロールの方式を変えることや、政府機能を転換し、行政審査・許認可権限を地方政府に委譲すること、政府介入を必要とするところにはきちんと介入し、むやみに

＊14 訳注：地方政府間の財政的不均衡を無くすために、同一レベルの政府間で上級政府は裕福地域からの収入の一部を貧困地域に移転する補助金のこと。日本の地方交付税に似た仕組みである。

管理せず、管理しなければならないときには管理するような状態を保持すること、中長期計画の制定および政策誘導、基本公共サービスの提供、社会管理と生態環境保全、重点分野とキーポイントにおける改革の一層推進といった面で政府の役割を正しく発揮すること、長所を伸ばし短所を避け、有利なものを探って不利なものを避けて対処すること、などもしなければならない。

3　新型都市化建設新常態における体制・メカニズムの保障

都市化は一連の公共政策の集結であり、その健全な発展は改革と切っては切れない関係にあり、体制・メカニズムの刷新なくして語れないものだ。新常態の下で、新型都市化の健全な発展を推進するには、改革とりわけ体制改革の深化を十分に突出した位置につけ、難題解決に全力を挙げなければならない。

第1に、戸籍制度改革の推進を統一的に計画・調整する。戸籍制度改革を深化させるには、都市と農村の一体化および移転の自由化を目標・方向にし、中央の統一的計画の下で、戸籍に備えられている福祉機能を早急に切り離し、戸籍制度の本来の機能を取り戻し、同時に戸籍制度が生み出す（都市と農村を分ける）二元化制度を改革し、分離して全体的に推進するべきである。具体的に、①戸籍制度の福祉配分機能を取り除き、戸籍本来の管理機能を取り戻す、②都市と農村を切り離した農業・非農業の二元化戸籍管理構造を打破し、都市と農村の統一した戸籍制度を確立する、③特大都市と大都市は人口規模を合理的にコントロールする、④戸籍制度改革を深化させる関連制度を制定し、その健全化を図る必要があるが、これは戸籍制度改革の難点でもある、⑤都市戸籍に付加されている優遇を撤廃されるまでに減らし続けると同時に、土地制度、労働就業制度、社会保障制度といった関連改革の問題を解決する、などである。

第2に、土地管理制度改革を一層推進する。生産力を解放・増進させ、土地の利用効率と都市化の質を向上し、農民利益を保障するという要求に照らして土地制度改革を一層推進する。農民の合法的土地権益を確実に保護しなければならない。これには、以下の面で取り組む必要がある。①土地に関する財産権を明確にし、それを保護するという思考回路に基づき、土地請負経営権を中心とする土地所有権制度を確立し、あわせて土地所有に関する権法律・制度を整備

する。②土地収用と流通制度を整備し、非営利目的および経営目的の建設用地について厳格に定義するとともに、土地収用範囲を次第に縮小し、土地収用補償メカニズムを改善し、農民に対する土地収用の補償基準を高める。③食糧安全保障を重視し、耕地を保護するという前提の下で、農村集団所有建設用地の権利を徐々に流通させ、市場取引を開放し、農村集団所有用地における農民の主体なる地位を守り、農村集団所有建設用地と都市建設用地が真の意味で「同様の土地は同様の権利を有し、同様の価格で取り引きできる」ように実現する。

　第3に、住宅保障制度の改革を推進する。都市の低所得層と農民工の保障性住宅問題の解決を中心に、住宅保障制度の体系を整備しなければならない。これには、以下の面で取り組む必要がある。①市場供給を主とすることを堅持し、保障性住宅の供給を拡大し、異なる所得層をカバーする都市住宅の多様化供給システムを構築する。②住宅保障体系を整備し、「低所得者向け住宅（経済適用住宅）」と「公営住宅」の建設に注力し、公共賃貸住宅を大いに拡大し、都市における低所得層向けの住宅供給を拡大する。③住宅保障を公共財政体系に組み込み、安定した住宅保障資金ルートを確立する。④多様なルート・形式で農民工の住居環境を整え、基準に見合った農民工を次第に都市住宅保障体系に組み込む。

　第4に、財政・税制・金融体制の改革を一層推進する。財政・税制・金融体制改革を通じて、都市化の健全な発展に資するインセンティブメカニズムを確立しなければならない。これには、公共サービス能力を育成・向上し、財政支出構造を調整し、政府基本公共サービス供給の責任を強化し、農民工を含む基本公共サービス体系の確立を推進し、農業移入人口の市民化に対するコストの分担責任と時間的な調整を模索する必要がある。また中央財政移転支出を拡大し、義務教育、基本年金、基本医療といった基本公共サービス支出における中央財政の割合を徐々に引き上げることや、地方租税体系の整備を推進し、安定した地方財源を育成すること、不動産税を早期に導入し、地方政府の基本公共サービスの提供能力を強化すること、土地譲渡金の異なる主体間への分配比率を合理的に確定し、政府用地の譲渡金を公共財政に組み込んで管理し、土地譲渡金の使用効率を上げ、土地財政に対する地方政府の依存を減少させること、

などを行うべきである。

　第5に、行政区分設置の改革を最適化する。科学的に設置し、かつ合理的に配置した、機能の整った、集約的で効率の高い行政管理体制の早期形成を図るには、行政区分の最適化設置がますます重要な役割になってくる。これには、以下の順序を踏んで取り組む必要がある。①法に基づいて行政区分を調整し、地方政府の階層（省-市-県-郷鎮等の行政システム）を徐々に減らす。調整の方向性として、段階を分けて省と県の規模を調整し、大きい省の規模を適宜に縮小し、小さい県を適宜に拡大する。直轄市を適宜に増設し、合理的に配置するようにする。直轄市の増設は数が多すぎてはならない。都市の質を強調し、合理的な配置を注意し、他の都市の模範的効果を持つべきである。②省級地域における中核都市の早期形成を図り、県級市を重点的に発展させる。省直県（省が直接県を管理する）改革の模索を推進し、県級市を適宜増やしていく。一定規模に達した県を市に改めることにせよ、一定基準に満たした鎮を市に変えて昇格することにせよ、いずれも都市化発展による客観的な要求である。県級市の審査・許認可を再開する条件はすでに整っており、先延ばしてはならない。③大（きい）鎮・強（い）鎮改革の試行モデルを着手する。経済実力が比較的に強くて、都市化水準の比較的高い都市に対しては、市の設置改革あるいは区の転換改革を積極的に推進する。浙江省、広東省などの省の経験を重視し、大鎮・強鎮の管理・改革新モデルを模索する。

第6節　地域の協調的発展と陸・海統一的計画の新常態を実現

　党の第18回党大会以降、習近平総書記は時期を判断し、情勢を推し量って、新しい地域発展の戦略的思想を提起した。氏は西部開発、東北（地域）振興、中部崛起（中部振興策）、東部率先発展という地域発展総合戦略の推進を継続しなければならない、と何度も強調した。また、シルクロード経済ベルト・21

世紀海上シルクロード (「一帯一路」と称する) ＊15、京津冀 (北京・天津・河北経済圏) 協働発展、長江経済ベルトといった多くの斬新な地域戦略構想と戦略的措置を提起・推進し、従来の地域発展理論と実践に全く新しい内容を盛り込んだ。中国経済は典型的な大国経済で、地域発展の条件が違うという特徴が突出しており、地域の協調的発展を推進する国家戦略の実施は、中国経済の転換を達成するための重要な保障となる。新常態の下で、中国は経済発展の法則に準拠し、新しい変化に能動的に適応し、新情勢を深く認識しなくてはならない。地域政策の充実化、地域構造の調整を通じて、地域の潜在力を十分に引き出して、各地域間の連携発展、協働発展、共同発展を推進し、経済発展のためにより長期的かつ持続的な動力を作る必要がある。

1 京津冀の協働発展──割拠主義から協働発展へ

新中国が成立して60年余り、地域の連携と調和に基づく発展戦略の枠組みは3回にわたる大きな調整を経て、次第に形成されてきた。新常態の下で、新政府は地域発展を国家戦略と昇格させ、その本議は過去の地域ごとの「縄張り意識」を打破し、グランド・デザインと協働推進を図り、地域発展の質を全面的に引き上げることだ。効率の目標を多く強調するという従来のやり方から、公平の目標をより一層強調する方法へ転換し、「敵に塩を送る」ことを多く実行し、「錦上花を添える（良いものにさらに良いものを加える）」ことを少なくする。各地域間の調和のとれた均衡的な発展を推進する「公平」を追求する一方、国民経済成長を促進する「効率」にも配慮する。これらのことは「均衡（公平）を優先にし、成長（効率）も同時に図る」という価値観を軸足に据えることを十分に体現し、多方面から後発地域の発展を支援・リードし、市場効果の不足を補おうとしている。その他、タイプごとに指導することを強化し、地域の持つ優位性を十分に発揮させようとしている。地域の差別化に立脚し、異なるタイプの地域の実情にフォーカスして、その土地の事情に応じて適切な方法を考え、措置を講じる。差別化された地域調整政策を施し、一つの処方箋ですべて

＊15 訳注：「シルクロード経済ベルト・海上シルクロード」について第7節で論述を加える。

の病気を治療しようとする均一的な地域政策、全国一律の杓子定規を転換している。

京津冀は地理的に隣接し合い、地域の人々が相親しみ、地域が一体化し、文化も似たもの同志が受け継がれているため、歴史的つながりが深い。北京を中心に半径50-70キロの1時間交通圏内にあり、同エリアの人口は合わせて1億人余りで、土地面積は21.6万km²を有する。だが、長きにわたり地域間で発展の格差が大きく開き、中国経済の新たな発展をけん引する動力源になれなかった。習近平総書記は京津冀の協働発展に一貫して大きな関心を寄せている。氏は2013年5月に天津を視察した際に、新時代の社会主義現代化の北京と天津の「二都物語」*16を描かなくてはならないと提起した。また、同年8月に北戴河で河北発展問題の検討会を主宰した際に、京津冀の協働発展を推進する必要があると再度語った。その後、氏は数回にわたり京津冀協働発展について重要な指示を行い、北京の発展問題をきちんと解決するには、京津冀と環渤海経済圏*17の戦略的空間を考慮に入れなければならない、発展の大動脈の疎通をもって、北京の優位性を一段と際立たせ、北京の要素・資源をより一層奮い立たせる必要があると述べた。また天津・河北のより良い発展を実現するにも北京と連動的に考える必要がある、と指摘した。

2014年2月26日、習総書記は北京で座談会を主宰・招集して京津冀協働発展活動の報告を聴取した際に、「京津冀協働発展は、未来に向け新たな首都経済圏を創出し、地域発展の体制・メカニズムの刷新を推進するためによる要求である。都市圏の配置・形態の改善を模索し、地域発展の開発・最適化にモデルと手本を提供することによる要求でもある。また生態文明建設を推進する有効な経路を模索することや、人口・経済・資源・環境の調和を進めること、京津冀の優位性の相互補完を果たすこと、環渤海経済圏の発展を促進し、北方内陸地の発展をけん引することによる需要だ。さらに重大な国家戦略であるため、優位性の相互補完、互恵・共栄、確実なる推進という方針を堅持したうえで、

---

*16 監訳者注：アナリー・サクセニアン教授が指摘したシリコンバレー発展の分析。
*17 訳注：中国東北部、華北、華東に跨り、瀋陽市、青島市、大連市、煙台市など黄海沿岸の渤海沿岸地域に隣接する都市も含まれる経済圏のことを言う。

合理的かつ持続できる協働発展の道を早期に切り開くようにしなくてはならない」、と強調した。

　京津冀協働発展を推進するには七つの方面から着手する必要がある。①グランド・デザインの強化に注力し、首都経済圏一体化発展の付帯計画を早期に制定し、三地域の機能の位置づけや産業の分業、都市の配置、施設の一体化、総合交通システムといった重大な問題を明確にし、あわせて財政政策、投資政策、プロジェクトの用意などの面で具体的措置を形成する。②協働発展の推進に力を入れ、地方ごとの「縄張り意識」という固定意識を自発的に打破し、グランド・デザインの目標に向け一丸となって取り組み、環渤海地域経済協力・発展協調メカニズムの役割を十分に発揮させる。③産業マッチング・協力の推進スピードを全力で上げ、三地域の産業連関を整理し、地域間産業の合理的分布と上・下流連結メカニズムを形成し、産業発展計画とリンクさせ、産業構造の均一化・同質化発展を回避する。④都市の配置と空間的構造の調整・最適化に注力し、都市の分業による協力を推進し、都市圏の一体化水準を引き上げ、都市総合負荷受容能力と内包的発展水準を高める。⑤環境容量・生態空間の拡大に注力し、生態環境保全・協力を強化し、すでに始動した大気汚染対策協力メカニズムを踏まえて、防護林建設・水資源保護・水環境対策・クリーンエネルギー使用といった領域における協力メカニズムを整える。⑥現代化交通ネットワークシステムの構築に注力し、交通一体化を先行領域として、高速・便利・高効率・安全・大容量・低コストの相互連結型総合交通ネットワークを早期につくり上げる。⑦市場一体化プロセス推進のスピードアップに注力し、資本・技術・財産権・人材・労働力といった生産要素の自由な移動および配分最適化を制限する各種体制・メカニズムの障壁を強い決意で打破し、域内における各種要素の市場法則に沿った自由移動と最適配分を推進する。

2　長江経済ベルト——局所的成長から全面的成長へ

　経済新常態を前に、イノベーション・マインドをもって地域の成長を推進し、地域発展の成長極・成長軸・成長ベルトを形成・推進しなければならない。新常態下の地域戦略は、より遠い先を見据えることが求められ、全国が一体化に

なるように構造の最適化および協働発展を力強く推進することを要する。現在、中国の地域発展戦略の実施範囲はほぼ国土全体をカバーしている。海沿い、河川沿い、辺境地帯沿い、鉄道沿線、内陸地への縦方向の推進といった全方位的開放構造が形成され、地域経済は相対的に均衡のとれた成長態勢を呈しており、地域格差は縮小されつつある。中・西部地域の主要経済指標の成長は連続数年東部地域のそれを上回っている。

長江経済ベルトは京津冀協働発展と比肩する国家クラスの戦略である。習総書記は2013年7月に湖北省を視察した際に、「長江流域においては、提携を強化し、内陸河川の水上輸送としての役割を発揮し、流域全体を黄金水道に作り上げるべきだ」と提起した。また、2014年4月25日に開催された中央政治局会議で、「京津冀協働発展と長江経済ベルト発展を推進する」と明確にした。李克強総理は2014年4月27日に重慶を視察した際に、黄金水道で長江経済ベルトの「真珠のネックレス」をつなげることによって、中国経済の持続的発展に重要な支柱を提供しなくてはならない、と再び言及した。

長江経済ベルトは、東は上海を起点に、西は雲南へ至り、11の省・市・区を跨り、全体面積は国土面積の4割近くを占め、全国人口の48％以上の人が住んでおり、農業・工業・商業・文化・教育・科学技術といった面では、中国で最も発達した地域の一つである。長江経済ベルトは国土の中心に位置しており、東西を横に貫き、南北を縦につなげ、川を通って海に到達し、資源が豊富で、経済が発達している。客観的にみると、東西の格差を縮める物的基礎を備えているだけでなく、「一人で天秤棒の二つのカゴを担ぐ（一地域二役）」地域的特徴も有し、経済の東西連携発展・全面的振興を推進する最適な「戦略的天秤地域」である。

長江経済ベルトは結節点として、長江デルタ、長江中流都市圏、成都・重慶経済圏という三大ブロックをつなげ、その上に他の二大経済ベルトとも呼応している。そのため、一方では「新シルクロード」経済ベルトと並行しているが、また一方では沿海経済ベルトと「T」字型連動を形成している。将来は海沿い、河川沿い、長江流域の同時開発および東部・中部・西部の一体化発展という地域構図が形成されることになる。長江経済ベルトにおいては、上海市・浙江省・

江蘇省は経済発展の先発地域であり、経済の急速な発展の先頭役でもあるため、長江流域の発展をけん引する動力源となれる。一方で、安徽省・湖北省・湖南省北部・重慶市・四川省といった地域の経済も急速に発展する段階に入っている。長江経済ベルトの発展が捗れば、中国経済の土台がしっかり固められることになる。

　長江経済ベルトを推進するには、次の方面から着手する必要がある。①長江黄金水道の早期完成を目指し、水上輸送や高速鉄道といった交通インフラ建設を強化し、域内の相互連結を実現し、流通コストを下げ、経済活力を増加する。②地域間の相互協力メカニズムの構築・健全化を図り、行政区画の障壁を打破する。長江経済ベルトにおける人材・資金・生産要素といった資源の自由な移動、資源配分最適化における市場の決定的役割の一層発揮を実現するには、行政区画の障壁を打破しなくてはならない。各省・市はテリトリーを越えて、外部資源を十分に利用して不足分野を補い、それを自省・市の地域発展に活かして、地域の安定・持続・健全な発展のために堅固な基礎を築くことに努めなければならない。と同時に、地域の特色を盛り込んだ差別化発展を目指し、同質化による悪性的な競争を避けるべきだ。③長江中流地域における都市圏協力の緊密化を強化し、共創・共有を図り、中国経済の屋台骨を構築する。④新型都市化建設というチャンスを活かして経済構造の転換を果たし、産業移転を受け入れると同時に、沿海地域への出稼ぎ農民工が故郷に戻って起業しあるいは地元で就業するように誘い込む。⑤長江流域の水域生態・環境保全メカニズムの構築を積極的に模索し、その土地の事情に応じて「河長制・湖長制」[*18]を推進し、生態建設を一層推進する。

3　陸・海の統一的計画——断片化から全体的計画へ

　経済のグローバル化時代に、海洋は国際交流と国際提携にとってなくてはならない、新たな重要なプラットフォームである。海洋は「青い大動脈」の役割を存分に果たしている。海運は世界貿易の発展を支える重要な力であり、海運

＊18　訳注：市の指導幹部と各市（県）・区の主要指導幹部が「河・湖の長」を担当し、その河川・湖沼の総合対策の責任を負うこと。

航路はグローバル的戦略意義を持つ資源となっている。そのため、世界沿海各国はこぞって青い海洋国土の開発を自国の重大な発展戦略と位置づけ、全力を上げて取り組んでいる。

2012年11月の第18回党大会では、「海洋強国建設」戦略が提起された。それ以降、中国はマクロ戦略において「陸を重んじ海を軽んじる」従来の考え方とやり方を抛り捨て、「陸を重んじ海を興し、海を振興し国を強くし、陸と海を統一的に計画する」という発展構想に転換した。これは中国政府が国家発展構想における重大な戦略的転換である。中国は海洋大国だ。海洋における国家利益の損得は国家の政治・経済・安全保障・文明進歩の行方を直接的に決定するあるいは影響を与えるもので、国家の前途と運命を決定し影響することになる。海洋国土の主権・安全を守り、祖国統一の問題や南海（南シナ海）問題、釣魚島（尖閣諸島）問題を解決し、国際的合法権益が侵害されないように保証し、国際航路の安全を保証する、といういずれの面においても海洋の軍事的意義を重視し、海上作戦力を強化する必要がある。海洋強国建設の歩みを速め、海洋と関連する総合力の育成を強化してこそ、海洋国土が外国から侵害されないように守り、堅固な実力で国家海洋国土の主権安全を守り、海洋権益が侵害されないことを保証できる。

陸・海の統一的計画は、海洋強国を建設し、大陸文明と海洋文明の共存・共進を目指す持続可能な発展構図を構築するうえでの重要な戦略的措置である。グローバル化の趨勢でみると、21世紀に入ってから、陸地資源の長期的開発・利用が進むことによって、資源の量は次第に減少している。人類は自らの生存・発展を維持しようとするには、地球上の貴重な海洋資源を十分に開発・利用すると同時に、存分に保護しなければならない。中国はかつて海洋を最も早く開発・利用する国の一つであったが、長い歴史発展の流れの中で、黄土文明は海洋文明を埋没させてしまった。文化面では海洋意識が薄れ、経済面では農業を重んじ商業を抑え気味で、安全保障面では海洋に対する権益意識が曖昧で、「海防（沿海防備）」は「塞防（辺境防備）」に地位を譲って、海洋があっても防備

はないという状態が続いた。「海禁」*19、「帆船一隻も海に入るべからず」という政策はかなり長きにわたり存続した。陸・海統一的計画の推進という戦略的措置の下で海洋開発戦略を実施し、海洋経済発展を推進することは、海洋強国戦略の推進を貫徹する重点であるとともに、国土開発の新空間開拓、中国経済新常態における新たな成長極点の育成に資するものである。

　陸・海の統一的計画を堅持するには、次のことから着手する必要がある。①統一的な長期海洋経済発展計画を早期に制定する。地域発展の特徴と優位性を突出させ、地域の相互補完と提携を推進するという原則に照らし、各産業を合理的に配置し、産業構造の均一化を効果的に回避する。②国際海洋経済発展の最先端と趨勢を常に追跡・把握し、海洋経済発展の全体目標と方向を明確にする。③地域間の縦割りを打破し、沿海各地域の利益関係をきちんと整理し、合理的な地域分業がありながら融合・促進し合う海洋経済発展になるようにする。

第7節　ハイレベルの開放型経済新常態を実現

　習近平総書記は2014年のアジア太平洋経済協力（APEC）CEOサミットで開放型経済新体制の構築について、「改革を全面的に深化させるには、ハイレベルの対外開放を推進しなければならない。中国は開放型経済新体制の構築に力を入れ、市場への参入規制を緩和し、資本市場を含むサービス業の対外開放を拡大し、内陸部、辺境地帯沿いの開放を拡大する。イノベーションを推進し、相互連携を増強し、利益の融合する開放型アジア太平洋経済枠組みの構築に取り組み、アジア太平洋自由貿易圏（FTAAP）プロセスの年内始動を推進し、FTAAPの実現に向けたAPECの貢献のための北京ロードマップを制定する。『参入前内国民待遇とネガティブリスト』の管理モデルを積極的に模索し、中国改革・開放を全面的に深化させるために新たな経路を探し、新しい経験を積む*20」、と明確に述べた。

＊19　訳注：中国明・清時代に行われた領民の海上利用を規制する政策のこと。
＊20　習近平「永続的発展を追求し、アジア太平洋の夢を共に築く―アジア太平洋経済協力（APEC）CEOサミットの開幕式における基調講演」『人民日報』2014年11月10日

1　投資への参入規制の緩和

　投資への参入規制の緩和は、まず外資による投資市場への参入規制を緩和し、次に対外投資管理体制を改革する、という二段階で進める。

　第1に、「参入前内国民待遇とネガティブリスト」の管理モデルを適用して、外資による投資市場への参入規制を緩和する。外資導入は中国経済対外開放の重要な内容であり、経済発展の重要なエンジンでもある。外資の積極的な役割をより一層発揮し、外資導入の質を絶えず高めるために、党の18期三中全会で採択した「改革の全面的深化に関する中共中央の若干の重大問題の決定（以下「決定」と略す）」では、「内国・外国資本向け法律・法規を統一し、外資向け政策の安定性・透明性・予測可能性を保持する」、と明確に提起された。この文言は内国・外国資本に対して一視同仁（全てを平等に扱う）であることを意味し、「決定」で明確化された「統一的に開放し、秩序立てて競争する市場体系の確立」という内容の対外開放領域での自然な延長だとみなしてもいい。

　国際動向でみると、貿易政策の重心は「第一世代の貿易政策」（例えば関税・許可証など）から「第二世代の貿易政策」（例えば、投資・競争政策・貿易利便性・規制緩和・環境など）に変わっている最中だ。長年にわたり、中国は案件ごとに審査・許認可する方法および「外商投資産業指導目録（優先的な外国投資を認める分野別リスト）」をベースにした外資管理方式を採用し、同時に一部の領域で内国・外国企業に対して異なる法律・法規を適用してきた。このような管理方式のメリットは産業政策を軸足に据えるという指向性が強いが、一方のデメリットは審査・許認可手続きが多く、政策の安定性を欠き、「ガラスドア[*21]」・「スイングドア[*22]」などの問題が生じやすく、行政と企業のいずれの面においてもコストがかなり高いことである。

　現在、世界70以上の国・地域で「参入前内国民待遇とネガティブリスト」の管理モデルを適用しており、ネガティブリストは国際的に重要な投資参入制度である。上海自由貿易区の試行開始を皮切りに、2013年版ネガティブリストも

＊21　第2章第5節を参照。
＊22　第2章第5節を参照。

それにともない公布された。新たに打ち出されたこのネガティブリストには、外資による投資参入を禁止するあるいは制限つきで認める分野・業種がリストアップされているが、国民経済産業1069の小分類中のわずか17.8%のみだ。つまり、8割以上の業界の開放が認められている。中国ではこれまで、外資への管理は一貫してポジティブリストの方式が採用されてきたが、「ポジティブ」から「ネガティブ」への転換は、中国初のネガティブリスト適用による外資の対中投資に対する管理法になる。「禁止しなければ則ち開放する」という原則に照らすと、ネガティブリスト以外の業界・項目は全て開放する。ネガティブリストは禁止項目だけをリスクアップしているので、それ以外の項目は全て投資可になる。中国は金融・教育・文化・医療などのサービス業分野が秩序立てて開放するように推進し、保育園・幼稚園・老人ホーム、建築デザイン、会計・監査、商業・貿易・物流、EC（電子商ビジネス）などのサービス業分野への外資参入規制を緩和し、サービス業市場への参入を拡大する。製造業を一段と開放し、上海自由貿易試験区の経験を広め、外資投資の規模・速度の安定化を図り、外資導入の質を高める。

　第2に、対外投資管理体制を改革し、投資強国へ邁進する。貿易大国から投資大国へ、商品輸出から資本輸出への転換は、開放型の経済構造転換・高度化が避けて通れない道である。これは中国の資源のボトルネックによる経済への制約を緩和し、国内産業の質・効率の向上を推進し、企業の国際化経営水準を高めることにとって大変重要な意義を持っている。中国政府は2000年に海外進出（「走出去」）戦略を掲げ、中国企業の対外直接投資を促し、国際・国内という二つの市場、2種類の資源を十分に利用するように奨励してきた。現在、中国で越境投資・経営に従事している異なる業種の企業は3万社余りに上り、対外投資先は世界160以上の国・地域に及んでいる。海外進出戦略の実行スピードを上げ、競争優位産業の海外進出を後押しし、先進技術の国際協力を展開するカギは二つだ。①対外投資管理体制の改革を深化させ、対外投資への各種規制を緩和し、「投資する者が意思決定を行い、受益する者がリスクを負う」という原則を徹底化する。②対外投資における企業と個人が主体になる地位を確立し、審査・許認可の手続きを減らし、許認可時間を短縮し、企業の海外投資に

対する規制を確実に緩和する。これに対し、「決定」は「三つの許可」を掲げた。すなわち「企業と個人が自らの優位性を生かして海外で投資提携事業を展開することを許可し、自らリスクを負って各国・地域で自由に海外建設工事・労務協力プロジェクトを請け負うことを許可し、イノベーション型の海外進出方式でグリーンフィールド（環境分野）型投資、M&A型投資、証券投資、資本参加型投資などを展開することを許可する」ことである。これは企業の海外進出の加速を後押しする国家の政策的指向性を十分に体現している。

　30数年間の高度成長および国内市場における十分な競争を経て、中国は企業の規模が著しく強大になり、経済実力が持続的に向上され、充実した産業システムが備わってきた。繊維・織物、家電、製錬・製鉄、化学工業、単純な組み立て型電子製品、食品加工といった従来型製造業、いわゆる労働集約型産業の多くは技術が相当成熟している。それら労働集約型産業の上昇期にあって、労働力コストの低廉な発展途上国・地域と比較して言うと、著しい産業の比較的優位を持っている。中国のプラント・高速鉄道・原子力発電などはいずれも海外進出の実力を持っている。習近平総書記は2014年3月にハーグ（オランダ）で開催された核セキュリティ・サミットに合わせ、中国原子力産業の海外進出を後押しするように、現地で英国キャメロン首相と会見し、両国は原子力発電・高速鉄道・ハイテク・金融といった領域で模範的な効果の高い「フラッグシッププロジェクト」を立ち上げ、教育・科学技術・メディアなどにおける交流・連携を深め、人員往来に利便性を提供するべきだ、と語った。

　中国経済の実力の強化および世界経済への融合度の絶えまぬ向上につれ、いかに中国独自の国際生産システムを構築し、世界規模で資源配分の最適化と効率の最大化を実現するかが、目下中国企業の海外進出にとって避けられない重要な問題となっている。これについて、習近平総書記は2013年に開催されたAPEC CEOサミットの基調講演で、「海外資本の国内導入（「引進来」）と国内資本の海外進出（「走出去」）を同時に推進することを堅持し、国際投資および海外との提携水準を向上させ、投資・貿易体制に関わる改革を深化させ、法律・

法規の整備を図り、在中外資企業のために公正経営の法治環境を整える*23」という素晴らしい答えを出している。

したがって、政策制定において海外資本を国内に導入するのと同様に国内資本の海外進出を重視し、系統的に分析し、立法のフェーズで検討を重ね、法律による保護・支持システムを構築する必要がある。法律の手段を通じて企業が海外で秩序立てて競争するように誘導し、多方面から効果的な対策を講じて問題解決に取り組む。具体的に、①系統的な戦略を制定し、政策の目標を確定する、②海外投資促進保護法を制定し、立法による支持を強化する、③海外進出の規制緩和を行い、市場主体を強化し、審査・許認可手続きの簡素化を図り、企業の海外進出を支援する、④政府はコンサルティングや保障など企業に必要なサービスを提供し、財務・租税政策における二重課税を防ぐなどで企業の負担を低減する、といった方法が挙げられる。海外進出の問題において企業と政府の関係をきちんと整理せねばならない。政府は市場に軸足を置き、企業に自主的な意思決定を任せ、企業の代わりにせず、海外投資プロジェクトの「政治化」を避け、企業経営を関与しないように徹する。と同時に、企業が秩序立てて投資するように誘導し、あわせて法律や政策面による支持を提供する。

2　自由貿易区*24の推進加速

現在、中国は20ヵ国・地域におよぶ12の自由貿易協定（FTA）を結んでいるが、先進国と比較すると、全体的にレベルが低く、規模が限られている。調整局面にある世界自由貿易区の枠組で中心的な役割から外されないために、党の18期三中全会は、「市場への参入、税関の監督・管理、検査・検疫などの管理体制を改革し、環境保全・投資保護・政府調達・EC（電子商取引）といった新議題の早期交渉を図り、世界に向けたハイレベルな自由貿易区ネットワークを形成する」と明確に提起し、中国が今後自由貿易区交渉基準において後手になる立場を抜け出し、「ルールの受容者」としての受動的な態勢を打破し、ハイレベル

---

* 23　習近平「改革・開放を深化させ、美しいアジア太平洋を共に創る――アジア太平洋経済協力（APEC）CEOサミットにおける基調講演」『人民日報』2013年10月8日
* 24　監訳者注：日本でいう自由貿易地域（Free Trade Area）のことを指す。

な世界自由貿易区に能動的に融合していく戦略的発想を示した。

　第1に、二国間、多国間、地域間・国境地域（局地）の開放・協力を堅持する。中国の結んだ自由貿易区をみると、ASEANなどの地域との経済協力枠組もあり、ニュージーランド、シンガポール、チリ、アイスランド、スイスなどの国との二国間経済協力もある。中国は二国間、多国間、地域間・国境地域（局地）の発展を堅持する。例えば周辺国の日本、韓国との三国間地域経済協力、上海協力機構との地域経済協力、大メコン圏地域経済協力、豆満江流域開発協力などである。

　自由貿易区のほかに、中国は実質的特恵関税の適用を受けられる貿易協定および定期的な経済貿易協力フォーラムを発展させてきた。中国が最初に加入した実質的意義のある地域特恵関税適用協定は「アジア太平洋貿易協定（APTA）」であり、しかも関税の引き下げに成功した。中国は異なる国・状況に応じて異なる提携方式を採用し、状況の変化にともない、地域特恵関税適用貿易協定と経済貿易協力フォーラムを自由貿易区のような高次元でより提携内容のある地域貿易協定に転換させることも可能である。

　第2に、地域の特色ある自由貿易区を重点的に推進・改善する。APECは中国が最も早く加入した地域協力の枠組であり、中国にとって積極的な意義を持っている。中国とAPEC加盟国との貿易額は対外貿易全体の60％を占めており、実質利用ベースでの外資直接投資の83％がAPEC加盟国からのもので、対外直接投資の69％がAPEC加盟国へ流入している。中国19の貿易相手国のうち、8ヵ国がAPEC加盟国であるため、中国にとっては、APEC自由貿易圏推進プロセスに能動的に取り組むことは、より一層大きな戦略的意義を持つものである。

　2014年はAPECチャイナ・イヤー（中国年）であり、中国改革深化の元年でもあった。習近平総書記は第22回APEC首脳会議閉幕式の講演で、「地域経済一体化はアジア太平洋地域が長期的に力強い成長を保つ動力源である。APECは引き続きそのけん引役と協調役を発揮し、アジア太平洋地域一体化のために新たなビジョンを描き、開放的・包摂的・均衡的・インクルージョンの地域経済協力枠組を共同でつくり上げるべきだ。我々はアジア太平洋自由貿易圏（FTAAP）構築プロセスの始動・推進を決定し、『アジア太平洋自由貿易圏

（FTAAP）の実現に向けた APEC の貢献のための北京ロードマップ』を承認した。これは FTTAP の構築実現に向けて我々が踏み出した実質的な一歩であり、FTTAP 構築プロセスの正式な始動を表し、APEC 加盟国が地域経済一体化を推進する自信と決心を体現するものである。この成果は地域経済一体化の水準を新たな高度まで押し上げ、太平洋沿岸各国に幅広い恩恵をもたらし、アジア太平洋地域の経済成長と各加盟国の共同発展に新たな活力を注入することになる。*25」と述べた。FTTAP を始動するには次の三大優位性がある。①加盟国は広範性・多様性を備えており、自由貿易区の構築による受益者が大勢いる。②アジア太平洋地域はグローバル・バリュー・チェーンの分布範囲が最も広い地域の一つであり、自由貿易区構築の始動・推進に対する自発的要求がある。③アジア太平洋地域には世界最多の自由貿易区の機構を有し、合理的な経路設計によってそれらと整合させ、地域の新たな優位性を発揮することができる。

日本と韓国は中国にとって重要な貿易相手国と直接投資の源泉国であり、三国間の経済活動および人的往来が緊密につながっており、相互依存度が高いので、中日韓自由貿易区の構築は東アジア地域の安定・提携を推進するうえで重要な現実的意義を持っている。そのうえ、アメリカ主導の新たなアジア太平洋地域提携戦略の推進にしたがって、いかに同戦略の制限から脱却し、中国に発言権のある東アジア経済一体化を推進させるかが一段と重要な課題となってくる。

3　「シルクロード経済ベルト」と「21世紀海上シルクロード」の建設

中国は14ヵ国と隣接し、陸地の国境地帯の総長は2.28万キロ、辺境地帯139の県級行政区の国土面積は合わせて約200万㎢と、45の少数民族が居住している。辺境地帯の早期開放は、対外開放構図の最適化、地域の調和の取れた一体化発展の推進、繁栄かつ安定な辺境地域の建設にとって重大な戦略的意義を持っている。習近平総書記は中央アジア・東南アジア諸国を歴訪した際に、「シ

＊25　習近平「第22回アジア太平洋経済協力会議首脳会議の閉幕式における講演」『人民日報』2014年11月11日

ルクロード経済ベルト」と「21世紀海上シルクロード」の共同建設という戦略的構想（いわゆる「一帯一路」）を提起し、関連国家の強い共鳴を誘い、中国の辺境地帯の早期開放に大きなチャンスをもたらした。

　第1に、シルクロード経済ベルトを構築する。習総書記はナザルバエフ大学で講演を行った際に、「ユーラシア諸国間の経済連携をより一層緊密化し、相互提携をさらに深め、発展空間を一段と広げるために、我々は革新的な提携モデルを採用し、共に［シルクロード経済ベルト］をつくり上げることが可能ではないか」と提起した。これは沿線各国の国民に幸福をもたらす大きな事業だ。以下のいくつかの方面から着手し、点から線へ、そして線から面へと、最終的にブロック全体につながり、地域の大連携を形成することができる。①政策の意思疎通を強化する。各国は経済発展戦略・政策について十分に交流し、小異を捨て大同を求める（意見の相違は後に、まず合意点を求める）原則に基づき、地域提携の長期計画と措置の推進を協議・制定し、政策・法律の面で地域経済の融合を後押しする。②道路の相互連結を強化する。上海協力機構で交通利便化協定の協議が行われている最中だが、当該協定の早期調印を図り、遂行に移し、太平洋からバルト海への輸送大通路の疎通を果たす。これを踏まえ、中国は各国とクロスボーダー（越境）交通インフラ整備について前向きに検討していきたい。東アジア、西アジア、南アジアをつなげる交通輸送ネットワークを徐々に形成させ、各国との経済発展および人員交流のために便宜を図る。③貿易の円滑化を図る。シルクロード経済ベルトの総人口は30億人と、他に類を見ない市場規模と潜在力を持っている。貿易と投資領域における各国の連携の潜在力は巨大なものだ。貿易・投資の利便化について検討を重ねたうえで、適宜な措置を講じて貿易障壁を取り除き、貿易・投資コストを引き下げ、地域経済循環の速度・質を高め、互恵・共栄を実現させる。④通貨の流通を強化する。中国はロシアなどの国と自国通貨建て決済において良好な協力を行っており、喜ばしい成果を上げ、豊富な経験も積み上げているので、この好ましい方法を普及する必要がある。もし各国が経常項目と資本項目の下で自国通貨の両替・決済が実現できれば、流通コストは大いに引下げられ、金融リスクの防御能力が増強され、当該地域経済の国際競争力も向上できる。⑤国民レベルの交流を

強化する。国の交わりは民相親しきにある。上記分野での協力をきちんと推進するには、各国国民の支持なくして語れないものだ。国民の友好交流を強化し、相互理解を深め、古き友情を温め、地域協力を展開するために堅固なる民意的基礎と社会的基礎を築き上げる必要がある。

　第2に、「21世紀海上シルクロード」を建設する。習近平総書記はインドネシアの国会で講演を行った際に「利を図るには天下の利を図るべきだ」と語った。中国は平等・互恵の原則に基づいて、ASEAN諸国への開放を拡大する意欲があり、中国発展の恩恵をASEAN諸国により一層行き渡らせるようにしたい。中国は中国・ASEAN自由貿易協定のレベルアップを行い、2020年までに双方の貿易額が1兆ドルに達するように推進する。中国はASEAN諸国との相互連結建設事業の強化に取り組み、アジアインフラ投資銀行（AIIB）の設立を計画・実施することを提唱し、ASEAN諸国を含む当該地域における発展途上国のインフラ相互連結建設事業への取り組みを支持する意欲がある。東南アジア地域は古くから「海上シルクロード」の重要な要衝である。中国はASEAN諸国との海上連携の強化を希望し、中国政府が設立したASEAN海上協力基金を活かして、海洋連携パートナーシップをきちんと築き、21世紀海上シルクロードを共同でつくり上げる。中国は各領域におけるASEAN諸国との実務協力拡大を通じて、あるものとないものを互いに融通し合い、優位性の相互補完を図り、ASEAN諸国とチャンスを共有し、共に試練に立ち向かって、共同発展と共同繁栄の実現を希望する。

4　グローバルガバナンスへの積極的な参加

　第二次世界大戦後に誕生・形成されたグローバル経済のガバナンスメカニズムは、総体的に西側主要7ヵ国による意思決定を中枢となっており、先進国が主導的地位になる世界経済・政治の枠組を反映している。歴史の発展にしたがって、不均衡・不合理な部分が徐々に顕著化してきた。リーマン・ショックが勃発して以降、グローバル経済のガバナンスメカニズムはいくらかの調整を経て、以下の特徴を呈している。

　第1に、力関係に変化が生じたにも関わらず、権力分配の枠組は昔どおりで

ある。近年、グローバル経済に占める発展途上国の割合が急速に上昇し、先進国の経済実力が相対的に衰退しており、世界経済版図では「南高北低（南半球の経済が勃興し、北半球の経済が低下していく）」傾向が明らかになってきている。国際通貨基金（IMF）の統計によると、新興国の経済成長速度は明らかに先進国のそれを上回っており、世界経済総量に占める割合が一段と上昇している。ニーアル・ファーガソンは著書『劣化国家』の中で、現在の西側諸国は莫大な債務、経営ミスの銀行、不平等の激化といった経済要因によって、社会制度の病態化がじわじわと過去500年の成果を侵しており、これを「不名誉の革命」と呼んでいる。アダム・スミスの『国富論』は1776年に書かれたが、当時の中国は法律・制度状況によって国家が経済停滞の「静止状態」に陥っていた。1978年、アメリカの平均収入は中国人の20数倍もあったが、今では5倍に過ぎない。

　西側世界と他の地域の格差は大幅に縮小している。西側国家以外の地域が成功を収めた理由は、多くの部分（決してそのままコピーしたわけではないが）で西側文明のいわゆる「必殺技」、すなわち経済競争、科学革命、現代医学、消費社会、仕事倫理を参考にしてきたからである。しかし、グローバル経済ガバナンスメカニズムのなかで、「南弱北強（南半球が弱く北半球が強い態勢）」の権力分配構造は未だ実質的な変革が起きていないのだ。それは主に以下の2点に表われている。①先進国は多数の投票権・拒否権を保有している。主要20ヵ国・地域（G20）の推進の下で、IMFと世界銀行は投票権シェアを改善し、発展途上国の影響度はやや増加しているが、途上国経済の対世界GDPの割合からすると、なお釣り合わない。アメリカは依然IMFの拒否権を持っている唯一の国である。②先進国は議題設置および機構運営を把握・コントロールしている。金融危機以降、G20やAPECなどの国際機関の中心議題、例えば世界経済の不均衡（ゆがみ）をどうするか、ガイドラインをどう作成するか、その他、炭素税、気候変動融資、環境製品、サービスの自由化など、そのいずれも先進国の利益を主に体現したもので、発展途上国はその対応に奔走しているだけだ。

　第2に、G20はG7に取って代わってグローバル経済ガバナンスの主要なプラットフォームとなっている。金融危機に対応する国際協調のなかで、G20サ

ミットは機運に応じて生まれ、また新興国BRICS（ブラジル・ロシア・インド・中国・南アフリカ共和国の総称）の協力メカニズムも着実に形成されている。G7、G8といった従来のグローバル経済ガバナンスのプラットフォームと比較すると、G20は発展途上国にとって平等に世界経済問題の討議に参加できる初の場である。先進国と発展途上国の数がほぼ対等で、代表制・均衡性が大幅に改善されており、世界の多極化と経済グルーバル化の客観的要求を反映している。次のステップとして、G20が関連制度を整備し、政策協調の有効性を向上することができれば、新たなグローバル経済ガバナンスにおける主導勢力になるであろう。中国が世界貿易機関（WTO）に加盟したときに、アメリカの基本戦略は中国をアメリカ主導の多国間貿易体制に組み込み、そこから利益を獲得し、あわせて中国の発展を制約することであった。だが10数年が経った今、中国は多国間貿易体制に参加する機運に乗じて急速に発展を遂げ、実力が増強され、アメリカ経済の主要な競争相手国となっているため、多国間貿易体制においてもアメリカが軽視できない主要メンバーとなった。この変化に対し、アメリカは対中国の多国間戦略を調整し、アメリカによるリーダーシップの地位を維持しようとする一方、一部の意思決定プロセスにおける中国の参加を受け入れ、中国により多くの責任を負担させようとしている。

　このような国際環境の下で、中国はG20などの多国間国際機関により一層積極的・能動的に参加し、徐々に増えていく中国経済・貿易の実力を制度的権利に転換させていく必要がある。特に気候変動、エネルギー安全保障、食糧安全保障、貿易・金融システムの改革といったグローバル議題において、新たな主張・提唱・行動プランを能動的に提起し、世界経済貿易の議題設置・ルール制定における中国の主導的能力を強化する。世界に公共サービスを提供し、大国としての責任を履行する能力を高め、責任の負う大国イメージを樹立し、「中国責任論」という世論の圧力を解消する。同時に、BRICS、BRICs（ブラジル・ロシア・インド・中国の4カ国）などの新興大国との提携を引き続き推進し、経済・貿易の協力内容を充実させ、発展途上国の共通利益の陣営を強固なものにして拡大させていく。

第8節　人民による改革ボーナス共有の新常態を実現

　習近平総書記は2014年のAPEC CEOサミットで、「改革を全面的に深化させるには、人民の福祉を改善し、社会の公平・正義を促進しなければならない。あらゆる改革は最終的に人民のためであり、庶民が幸せな暮らしを過ごせるようにさせることだ」[*26]と明言した。中国人民は自らの生活を熱愛し、より良い教育、より安定な仕事、より納得のいく収入、より依拠できる社会保障、よりハイレベルな医療・衛生サービス、より快適な住宅環境、より美しい環境を期待する。子供たちがすくすくと成長し、仕事が順調に運び、生活がより豊かになることを望んでいる。美しい生活に対する人民の憧れは、中国の奮闘する目標である。チャイナ・ドリームは中華民族の夢であり、一人一人の中国人の夢でもある。人民による改革ボーナスの共有を実現することは中国の奮闘目標であり、改革を全面的に深化させる根本な出発点と立脚点であり、新常態における中国が取り組む課題の出発点と立脚点でもある。人民による改革ボーナスの共有を実現するには、以下のいくつの面からきちんと課題に取り組む必要がある。

1　雇用と起業の体制・メカニズムの健全化と推進

　雇用は人民大衆の切実な利益に関係するものであり、多くの家の生活に影響することである。雇用は民生の根本だ。人々が就業を通じてはじめて収入を得て安心して暮らし、楽しく働いて自己価値を実現し、それにともない社会が不断に発展・進歩することができる。人民による改革ボーナスの共有を実現するには、何よりもまず雇用問題をきちんと解決しなければならない。中国のような13億人余りの人口を持つ発展途上国は、雇用問題をある程度きちんと解決しないと、たくさんの期待と目標も達成できなくなる。
　現在、中国の雇用状況は雇用圧力が相対的に大きく、労働力の構造的減少お

＊26　習近平「永続的発展を追求し、アジア太平洋の夢を共に築く―アジア太平洋経済協力（APEC）CEOサミットの開幕式における基調講演」『人民日報』2014年11月10日

よび人材不足が突出しており、一部の沿海地域では流動人口の比率が大きく、労働力不足と労働力過剰が周期的かつ交替で発生する、といった問題に直面している。雇用問題にきちんと向き合うために、ターゲットを絞って注力し、雇用目標の達成を確保し、雇用拡大における市場の役割をより一層発揮させなければならない。また、起業を奨励することによって雇用を拡大し、職業訓練の質を向上し、政府の公共雇用サービス能力を強化する必要がある。雇用問題を解決するには、以下の面で取り組む必要がある。①改革を不断に推進し、雇用と起業の体制・メカニズムの健全化を図り、促進する。②経済発展と雇用拡大の連動体制を確立し、政府による雇用推進責任制度（地方政府が雇用に責任を持つこと）をより良くする。③人員募集・雇用制度をルール化し、都市と農村、業界、身分、性別といった平等な就業に影響を及ぼす一切の制度的障碍と就業差別を取り除く。④起業を支援する優遇政策を整備し、政府が起業を奨励し、社会が起業を支援し、労働者が果敢に起業に挑むという新しいメカニズムを形成する。⑤都市と農村における均等な就業・起業公共サービス体系を整備し、労働者に対する終身職業訓練システムを構築する。⑥失業のショックをやわらげる失業保険制度を整備し、雇用機能を促進し、就業・失業モニタリング統計制度の充実化を図る。⑦労働関係の協調メカニズムを刷新し、従業員が合理的な要求を訴えるチャンネルの円滑化を図る。

2　合理的かつ秩序正しい所得分配の仕組みの形成

所得分配の問題は極めて複雑で、庶民が最も関心のある問題でもある。改革・開放が実施されて以降、非均衡的な発展戦略を採用したことによって、一方では経済の急速な発展が達成され、全体的に一人当たりの平均収入が大幅に向上されたが、また一方では貧富の格差が拡大し、富裕層と貧困層のいずれも不満を持つ、いわゆる「下種の謗り食い（暮らしが豊かになったにもかかわらず、文句をたらたら言う）」の現象が生じている。したがって、合理的で秩序正しい所得分配の仕組みを形成することは貧富格差の縮小、人民による改革ボーナスの共有を実現するうえで大変重要な意義を持っている。

所得分配制度の改革は大変困難な改革で、システム全体を絡む複雑な事業で

あるため、各地域・各部門は所得分配制度改革の深化に関する重大な意義を十分に認識し、所得分配制度の遂行、都市と農村住民の所得増加、所得分配格差の縮小、所得分配秩序のルール化を重要な任務とし、人民大衆の反響が特に大きくて、際立った問題の解決に注力しなければならない。具体的に、以下のことを実施していくべきである。①雇用者所得を重点的に保護し、雇用者所得の増加と労働生産性の同時向上を実現し、第一次所得分配における雇用者所得の割合を高めるように推進する。②賃金決定メカニズムと正常なベースアップシステムの健全化を図り、最低賃金と賃金支払い保障制度を改善し、企業における賃金集団交渉制度を整える。③公的機関や政府系事業組織の賃金と特別手当・補助金制度を改革し、環境の厳しい遠隔地域への手当増加メカニズムを整備する。同時に、税収・社会保障・移転支払いを主要手段とした再分配調節メカニズムを整備し、税収調節を強化する。④公共資源譲渡収益の合理的共有メカニズムを構築する。⑤チャリティー・寄付に対する減・免税制度を改善し、チャリティー事業による貧困救済への好ましい役割を発揮させるように支援する。⑥所得分配の秩序をルール化し、所得分配に対するコントロール体制・メカニズム及び政策体系を整備する。合法的な収入を保護し、高額所得を調節し、副業などの非公開収入（灰色収入）に対する整理・ルール化を図る。不法収入を取り締まり、低所得者の収入を増加させ、中所得者の割合を拡大する。都市と農村間、地域間、業界間の所得分配格差の縮小を推進し、オリーブ型（高低所得者の割合を小さくする）の所得分配の仕組みを徐々に形成していく。

3　より公平で持続可能な社会保障制度の確立

「老いある所に養老あり」ということは、全ての人が考えるべき問題である。一方で、「老いては頼る所がない」というのは、誰もが遭遇したくない状況だ。中国はすでに高齢化社会に突入しており、今後高齢人口の比率がますます拡大し、人数もどんどん増えていく。中国は長期にわたる計画生育政策（一人っ子政策）の実施によって、家族による介護能力を徐々に奪ってしまった。より公平で持続可能な年金保障制度の構築は、将来の老後生活に期待を持ち、後顧の憂いを解消することを意味するので、社会的心理でみると、人々の安心感を増

やし、不安による焦燥感を減らし、社会の安定に有利に働くものだ。

より公平で持続可能な年金保障制度を構築するには、社会負担と個人負担(個人口座)を結合した基本年金保険制度を堅持し、個人口座制度を改善し、「多く支払った者は多く支給される（被保険者が納付した年金保険料の多寡に応じて、一定額が加算される制度）」というインセンティブメカニズムを整え、年金保険加入者の権益を確保し、基礎年金の全国の統一的計画・調整を実現しなければならない。また、次のことにも取り組まなくてはならない。都市と農村の最低生活保障制度の統一的計画・調整を推進する。各種住民の社会待遇を兼ね合う年金確定制度と調整メカニズムを確立・改善する。社会保険の移転・引き継ぎ政策を整備し、年金保険の加入と納付のカバー面を拡大し、社会保険費率を適時・適切に引き下げる。定年退職年齢の漸進的な引き上げ政策を検討・制定する。同時に、社会保障への財政投入制度を充実化し、社会保障の予算制度を整備する。人口の高齢化問題に積極的に対応し、社会による介護サービス体系の確立およびシルバーサービス産業の発展を加速する。農村で留守を守る児童・女性・高齢者へのケア・サービス・システムを整え、身体障碍者向け権益保障、貧困児童向け個別保障制度の充実化を図る。

4　教育分野および医療体制改革の深化

中国は2.6億人の在校児童・生徒・学生および1500万人の教師を有しており、教育を発展する任務は繁雑で重い。中国は科学教育立国の戦略を堅持し、教育を常に優先的に発展する戦略的位置に据え、投資を絶えず拡大し、全民教育・成人教育・生涯継続教育の発展に力を注ぎ、学習を重んじる社会を確立する。全ての子供が教育を受けるチャンスを享受できるように推進し、13億の人民がより良くて、より公平な教育を受けられるようにし、自らを発展し、社会に奉仕し、人民に幸福をもたらす能力を得られるように後押しする。これには、次のことに取り組む必要がある。①教育の公平性を力強く推進し、経済的に困難な家庭の生徒・学生に対する助成制度を整え、情報化を活かす高質な教育資源のカバー面を拡大する有効なメカニズムを構築し、地域間、都市と農村間、学校間の格差を徐々に縮小する。②都市と農村の義務教育資源の均衡的配分を統一

的に計画・調整し、公立学校の標準化建設および校長・教師の定期的な人事異動を実行する。③重点学校・重点クラスを設置せず、学校が選択できない（就学困難）問題を解決し、生徒の学業負担を軽減する。④義務教育段階では入学試験を設けないという近隣通学制を導入し、学区制や9年一貫校による生徒募集方法を試験的に実行する。

医療・衛生体制改革を一層推進し、受診が難しい（「看病難」）、医療費が高い（「看病貴」）といった問題を徐々に解決するべきである。医療保障、医療サービス、公共衛生、医薬品の供給、管理・監督体制の総合改革の推進を統一的に計画・調整しなければならない。これには、以下の方法が有効だ。①末端医療・衛生機関の総合改革を深化させ、公立病院の改革スピードを上げ、政府が確実に責任を果たすように推進する。②等級分類診療制度を合理的なものに改善し、地域（コミュニティ）における医者と住民の契約サービス関係を構築する。③質の良い医療資源の縦方向（都市レベルから村レベル）への流動を推進し、地域間の公衆衛生サービス資源の整合性を強める。④「薬品代で診察費を補う[*27]」現象を解消し、医療・薬品の価格を調整し、合理的な補償メカニズムを構築する。⑤医療保険支払い方式を改革し、全国民医療保険制度を改善し、重大・特別疾病医療保険と救急制度の早期整備を図る。

5　中国の現状に符合した住宅補償制度の確立

「安んぞ広厦の千万間なるを得て、大いに天下の寒士を庇って俱に歓顔せん[*28]」。古代も現代も、人々はいつも住宅に多くの期待と憧憬を傾注している。ここ10年近く、中国は不動産業が急速に発展してきたので、一方では従来の住宅不足問題がかなりの程度緩和されたが、また一方では住宅価格の急速な上昇が大多数の家族にとって負担し難い重荷になり、住宅を買えずに嘆く人が増えた。住宅問題は経済・社会の問題だけでなく、政治問題とも化して、党・政府

＊27 訳注：病院の経営を患者からの医療費収入で補うために、過剰な医療検査を重ね、過剰に薬を処方することをいう。
＊28 訳注：杜甫の「茅屋 秋風の破る所と為る歌」より。どうにかして千間や万間もある大きな家を得て、大いに天下の貧しい文化人をその中に収め、一緒に顔をほころばせたいものだ、という意味。

に対する人民のイメージ公信力に影響を与えるので、中国の現状に符合した、人民の負担できる住宅保障制度の構築は待ったなしだ。

　これには、中国の住宅改革発展の経験を総括すると同時に、住宅問題の解決における他国の有益な方法を参考にし、住宅建設の法則性問題を掘り下げて研究し、グランド・デザインを強化し、統一的・規範的・成熟的・安定的な住宅供給システムを確立するべきである。また方策を尽くして住宅供給量を増加し、同時に人民大衆の住宅需要の調節を最重要と位置づけ、低所得者向け住宅（経済適用住宅）、環境保全、省エネ、安全な住宅標準システムを構築・改善し、中国の現状に符合した住宅消費モデルを提唱する必要がある。さらに住宅保障・供給システムの早期確立を推進し、政府による公共サービスの提供と市場化の関係、住宅発展の経済的機能と社会的機能の関係、住宅需要と供給可能性の関係、住宅保障と福祉国家の罠（過度な保障は国民の勤労意欲をそぐこと）の防止との関係をきちんと処理しなくてはならない。

6　生態文明建設の絶えまぬ推進

　「生態文明の建設は人民の福祉に関係し、民族の未来に関わるものだ。」「好ましい生態環境は最も公平な公共財であり、民生にあまねく恩恵を与える福祉である。」生態文明に関する習近平総書記のこれら重要な論述は、生態環境の保全は人々の福祉の根本であることをはっきり示し、生態文明建設の重要性に対する国民の認識を高めた。中国は生態文明建設をより突出した位置につけ、環境改善を図ると同時に人民大衆の生活の質を不断に向上しなければならない。

　生態文明を建設するには、以下の面で取り組む必要がある。①不備のない系統的な生態文明制度・体系を構築し、最も厳格な汚染源保護制度、損害賠償制度、責任追及制度を実施し、環境対策・生態修復制度を改善し、制度を用いて生態環境を保全する。②自然資源の資産所有権制度および用途規制制度の健全化を図り、空間計画体系を確立し、生産・生活・生態空間に関する開発・規制の境界を画定し、用途規制の着実な遂行を推進する。③エネルギー・水・土地の節約・集約的使用制度を改善し、国家自然資源の資産管理体制の健全化を図り、全人民所有の自然資源の資産所有権者の責任を統一的に行使する体制を構

築する。④主体機能区制度を確固不動に実施し、国土空間開発保護制度を制定する。⑤資源の有償使用制度と生態補償制度を実施し、生態環境保全管理体制を改革する。⑥あらゆる汚染物の排出を厳しく管理・監督する環境保全管理制度を構築・改善し、環境モニタリングおよび行政による法執行を独立に行う。

監訳者解説

　習近平総書記（国家主席）の指導力はますます強くなった。2017年10月に第18回党大会終了後、党の最高指導部にあたる政治局常務委員会の新体制が発表された。しかし、慣例となっていた習近平総書記の後継者を示唆する人事はなかった。また党大会では、習氏の政治理念を「習近平思想」として党の憲法に相当する党規約に盛り込む改正案が承認された。2018年3月の全人代（国会にあたる）では、国家主席の任期制限を撤廃する憲法改正を承認した。これにより、習近平氏が長期にわたって国家主席の座にとどまることが可能になる。

　これを裏返して考えると、中国経済の長期的な経済発展と安定には強い指導力が必要であるという中国共産党指導部の考えがあると思われる。権力の集中は反発を生む一方、安定した政策運営という面では効果的だからだ。経済活動は各経済主体の期待によってなされるが、政治的安定という経営者や家計の長期的な見通しが立つのならば（独裁という閉そく感はあったとしても）、経済活動は活発になりやすい。

　新指導部の経済運営は変わるのだろうか。新指導部のもとで開催された2017年12月の中央経済工作会議では、経済運営の方針に少し変化はあるものの、現在の中国経済の状況が「新常態」にあるという認識は変わっていない。

　まず、国政運営における全体方針は「穏中求進（安定の中で前進を求める）」であり、変わっていないし、この方針は本書でも何度でも出てくる。一方、経済運営の方針は「供給側改革を主軸に、総需要を適度に拡大させ、経済運営を適切なレンジで維持」するものから、「「経済発展の質の追求」を基本方針に位置づけ、供給側改革を主軸に、経済運営を適切なレンジで維持」に少し変更された。これも本書で何度でも言及される。

　「新常態」について解説しておこう。新常態とは英語でニューノーマル（New

Normal)、すなわち、「新しいが普通の状態」になることを示しており、リーマン・ショック以降アメリカで使われ始めた言葉である。景気変動という観点からすれば経済は好景気不景気という山や谷を経験して上昇していくが、ニューノーマルには単純に元の山に戻らず、新たな状態がやってきて、それが普通の状態になることをイメージさせる言葉である。

中国の新常態は高度成長時代が終焉し、ある程度の成長速度に落ち着く状態を指している。1990年代から中国の経済学者の間では「基数問題」というのが議論されていた。これは経済成長によるGDPが拡大し、成長率を計算する際の分母（基数）が大きくなるため、成長率が増分対過去のGDPの大きさで計算される以上、経済発展が進むと相対的に経済成長が低くなることを指す。また経済学でも「収穫逓減の法則」というのがある。これは労働や資本を投入していけばいくほど、次第に得られる収穫（生産物）は徐々に減っていってしまうというものだ。

いずれにせよ、中国の高度経済成長は永遠に続くわけではない。実際に世界中の経済発展の段階をみてみると、多くの国で低所得国から中所得国へと経済成長をしていっても、最終的に高所得国になる国は少ない。経済成長はある段階で終了し、その後高所得国と中所得国のままにとどまるという二つの形態に落ち着く。

後者、すなわち中所得国の状態に落ち着いてしまうことを、「中所得国の罠」という。中国の経済成長が高成長からある程度落ち着いた成長状態になることは、経済学から予想されることだけれども、この状態は「中所得国の罠」になるのかどうかという点が政策立案者にとって気になるところである。

中国の新常態は「中所得国の罠」なのか、それとも高所得国へ向かう踊り場なのかという分かれ道にある。当然、中国としてはこの新常態を高所得国へ脱皮するための期間にしたい。そのために何をするべきか、新常態にどのように向き合うべきかというのが本書の大きなテーマである。

本書は啓蒙書の位置づけにあるといえる。これまでの高度経済成長が当たり前のように続くことに警鐘を鳴らすとともに、新しい経済状態を受け入れる思想的準備を示しているのが本書の特徴だ。

合理的な成長速度を受け入れるとともに、「経済発展の質の追求」を求め、新たな経済成長点を探ることを本書は試みている。具体的には、現在の中国経済は「新常態」であることを受け入れ（第1章）、その「新常態」においては経済発展の量的な拡大から質的な構造転換が必要であるという認識である（第2章）。つまり安い労働力の存在と外国資本の流入と輸出による外貨貯蓄という、大量投入・大量生産で成長するのではなく、技術面での高度な飛躍が必要になっている。次世代へ新たな発展を求めるために、合理的な経済戦略の策定とリスク管理等が指摘される（第3章）。

　どのような手段で技術的なさらなる向上を目指すのか？本書で指摘されるのは（第4章）、①政府機能の転換、②イノベーション主導型経済、③産業高度化、④消費拡大、⑤新型都市化、⑥地域協調発展、⑦開放経済、⑧改革ボーナス、である。

　正直、本書で指摘されていることに目新しいことはない。しかし、新常態をどのように受け入れ、どのように対応するのかという中国の全体像をつかむのに、本書は有益であろう。

岡本信広
2018年9月

監訳者・翻訳者略歴

■監訳者

岡本信広（おかもと　のぶひろ）
1967年徳島県生まれ。大東文化大学国際関係学部教授、国際交流センター所長。経済学博士（中国人民大学）。1993年創価大学大学院経済学研究科博士前期課程修了後、アジア経済研究所（現独立行政法人日本貿易振興機構アジア経済研究所）を経て現職。著書に『中国の地域経済：空間構造と相互依存』（日本評論社、2012年）、『中国―奇跡的発展の「原則」』（アジア経済研究所、2013年）、訳書に『転換を模索する中国』（共訳、科学出版社東京、2015年）などがある。

■翻訳者

下山リティン（しもやま　りてぃん）
中国上海生まれ。上海外国語大学日本語学部卒。中国政府機関や在中日系企業の通訳等を経て日本に留学。同志社大学経済学修士課程修了。サイマル・アカデミー中国語同時通訳科を経て、現在フリーランスの通訳、翻訳に従事。NPO法人日中翻訳活動推進協会（通称而立会）会員。訳書に『必読！いま中国が面白い』（共訳、日本僑報社、2012年～2015年）、「いま中国の真実は」（共訳、日本僑報社、2018年）などがある。

「新常態(ニューノーマル)」を迎える中国経済

2018年12月7日　初版第1刷発行

編著者	中国国家行政学院経済学教研部
監訳者	岡本信広
翻訳者	下山リティン
発行者	向安全
発行所	科学出版社東京株式会社
	〒113-0034　東京都文京区湯島2丁目9-10　石川ビル1階
	TEL 03-6803-2978　FAX 03-6803-2928
	http://www.sptokyo.co.jp
編　集	眞島建吉（葫蘆舎）
装　丁	鈴木優子
組版・印刷・製本	モリモト印刷株式会社

ISBN 978-4-907051-30-3 C0033

『中国経済新常態』© Department of Economics, Chinese Academy of Governance, 2015.
Japanese copyright© 2018 by Science Press Tokyo Co., Ltd.
All rights reserved original Chinese edition published by People's Publishing House.
Japanese translation rights arranged with People's Publishing House.

定価はカバーに表示しております。
乱丁・落丁本は小社までお送りください。送料小社負担にてお取り替えいたします。
本書の無断転載・模写は、著作権法上での例外を除き禁じられています。